人はなぜ物を欲しがるのか

私たちを支配する「所有」という概念

Bruce Hood
ブルース・フッド
小浜杳 訳

POSSESSED
Why We Want More Than We Need

白揚社

弁護士の兄ロスに捧げる。
所有権をめぐる係争でキャリアを築きながら、
私の知るなかで兄ほど気前のよい人間は数えるほどしかいない。

目次

人はなぜ物を欲しがるのか

本文中の〔　〕は訳者による訳注。

本文中に引用された文章について、邦訳書の訳文を使用した場合は文献情報を付した。

文献情報のないものは訳者による翻訳。

はじめに

地球が誕生してから現在までを二四時間に置き換えると、約三〇万年前に進化した現生人類ホモ・サピエンスが登場するのは、深夜〇時の五秒前、二三時五九分五五秒だ。宇宙の壮大な歴史に比べれば、一人の人間の一生はわずかに瞬きの間を占めるにすぎない。あなたがこの場にいることすら奇跡である。実際に生を受けた私たちの陰には、受精できずに終わった無数の卵子や精子、存在していたかもしれないありとあらゆる人間がいる。そう考えると、あなたや私はほぼゼロに等しい確率を覆し、運よく誕生できた稀有な存在なのだ。しかも本書を読んでいるあなたは、おそらく多くの人が手にすることすらできない特別な機会を享受してきた一人だ。教育を受け、本が読めるという僥倖《ぎょうこう》に、すべての人類が恵まれているわけではない。短いとはいえ、この世の生を謳歌できる私たちは極めて幸運なのだ。にもかかわらず、この貴重な存在の時間を私たちはどのように過ごしているだろうか。人生の大半を絶え間ない所有の追求に捧げ、所有物を他人に奪われまいと汲々としているのである。

そもそも生まれ落ちただけでも儲けものなのに、豊かな社会に暮らす私たちの多くは所有こそ人生の目的と信じこみ、可能なかぎり多くの資産の蓄積を目指すライフスタイルを貫いている。だが基本的なニーズや快適さが満たされたあとは、それ以上のモノを手に入れても充足感が増すことはめったにない。それでいて、人間の心にはもっと所有したいという飽くなき欲望が生まれる。物理的世界に存在するだけでは飽き足らず、多くを所有したほうが幸せだと信じ、物理的世界の所有権を最大限に主張しようとの強烈な衝動に駆られる。だが、考えてみてほしい。人体を構成する素粒子は、宇宙の彼方で起きた爆発の名残の星屑だ。私たちは宇宙の一部として生まれ、限られた寿命しかない存在でありながら、その生涯の大半を宇宙のあれこれは自分のものだと主張することに費やしているのである。思い上がりも甚だしいと同時に、最終的には無意味な追求に人生を浪費していると言えるだろう。

この惑星に暮らすあいだ、私たちは所有物をめぐって争い、所有物を囲いこみ、所有物を渇望し、人生の目的とはつまるところあらゆるものに所有権を主張することだと考える。だが結局は死んで土に還り、躍起になって入手した所有物の行く末を知ることもない。敵の侵入を防ごうと塔を打ち建て、濠をめぐらせ、一生かけて砂の城を築こうとも、すべては時間という波に押し流されて消える。人間も無知ではない。いずれは死すべき定めにあり、死後の世界に何も携えていけないことはだれしも承知しているのだが、所有の追求というやむにやまれぬ動因〔人を行動に駆り立てる内的な欲求や衝動〕に突き動かされ、多くの人にとってはそれが人生の目標と化してしまうのだ。

人間を人間たらしめているもの、それが所有である。所有が心に及ぼす力は強力で、所有物を守るために命を危険にさらす人さえいる。死が差し迫った瞬間には何を所有していようと結局は無益だと悟りそうなものだが、そうではないらしい。一八五九年、乗客四五〇名を乗せ、オーストラリアの金鉱からリバプールに向かっていたロイヤル・チャーター号が、ウェールズ北岸沖で難破した。故郷を目前にして掘り当てた金塊を手放す気になれなかった多くの乗客は、金塊を入れたベルトを巻いたまま溺れ死んだという。物質主義に陥った愚者の物語は歴史や神話にも散見される。触れるものがことごとく金に変わる能力を手にしながらそれを厭うたミダス王の神話はよく知られているし、グローバル経済を手玉に取る金融機関によって市井の人々の生活が破壊されるという、現代の景気循環がもたらす事態も、その好例だろう。資産の蓄積に熱中するのは投機家ばかりではない。人類の大半がその熱に浮かされているのだ。

人は一生、所有物の蓄積にとらわれる。私たちは世代交代のたびに残されたモノの大半を捨て、自分だけの新たなモノの獲得に乗り出す。所有だけが目的ではない。さらなるモノを追い求めるのは、そうすることで獲得衝動が充たされるからだ。所有物は所有者を思い出させるよすがともなる。そのために、人はみな所有によって、この宇宙に自分が生きた痕跡を残そうとする。二〇年前、妻のキムと私は、ともに若くして亡くなった妻の両親の全財産を相続した。財産の大半は義両親が大切にしていた家財道具で、いまでも使っている数点の家具を除き、ほとんどは屋根裏部屋にしまいこまれている。処分すべきとわかっていても、キムの腰は重い。最後に残った両親の生の証が失われてしまうように感じるからだ。

人はみな所有物を通じて、自らの生きた証を残していく。記念品や骨董品が魅力的なのは、そうした品が過去とつながっているからだ。私はオークションハウスやリサイクルショップをめぐるのが好きだが、訪れるたびに、こんなものまで集める人がいたのかと驚かされる。だが、どの品も一度は所有者がいたのだ。これはだれかが是が非でも手に入れたいと願った品かもしれない。その人はこの品を入手するために必死に働き、手に入れた際には喜びを噛みしめたかもしれない。ひょっとしたら、命の危険を賭して獲得した品かもしれないのだ。勲章、ミニカーのコレクション、銀の手鏡――そのどれもが、以前の所有者にとってはおそらく特別な意味を持っていたのだろう。大切にしている持ち物がいずれ破棄されるか、自分のことを知りもしない他人の手に渡るとわかれば、あなたはどんな気持ちがするだろうか。気にならないという人もいるだろうし、反対に人一倍モノへの執着が強い人もいるだろう。だがいずれにせよ、所有という行為は、種としてのヒトの行動を動機づけるものは何かについて、奥深い真実をあぶり出す。「情動《エモーション》」と同じ語源を持つ「動機づけ《モチベート》」という言葉以上に、この文脈にふさわしい用語はない。なぜ私たちは所有の必要に駆られるのだろう。そしてなぜ所有は、これほど大きな情緒的なつながりを生み出すのだろうか。

　裕福な人は財に恵まれ、貧しい人よりも多くのものを買うことができるが、所有は単なる経済状態を表すにとどまらない。むしろ私たちは、所有物や所有したい物とのあいだに、情緒的なつながりを築いているのである。私たちは欲しいものが手に入れば幸福になれると考えるが、実際には欲しいものが手に入っても幸福になれないケースは多い。心理学者ダン・ギルバートはこれを「欲求ミス」と名付け、人間が陥りやすい錯誤だとしている[1]。人間はどうやら、モノの獲得がもたらす喜びや満足を正確に予測できないらしい。所有についてはとくにこの法則が当てはまる。現に消費者向けの広告の大部分は、「この商品を所有すればもっと幸福になれます」という〝約束〟を売ることで成り立っているのである。

　欧米人の多くが誇りと喜びを感じる、あのアイテムを考えてみよう――最初に所有した車である。大概の人は車を入手するため懸命にアルバイトに励み、ようやく手に入れた車を誇らしく思い、その車を必死になって守る。最初の車が、自分のアイデンティティーの一部となるのだ。毎年、カーリースの車や保険をかけてある車を盗難から守ろうとして、重傷を負う人が後を絶たない。ときには命を落とす人すらいる。危機にさらされているのは金銭的な損害ではなく、所有権なのだ。持ち物を奪われそうになると、人はあたかもわが身の安全が脅かされたかのように、理性を欠いた行動に出る。執着が強いと、所有物とのあいだに歪んだ関係性が生じることもある。盗まれた車を取り返そうとした所有者が、高速で走り去る車の前に立ちはだかったり[2]、ボンネットにしがみつく[3]といった無駄なあがきをする場合がある。冷静に考えれば、たかが車のために命を危険にさらすのはおかしいとほぼ全員がわかるはずなのだが、それでもはずみでやってしまうのである。それでいて、ご近所さんの家の私道に新車が停まっているのを見ると、とたんに自分の車が気に入らなくなり、高級な車に買い替えたくなったりする。所有は競争を激化させる。相手よりつねに一歩先んじようとするこのレースに勝つのは、並大抵のことではない。前方には絶えず新たな競争相手が現れ、後方からは他の競争相手が追い上げてくるからだ。

　さらには、所有がもたらす長期的な悪影響の問題もある。必要以上にモノを買い、消費する人の多くは、それが後世のことを考えない無責任な行為であると十二分に承知している。限りある資源が減ってしまう上に、エネルギー消費量と温室効果ガス排出量が増え、気候変動が引き起こされるからだ。地球温暖化の原因は人口増加と人間の活動であり、なかでも最大の要因は人間の消費パターンである。[4]にもかかわらず、個々の人は自分に責任があるとは考えない。世界の八〇億の人々に比べたら、自分の行動など微々たるものだと言い訳する。ほかのみんなが好き勝手しているのに、なぜ自分だけ行いを慎まねばならないのか、というわけだ。わが子のためなら進んで命を捨てられる人も、行き過ぎた消費主義を次世代のために進んで改めようとはしない。私たちを所有へと駆り立てる動因は、それほど強力なのである。

二〇〇四年、年次報告書『地球白書』を刊行するワールドウォッチ研究所は、人間の行いを以下のように報告している。

家計支出、消費者数、原料採取量など事実上すべての基準において、過去数十年間の先進国の財およびサービスの消費は着実に上昇しており、多くの発展途上国でも消費は急速に伸びている。

最富裕国が飽くなき大量消費をこのまま続けた場合、資源の枯渇や回復不能なほどの地球環境の悪化が生じる前に消費に歯止めをかけられる見込みは、極めて低くなるだろう。[5]

報告では続けて、これを裏付ける証拠が消費カテゴリーごとに提示されているが、なかでも着目すべきわかりやすい数値がある。土地が資源を生産し、廃棄物を吸収できる能力のことを生物生産力と言うが、現在地球上で生物生産性を有する土地の面積は、一人当たり一・九ヘクタールである。だが、すでに人間は平均で二・三ヘクタール相当を使用しているのだ。この数値は「エコロジカル・フットプリント」と呼ばれ、上はアメリカ人の平均値とされる九・七ヘクタールから、下はモザンビーク人の平均値〇・四七ヘクタールまで多岐にわたる。世界の人口は毎年八三〇〇万人ずつ増加しており、人口がこのまま継続的に増加すれば状況は悪化する一方だ。増大する不平等に、私たちはどう対処すればよいのだろうか。

持てる者と持たざる者の不平等が所有によって生じるとすれば、たとえ資本主義の熱烈な支持者であっても、すでに収拾のつかないほど格差が広がっている現実は認めざるを得ないだろう。世界の人口の一％未満が全世界の富の半分以上を所有している現状が引き金となって、猛威を振るう略奪、騒乱、暴動、革命、戦争が生じているのである。中国とインドの人口は合わせて二七億五〇〇〇万人にのぼる。その大半が貧しい人々だ。先進国は、発展途上国が同程度の繁栄を志向するのを阻み、富める国という特権的な地位を守ろうとする。そうした国々は、自らの行為を道徳的な観点からどう説明しようというのか。さらにその行為の結果として、紛争も生じている。多くの地域で戦争が起きているが、そのどれもが所有をめぐる争いという同じ側面を抱えている。近年のヨーロッパにおける難民危機は外国人嫌悪や所有権喪失の恐怖を呼び起こし、それに伴い各国の政策が右派の保護主義へと転換されている。今日の政治には、所有と統制を表す用語が氾濫している。アメリカへの不法移民の侵入を阻止するとして「壁」建設計画を推し進めるトランプ大統領も、移民労働者や難民の流入を食い止めるため欧州連合（EU）からの離脱を図るイギリスも、その流れの一端を占めている。

なぜいま、本書なのか。紛争の根本的原因が所有であることを、なぜ憂慮すべきなのだろう？　資源をめぐる争いはいまに始まったことではない。データを見れば、世界はじつは昔よりずっと住みやすい場所になっていることがわかる。人間の幸福度を測るほぼすべての主要な尺度において、人々の生活はわずか数百年前より大幅に改善されている。にもかかわらず、私たちの大部分は、世界は破滅への道をひた走っていると考えている。「衰退論」として知られる現象だ。過去は現在よりはるかによかったと信じる態度である。

過去数年のさまざまな世論調査によって、先進国の国民の圧倒的大多数が、世界は悪くなっていると信じていることがわかった。だが興味深いことに、この悲観主義は経済成長を遂げつつある発展途上国の国民には見られない。(6) 衰退論という歪んだものの見方はここでも右派政治家の目論見に合致し、ナショナリズムや保護主義を煽り立てるのに利用されている。衰退論が根強い理由はあまたあり、人間の認知におけるさまざまなバイアス（昔はよかったというバラ色のノスタルジアや、将来の危険を必要以上に警戒しがちという富裕層に顕著な傾向）が原因のことも、「楽観主義よりも悪いニュースのほうがネタになる」というよく知られた言い回しが当てはまる場合もある。衰退論の概念を用いると、未来に対していわれのない恐怖を抱いた場合に、なぜ極端な行動や過激な政治家が正しく見えてしまうのかがよくわかる。

このような悲観主義とは好対照をなすのが、心理学者スティーヴン・ピンカーだ。熱烈な楽観主義者である彼は、破滅論者が不当なパニックを煽っていると考える。[7] ピンカーによれば、現在の繁栄にたどり着くために天然資源の消費増加という代償を払う必要があったとはいえ、暴力、健康、富といった進歩のあらゆる尺度に照らして、世界は昔よりよくなっている。年々ますます多くの人がより健康で豊かな暮らしを見込めるということは、よりよい人生が送れるようになったということだ。だが、この繁栄はいつまで続くのか。そして、とどまるところを知らない消費主義が地球環境に与える悪影響は？ 心配ご無用、とピンカーは言う。歴史が証明しているように、これまで人間は危機的状況に陥るたびに、創意工夫と知性を発揮して逆境を乗り越えてきた。今後もわれわれは、必要に応じて方向転換を行うことで、環境問題に対処していけるだろう。そうピンカーは断言する。彼の言うとおりであってほしいと私も願っているが、将来の解決に信を置くよりは、確実に環境問題を引き起こすとわかっている行動をいますぐ改めるほうが、明らかに良識にかなっているのではないだろうか。

気候変動はすでに私たちが直面している明らかな危機であり、簡単にすぐ解決できる問題でもない。気候変動がこのまま続けば将来重大な変化が訪れ、地球上の動植物に深刻な悪影響を及ぼすかもしれないという点に関しては、全世界の専門家は意見の一致を見ている。だがこの問題に関しては、極端な悲観主義も楽観主義も、一様に危険だ。悲観主義の問題は、事態を変えようとしてもどうせ無駄だという諦めを生じさせ、それによって解決策を探る努力を怠るようになる点である。一方で、未来の科学とテクノロジーがあらゆる問題を解決してくれるだろうと過大に期待する行き過ぎた楽観主義も、同様に無責任だ。そう信じることで、ただちに現在の行動を見直し、変えようとする喫緊の必要性を無視することになるからである。

もちろん、人口増加による過剰消費がもたらす現代の問題の多くは、科学と未来のテクノロジーによって克服することが可能だろう。しかし適切な教育を施せば、現行のやり方を改めるという方法で、壊滅的な環境破壊を避けることが可能なのだ。生活水準や教育水準が高いほど、人は環境問題に関心を払うようになる。たとえば二〇一七年から一八年にかけて放送されたBBCのドキュメンタリーシリーズ『ブループラネットⅡ』で、プラスチックごみをのどに詰まらせて死ぬ海洋生物のショッキングな映像が流されて以来、イギリスをはじめとする各国では、使い捨て消費経済の負の側面であるプラスチック包装やプラスチックごみの削減を目指す運動が耳目を集めるようになった。大海の一滴に等しいとはいえ、現在では、プラスチック製ストローはイギリス国内のバーやレストランからほぼ完全に姿を消している。それ自体は小さな一歩かもしれないが、悲惨な状況を知った視聴者や企業がすばやい行動を起こせることを示す好例となった。小さな一歩が大きな運動に結びつくこともある。環境保護に関する責任感の欠如が積み重なるとさまざまな問題が生じる点については本書でも取り上げるが、それと同様に、人々が一団となって環境問題への関心を高めれば、解決策が見つかる場合もあるのである。イギリスが季節外れの暑さに見舞われた二〇一九年の春、環境保護団体エクスティンクション・レベリオンがロンドン各所を占拠して交通網を完全に麻痺させる抗議活動を行ったが、あの運動で特筆すべき点は、それまで過激な市民活動などに縁のなかった、地位も職業もさまざまな成人や子どもが参加していたことである。あれはアナーキズムというよりは、気候変動に一向に歯止めがかからないことへの不安や欲求不満が噴出したものだった。

教育を受け、健康と富に恵まれた富裕層の中から、衰退論をなぞるかのような現状に危機感を抱き、よりよい未来のために立ち上がる人々が現れたのは、まさに「放っておけば自然と物事は好転する」「テクノロジーの進歩で解決できる」といった楽観主義を人々が信じきれなくなっているからにほかならない。気候変動や環境問題の場合、いまではメーカーが方向転換を図り、消費者の要求に応える形でプラスチックの代替素材に投資するまでになった。二〇一九年一月には、世界有数の化学メーカーであるダウが、世界各国の企業が参加するアライアンスを率い、一〇億ドルをかけてプラスチックごみの除去に取り組むことを発表した。同社は今後さらにこの取り組みに一五億ドルの資金を投入する予定だ。

世界の人口が増加すれば、生活の質(クオリティ・オブ・ライフ)を向上させるためのエネルギー需要が高まることは避けられない。だが所有欲を満たすために消費主義に耽るという悪癖は、不要なものとして退けるべきだ。危機感を募らせた人々による自然保護活動によって、欧米ではここ三〇年で毛皮や象牙の需要が減少した。同様に、消費主義についても行動を変えることはできるはずである。そのためには、所有の真実を覆い隠しているふたを取って、私たちがなぜ必要のないものを手に入れたがるのか、その真の動機づけを明らかにする以上によい方法があるだろうか。

本書は、所有をめぐる心のはたらきがいかにしてヒトという種を形作ってきたか、さらにはそれが今日の私たちをどのように支配し続けているかを探った、初めての本である。「所有する」というあまりにも身近な言葉を、私たちはふだんほとんど意識せずに口にしている。だが所有は、じつは人間の頭にあるなかでも一、二を争うほど強力な概念だ。何をするか、どこに行くか、自己や他者をどのように言い表すか、だれを助けだれを罰するかといった人間の行動に、所有の概念は深く織りこまれている。文明というもの自体が所有の概念をもとに築かれており、所有の概念なくしては人間の社会は崩壊する。なぜこのような所有への依存が生じたのか。人はみな、所有の力を生み出し行使する術をどのように身につけるのか。なぜ人間はもっと所有したいという欲望に駆られるのか。所有《オーナーシップ》の概念が、私たち自身《オウン》のアイデンティティーの形成にどう関わってくるのか。こうした問いを自問し始めたとたん、だれもに馴染みのある身近な所有の概念が、とたんに見知らぬものに思えてくる。所有はもはや法的状態でも、経済的地位でも、政治的武器でも、所有者を明確に区別する便利な方法でもない。所有という概念が、人間とは何か、そして人が自分自身をどうとらえているかを決定づける特徴の一つとなるのである。

人は何も持たずにこの世に生まれ、何も持たずにこの世を去る。だが生と死の狭間、人生という舞台に立つこのわずかなひとときだけは、あたかも自分という存在が所有物によって定義されるかのように、人は所有を誇示し、所有に思い悩む。多くの人はこの絶え間ない所有の追求にがんじがらめになった一生を送り、ときには自分や子どもたちの命の危険をも顧みず、果ては地球の未来すら棒に振ろうとする。この状況を変えるためには、所有とは何か、所有の概念がどこから来たのか、所有からどのような動機づけが生まれるのか、そして所有に依らずとも同じくらい幸福になるにはどうしたらいいのかを、私たちは理解しなければならない。

モノを所有することで幸せになれると私たちは考える。だがむしろ、所有によってかえって惨めさが増すことも少なくない。富の蓄積に病みつきになった一生をふり返り、「ああ、いい人生だった」と心から言える人がはたしてどれだけいるだろうか。所有の追求に我を忘れる日々の中で、自分にとって、人類にとって、あるいは地球全体にとって、所有で何が成し遂げられ何が失われるのかを、私たちが本当の意味で深く理解することは稀である。物質的豊かさを追い求める人がどれほどの労力を費やし、どれほどの競争に明け暮れ、どれほどの幻滅に襲われ、どれほどの不正をなし、最終的にどれほどの損害をもたらしているのかをすべて勘案すれば、絶えず所有に躍起となる人生はひどく虚しいものと映る。それでいてなお、人間には自制するということができないらしい。

　私たちは、所有《ポゼッション》という悪魔に取り憑かれている《ポゼスト》。だが、この悪魔は祓うことができる——なぜ人はやむにやまれず所有するのかという、その理由を理解しさえすれば。

第１章　本当に所有していますか

見つけた者勝ち《ファインダーズ・キーパーズ》

シャノン・ウィズナントは有名になりたかった。大物になるのが夢だった。テレビで自分の番組を持ち、有名人になるという夢想にふけったこともある。所有権をめぐる奇妙な争いののちに、その夢はかなった。

二〇〇七年、シャノンはノースカロライナ州カトーバ郡メイデンの競売で、肉の燻製が作れるスモークグリルを買った。トランクルーム運営会社が、賃料滞納者の保管物を合法的に売却したのである。地元で中古品販売業を営むシャノンは二ドルでグリルを落札したが、まもなく入手したのがグリルだけでないことがわかった。ふたを開けると、身の毛のよだつようなものが目に飛びこんできた。人間の左足である。いったい、だれの足なのだろう。墓泥棒が盗掘した死体の一部か、あるいは未知の殺人事件の被害者の遺体なのか。通報を受けたカトーバ郡警察は足を押収し、捜査を開始した。しばらくすると、近隣のだれもが足の話に花を咲かせるようになった。人々の病的な好奇心に金の匂いを嗅ぎ取ったシャノンは、警察に電話をし、足を返してほしいと要求する。そうこうするうち、足が死体の一部ではないことを警察は突き止めた。もとはジョン・ウッドという名の男性の足で、当人はサウスカロライナ州でぴんぴんしていることがわかったのである。

これより三年前、ジョンは軽飛行機の墜落事故で父を喪い、自身も片足を切断する重症を負った。父を偲ぶよすがとして足を持っていたかったジョンが病院にくれるよう頼むと、意外にも病院は応じてくれた。切断された足を保管したがるとは奇妙な行動のようだが、当時のジョンは重度のアルコール依存と薬物依存を抱えていたのだ。結局、依存症のせいで家を手放すことになったジョンは持ち物をトランクルームに預け、サウスカロライナ州に引っ越した。そのとき預けた荷物のなかに、足入りのグリルがあったのである。やがて母がトランクルームの賃料を払い続けることを拒否したため、保管物は競売にかけられた。こうして、ジョンの足がシャノン・ウィズナントの所有物となったのである。

ジョン・ウッドがノースカロライナ州に戻り、足を返すよう求めると、シャノンは正当な持ち主は自分だと主張した。二人はメイデンの駐車場で会い、シャノンは共同名義で足を所有しようとジョンに持ちかけたが、ジョンは折れなかった。結局この争いには、テレビ裁判で決着がつけられた。裁判官は、シャノンはジョンに足を返却し、またジョンは法的な所有権を持つシャノンに賠償金五〇〇〇ドルを支払うようにとの裁定を下した。

二〇一五年のドキュメンタリー映画『ファインダーズ・キーパーズ』が描くこの物語に引きこま

れるのは、私たちが所有に関して抱いている当然の想定が覆されるからである。[1] 自分の体以上に、疑問の余地なく自らの所有物だと言えるものがあるだろうか。だが他人の体の部位の所有権を主張する人物がいるという事実に、観る者は愕然とする。たいていの人は他者の体に許可なく触れることさえためらうのに、まさかそれを自分のものだと主張する人がいるとは。未就学の幼児であっても他人の体に触れるのを躊躇するデリケートさを持ち合わせており、ほかの人の手や足に触れるときには、四歳児でも触っていいかどうか許可を取るべきだと考えている。[2] 長じると、この体は自分のものだとの理解から、自分の体を好きなように扱う権利があると人は考える。自立した成人がタトゥーを入れ、ピアスの穴を開け、整形し、他者に体を触らせたり、自由に触らせないルールを設けたりするのは、純粋に所有権を行使しているにすぎないというわけだ。

だが直感と常識に反するかもしれないが、あなたの体は必ずしもあなたが所有しているわけではない。もし個人の所有物なら、自分の体は好きなように扱っていいはずである。だが実際には、自分の体に何ができるかは居住地によって異なる。タトゥーを例にとってみよう。いまでもタトゥーが違法行為であり、規制の対象となっている国は少なくない。私がハーバード大学の教授だった一九九〇年代、マサチューセッツ州ではタトゥーがまだ合法化されておらず、タトゥーを入れるのは「人に対する罪」と考えられていた。二〇〇〇年に法律が改正されるまで、隣のロードアイランド州まで遠出しなければタトゥーが入れられなかったのである。自分の体を一部であっても売買する行為については、多くの国が法律で禁じている。たとえば現在のアメリカとイギリスでは腎臓を売るのは違法だが、オーストラリアとシンガポールでは完全に合法であり、生体ドナーが臓器の売却で利益を得ることが可能となっている。[3]

自分の体に対する究極の個人的行為が、自殺だ。概ね処罰の対象にはならないものの、いまでも多くの国で自殺は違法とされている。自殺幇助《ほうじょ》や安楽死は、耐えがたい苦痛に苛まれている末期患者であっても、イギリスでは法律違反となる。古代ローマでは自殺は許容され、市民の自殺は高貴な行為とすら見られていたが、奴隷や兵士が自殺をするのは違法だった。奴隷は主人の、兵士は国の資産とみなされたため、彼らの自殺は窃盗として扱われたのである。当時のローマでは窃盗が死罪に値したため、奴隷や兵士が自殺未遂をすると、法律上は（皮肉にも）死刑に処されるおそれがあった。

財産を破損することは、現代の所有権の定義においても、多くの法域でいまだに所有権の一環であるとみなされている。その考え方はアメリカとカナダの法制度にも組みこまれているが、起源はローマ法にまで遡る。財産を破損する権利、あるいは思うがままに扱ってよい権利を指した、「処分権《ユス・アブテンディ》」である。イリノイ州の法律学教授ジョセフ・L・サックスは、著書『「レンブラント」でダーツ遊びとは』[4]において、処分権というものがある以上、仮に美術品コレクターが所有するレンブラントの肖像画を的にダーツをしようとしても、なんぴとも止めるべきではないと指摘した。もし財産の破損を（度を越してはいるが）合法的な行為として許容するのであれば、財産の破損の権利を有する者は、必然的に財産をいかようにも扱える権利を有するはずだ、というのがこの法の背後にある理屈である。

大半の人は名画をそれと知りつつ破損するようなことはしないが、過去には実際に破損した例もある。一九三二年には、メキシコの著名画家ディエゴ・リベラにマンハッタンのオフィスビルへの壁画制作を依頼したロックフェラー家が、いざ壁画が完成するとそこに描かれた政治的メッセージを嫌い、壁画を破壊している。また、二〇〇一年にタリバンがアフガニスタンのバーミヤンの大仏二体を爆破した際には、全世界がこの文化遺産の破壊を慄然《りつぜん》と見守るしかなかった。岩壁にじかに彫刻された堂々たる磨崖仏《まがいぶつ》は六世紀に造立され、世界的な文化遺産と目されていたが、いずれも粉砕されたのである。タリバンは偶像崇拝をやめさせるためと爆破を正当化したが、同時に、アフガニスタンの政権を掌握した自分たちには、手に入れた資産を自由に扱う権利があるとの、所有権に基づく主張も行った。

死亡したあとになって、遺体の所有権が問題になる場合もある。ラジオ番組「アメリカからの手紙」で知られるイギリスのジャーナリスト、アリステア・クックが逝去した際、娘はイエローページで選んだ格安の葬儀社で火葬を行うことにした。段ボール箱に入った遺灰を受け取った彼女は、当然父の亡骸は完全に荼毘《だび》に付されたものと考えていた。だがじつはそこには、彼女の知らない真実があった。生体組織を売買する悪徳企業が葬儀社に金を渡し、クックの下肢骨をひそかに摘出していたのである。人体組織の市場では、同様の下肢骨に七〇〇〇ドルの値が付けられていた。人体市場の企業に遺体の所有権はないが、生体組織の回収という遺体の「処理」を行うことで、企業は最大一〇万ドルを稼ぎ出している。こうした取引は、臓器移植などの生体を用いた医療処置には欠かせず、いずれも完全に合法である。アメリカにおける遺体売買の市場規模は年間一〇億ドル以上にのぼるが、遺族にはそのうち一銭も渡ることはない⑸。

こうした無残な破壊や窃盗としか思えない事例に愕然とする人も多いだろうが、私たちの直感と法とのあいだには、ずれが生じることが少なくない。「拾得者が拾得物の所有権を主張した《ファインダーズ・キーパーズ》」裁判例一〇件を判例アーカイブから抜き出し、思考実験として一般の人に裁定してもらった最近の研究がある。[6] いずれも他人の所有地にあったものを拾得者が見つけたという事例だったが、見つけた者勝ち《ファインダーズ・キーパーズ》の原則に則るかと思いきや、人々は幅広い多様な基準のもとに裁定を下し、その多くは実際の判決とは異なっていた。土地所有者が拾得物の存在を知らなかった場合は拾得者が所有してよいと考える人もいれば、たとえ存在を知らなくても所有地にあったものはすべて土地所有者に属すると考える人もいた。拾得場所が公共空間か私的空間か、地面の中か上か、そのものが落とし物だったのか置き忘れた品だったのかという違いも区別された。こうした差異によって、所有権に対する考え方にも違いが生じたのである。こと所有に関しては、人々の見解が割れるのは間違いないようだ。

財産とは何か

財産を定義するというのは、簡単そうでいて、じつはいささか厄介な作業である。財産に関する明確な規則の誕生は約四〇〇〇年前に遡り、知られているなかで最古の法典に、他の規定に並んで、遺失物と盗品に関する規定が書かれている。所有権と所有財産を規制する最善の方法について初めて哲学的問答を行ったのは、プラトンとアリストテレスだ。彼らの議論はその後ローマ法へと発展し、ローマ法は中世の法体系へ、さらにトマス・ホッブズら啓蒙主義の思想家へと継承されていく。ホッブズは、財産の所有をめぐっては国家の介入がないと激しい諍いが頻発し、争いのない平和な生活は不可能になると論じた(7)。

ホッブズ以降現代にいたるまで、ほぼすべての法学の教科書の冒頭には「財産とは何か」という問いが掲げられているが、いまだにその答えは出ていない。むしろ、それは答えの出ない問いなのである。財産という言葉の意味が、時代によって絶えず変遷するからだ。イギリスの哲学者ジョン・ロックの著作に基づく財産の定義を考えてみよう。ロックは一六九八年、人が自分自身の所有者であるのと同様に、人が労働によって生み出し、形作り、産出したものもまた、その人の財産であると主張した。「何かを、それを取り巻く自然状態の中から取り出すとする。取り出された物には、人間の労働が混入し、その人間のものが付加されたことになる。その結果、取り出された物は、取り出した人間の所有に帰する(8)」(『市民政府論』角田安正訳、光文社)。つまり労働という形で、あるいは購買による価値の付与という形で、自分が労力をかけたものに関しては、財産所有権を主張できるとしたのである。富が労働の成果に根ざす以上、購買とは物を創り出す行為の一種にほかならないとロックは主張した。だが、そもそもこの単純明快な商取引が成立するためには、財産とは何か、また何を所有できるかについて、双方の合意がなくてはならない。北欧のサーミ族をはじめとする遊牧民は、人が所有できるのは持ち運べるものだけだと考えていた。一方、北アメリカの先住民は、人が所有できるのはおのれの魂のみと信じていた。死後の世界に携えていけるのは魂だけだからである。

このように文化ごとに財産の理解が異なるために、いびつな取引が生じるはめになった。一六二六年、オランダ人探検家ピーター・ミニュイットは、約二四ドル相当の交易品と引き換えに、デラウェアのレナペ族からマンハッタン島を購入した。当事者双方の署名入りの売買契約書は交わされておらず、オランダ西インド会社宛ての書簡に「彼らは野蛮人からマンハッテス島を六〇ギルダー相当の品で購入した」と短く言及されているだけである。当時のマンハッタン(語源はレナペ語の「丘の多い島《マナ・ハタ》」)は四方を水に囲まれた肥沃な農地で、植民地を形成するにはもってこいの場所だった。破格の安値で買えたかのように思えるかもしれないが、レナペ族には商取引という概念がないに等しかったから、それは到底公正な取引と呼べるものではなかった。当時は安全な通行のため、あるいは土地の占有のために交易品を贈って取引するのは珍しくなかったが、永続的に土地を所有するという考えは先住民には異質な概念だった。取引を終えた双方の頭の中では、おそらく交わしたばかりの取引がまったく違うものとして理解されていたことだろう。先住民の子孫で、現代でもスキニピーカニ語を話すヘザー・クロウシュー＝ハーシュは、こう解説している。「『所有地』という単語は適切ではありません。譲渡されるものは、厳密にはだれのものでもないからです。物品や土地を所持しているのはあくまで『創造主に授けていただいた』のであって、人間が所有したり、財産とみなしたりできるものではないのです(9)」。北アメリカの先住民は、土地所有という概念を理解していなかった。神々のものである土地を譲ってほしいという申し出に、おそらく彼らは困惑したことだろう。最初から所有していないものを売れるわけがない。そもそも、合法的な売買が成立していたかどうかも疑問である。

法域によっても、所有の様相は異なる。たとえばニューヨーク市ではハリネズミを所有するのは違法だが、ハドソン川対岸のニュージャージー州では合法である(10)。アメリカのいくつかの州では、たとえ自分が所持するチケットであっても、コンサートチケットを正規の価格以上で転売することはできない。処方されたものの転売は禁じられ、処方薬だけでなく、眼鏡やコンタクトレンズといった無害な品も転売は不可能だ。麻薬取引と同類の取引とみなされるのである。コンピュータに入っているソフトウェアは、実際には所有しているわけではなく使用許諾《ライセンス》を供与されただけであるため、合法的に転売することはできない。国外に出ると、状況はさらに複雑になる。異なる法制度下で生じる問題を解決するためだけに、「抵触法」という法律分野があるほどだ。大半の国は、隣国の法制度を不合理だと考えている。でなければとうに所有に関する同一の国際法ができているはずだが、いまのところその気配はない。財産を所有する権利は世界人権宣言第一七条で認められているが、財産とは何か、また財産をどう扱うことができるのかに関する普遍的な法は存在しない。

所有してよいものの範囲も、時代によって移り変わってきた。他の人間を所有するという、現在ではおぞましいものでしかない概念を考えてみるとよい。歴史上では比較的最近まで、多くの国で人間を奴隷にすることが合法とされてきた。戦争の目的の一つは、領土と資源を確保することに加え、貴重な労働力となる人間を奴隷化することだった。古代世界の驚くべき巨大建造物のいくつかは、外国人奴隷によって建造されている。ギザの大ピラミッドの建造のために、一〇万人の奴隷が三〇年間苦役に服したとも言われている。

奴隷制は道義的な問題だけでなく、所有に関する論理的な矛盾をも引き起こしている。たとえば労働によって所有権が成立するとするロックの財産の概念は、アメリカ合衆国憲法に明記され、入植者と開拓者が労働を通してアメリカの国土を造り変えていく際のインセンティブとなった。入植と開拓によって新たな国を造り出した彼らは、労力を払ったという事実によって、土地を所有する法的権利を手にしたのである。先住民は領地を追われてインディアン居留地に強制移住させられ、先祖伝来の土地が開拓用地として入植者に与えられた。だが、それが無秩序な土地収奪や、ランドラッシュと呼ばれる一斉入植の形をとることも珍しくなかった。一八九三年九月一六日正午、地面に杭を打って土地所有権を主張するため、一〇万人の入植者が一斉に馬や荷馬車でチェロキー族の放牧地だったオクラホマ州の六〇〇万エーカーの土地に突進したさまは、さぞや壮観だったことだろう。チェロキー族には先祖伝来の土地と引き換えに雀の涙の補償金が与えられていたため、こうしたランドラッシュは完全に合法とされた。

だが奴隷制に関しては、合衆国憲法とロックの財産の概念とのあいだに生じた深刻な矛盾に、アメリカは向き合わざるを得なくなった。ロックに従うなら、農地を耕した奴隷はその土地の所有者であるべきだ。また一七七六年のアメリカ独立宣言によれば、「すべての人間は平等につくられ」たはずである。しかし実際には、奴隷は売買可能な財産とみなされ、財産である以上、主人から独立した主体としてモノを所有すべきではないとされた。

この矛盾を解消するために考えられたのが、奴隷は自由意志を持たないという説明だ。奴隷には実質的に自分の頭でものを考える能力がないと考えられていたのである。ルークという名の黒人奴隷がフロリダで裁判にかけられた、一九世紀の有名な判例がある。(11) 主人の地所に迷いこんできた数頭のロバを射殺したことから、ルークは故意による器物損壊罪に問われた。当初は禁固刑を宣告されたが、ロバを撃つよう命じたのは主人であったため、上訴によって判決が覆り、ルークは無罪となった。命令に従った奴隷を罰したのでは、奴隷に自由意志があると認めることになる。皮肉にも奴隷法を維持するため、裁判所はルークを収監するのは誤りだとの裁定を下すことになった。奴隷は動産であり、動産である以上、動物と同じように「自らの意思で主人の命《めい》に背くことはできない」とされたのである。

奴隷所有者は奴隷を自由意志のない動物に分類したのみならず、自分たちは奴隷を所有しているのではない、奴隷の生産力を所有しているのだと主張した。南部の法学教授フランシス・リーバーは、一八五七年にこう記している。「より正確に言えば……財産であるのは奴隷そのものではなく、奴隷の労働力なのである。財産には、所有者がそれを自由に処分できるという概念も含まれるが……われわれは奴隷に対してそのような処分権を有しておらず、処分権があるという主張がなされたこともない[12]」。言い換えれば、奴隷の行動はすべて主人の所有に属し、それがゆえに、奴隷がなすことについては主人が責任をとったのだ。奴隷に関する法の対象者は奴隷ではなく（奴隷にはそもそも自由意志がない）、財産の管理責任者である主人だった。この原則が適用されたややこしい実例を、一八二七年のルイジアナ州の裁判に見てとることができる。主人の預かり知らぬところで奴隷が少額の金を見つけたが、その金を盗まれてしまった。するとそれが、主人を被害者とする窃盗事件とみなされたのである。

今日ではすべての国で奴隷は違法と認識されているが、だからといって他人を所有する実入りのいい商売がなくなったわけではない。グローバリゼーションによって他国の安い労働力を利用できるようになった欧米諸国は少なからぬ富を手にしたが、それによって最貧困層が以前より少ない収入での生活を強いられる状況が生まれた。国連の国際労働機関（ＩＬＯ）[13]などさまざまな組織の報告や世界奴隷指数[14]によれば、現在世界では四〇〇〇万人以上の人々が奴隷状態にある。欧米人が謳歌するクオリティ・オブ・ライフは、安価な製品を追求することで私たちが意図せず作り出している悲惨な状況があって初めて成り立っているものなのだ。たとえば私たちが消費する紅茶やチョコレートの多くは、事実上の奴隷状態にある労働者によって生産されている。私たちは常日頃、中国製やインド製の製品を買うことで安い労働力の恩恵を受けているが、中国とインドは、現代の奴隷の五八％を生み出している最も問題のある五か国のうちの二か国である。また、多くの労働者は移住後に虐待や年季奉公の悪循環に陥る危険があるにもかかわらず、人身売買業者に仲介手数料を払って欧米諸国に入国し、移民になっている。

　過去数世紀の奴隷貿易の奴隷と異なり、現代奴隷は「自由に」職を辞してよいことになっているが、懲罰の脅しを受け、過酷な貧困に苦しめられる労働者にとって、労働搾取工場で欧米人が消費する日用品を作り続ける以外に選択の余地はない。ｉＰｈｏｎｅを例にとってみよう。「カリフォルニア州で設計され、中国で組み立てられて」いるｉＰｈｏｎｅは、世界有数の人気製品だ。しかしデザイン重視の消費主義のトロフィーとも言うべき、このつややかなマストアイテムを組み立てている中国の巨大工場が、搾取、抑圧、職場いじめ、労働者の自殺率の高さで長年批判されてきた事実に、ｉＰｈｏｎｅユーザーの多くはおそらく気づいていない[15]。二〇一二年には、ｉＰｈｏｎｅ

組立工場の労働者一五〇名が工場の屋上に集まり、集団飛び降り自殺をすると宣言したものの、職場環境の改善を約束するという説得に応じて取りやめた事件も起きている。全世界の労働搾取工場で働く現代奴隷の約四分の一は児童であり、人身売買業者は児童の取引で年間一五〇〇億ドルの違法な利益を得ていると目されている。奴隷の多くは女性だ。[16] 現代奴隷の全員が、売買可能な財産であるとみなされている。

きみはぼくのもの

ポール　ホリー、きみが好きだ。
ホリー　だからなに？
ポール　だからなに、だって？　大問題だろ。きみを愛してるんだ。きみはぼくのものだ。
ホリー　違うわ。人は、ほかの人のものにはならない。
ポール　なるに決まってる。
ホリー　だれもあたしを檻に閉じこめるなんてできないわよ。

ブレイク・エドワーズ監督『ティファニーで朝食を』（一九六一年）

奴隷と先住民に加え、何百年ものあいだ従属を強いられてきた主要なグループが、妻である。一九世紀まで、結婚とは所有権の行使だった。英米のコモン・ローで妻が「庇護下の身分《カバチャー》」と表現されたように、妻は夫に所有される身と考えられてきた。妻は夫の権限下（「庇護下」）にあり、単独で所有権を持ちうる存在ではないとされたのである。法においては夫と妻は一人の人間で、その一人とは夫だった。

結婚の理由も時代とともに変わる。欧米式のロマンティックな考え方とは裏腹に、愛と結婚とは馬と馬車のごとく歩みを揃えるものではなく、少なくとも結婚という制度の意図はそこにはなかった。歴史学者ステファニー・クーンツが指摘するように、一八世紀後半に至るまで、結婚は当事者の自由意志に任せるにはあまりに重要な経済的・政治的事柄であり、愛という束の間のはかない感情に基づいて決めるなど論外とされていた(17)。愛による結婚は、両親や家族や神よりも婚姻関係を優先する行為であるがゆえに、社会秩序への深刻な脅威とみなされたのである。

何百年ものあいだ、結婚は市場や政府、社会保障制度のはたらきの多くを担ってきた。結婚が相続による富の分配を左右し、将来の見通しのおぼつかない親戚が食いつなぐ手段となってきたのである。階級の最上段に位置する社交界では、政治的・経済的・軍事的つながりを築くために結婚が利用された。悲恋の物語『ロミオとジュリエット』でもわかるように、高らかに愛を謳いあげるシェイクスピア劇においても、恋人たちの愛はしばしば家族への義務と対立する。愛情だけで結婚相手を決めるのは愚かな行為であり、巨額の資産が関わっていればなおさらだ。まず目指すべきは生活の安定と財産の受領であって、二人がいつまでも幸せに暮らせるかどうかではない。結婚生活の幸福は、万事がうまく収まったあとにたまたま得られるかもしれない、幸運なおまけにすぎなかった。

関わる資産が大きければ大きいほど、結婚相手の選択に親戚からの横やりが入る。夫に先立たれた妻が、夫の家族である男性との再婚を求められる文化は少なくない。夫の家族が相続財産を継続的に保有するためだ。さらに、婚姻時に支払われる結婚の代価の問題もある。最も一般的な形式は持参金制度だろう。娘を相手一家の息子と結婚させるために、新婦の家族が新郎の家族に一定の金額を支払う風習だ。

欧米では数百年前に持参金制度は廃れたが、結婚式の支払いを新婦側親族が持つ慣習としていまに残っている。妻と結婚したとき、私は浅はかにも、結婚式の費用を義理の両親が持つことに何の疑問も抱かなかった。当時の私は貧乏な大学院生で、義両親が友人知人に恥ずかしくないようにと盛大な式を希望したからである。義両親の気前のよさは、実際には古い持参金制度の名残でもあった。今日でも、新婦側が結婚式を主催し、費用を負担するという伝統にこだわる人は多い。

それにしても、なぜ娘を嫁にやる家族が持参金を支払うのだろうか。大概の社会に当てはまる単純な理由を挙げるなら、どちらの性にとっても、結婚は成人として認定される重要な儀式だったからだ。中世のイギリスでは、男性は一定程度の経済的自立を達成した時点で結婚し、所帯を持つのが当然と考えられていた。「家主」を意味する「ハズバンド」が夫の意味になったのも、そのためである。結婚していない男は半人前だったわけだ。

一方で女性は、社会的に受け入れられるためには結婚する必要があった。未婚の女性は怪しまれ、しばしば排斥された。それでいて、いざ結婚すると女性が財産の所有権を失い、法廷で自己を弁護する権利すら奪われたのは皮肉である。結婚時に女性が持参した財産は、ことごとく夫の管理下に置かれた。家庭内の日々の雑事以上の重要な決定には、いずれも夫の許可が必要だった。事態が大きく変わり始めたのは一九世紀末になってからで、イギリスで一八七〇年から一八九三年に漸次導入された「既婚女性財産法」に負うところが大きかった。アメリカのいくつかの州では、妻たる身分《カバチャー》にまつわるコモン・ローの一部がじつに一九六〇年代まで存続し、イギリスでは一九八〇年になってようやく既婚女性が自分の名義で住宅ローンを組めるようになった。イギリス初の女性首相マーガレット・サッチャーですら、首相に就任した一九七九年には、自分の名前で家を抵当に入れられなかったのである。今日でも、女性を差別する社会は数多くある。二〇一六年の世界銀行の報告書によると、世帯主を男性に限っている国がいまだ三〇か国にのぼり、一九か国では夫の決定に従うのが女性の義務とされている(18)。

結婚は、資産を共有することで、長きにわたる一族の繁栄を確実にする戦略的手段だった。夫は妻子や使用人を含む財産の管理責任者となり、彼らに代わって法廷に呼び出され、釈明することもあった。夫は所有者として、妻子や使用人を管理するよう求められたのである。「婚姻《ウェドロック》」という言葉には、こうした責任を伴う所有の概念が含まれていた。一八世紀から一九世紀にかけて、西洋文化にロマン主義運動が起きて初めて、愛は結婚の際に真剣に考慮すべき要素の一つとなり、今日のようにうまくいく結婚生活の前提条件とみなされるようになったのである。

現代の欧米人の大半はお見合い結婚という考えに怖気をふるうが、それが少数派の意見だということは覚えておいたほうがいい。今日でも大多数の社会では、何らかの形で見合いが行われている。欧米人の偏見とは裏腹に、見合いは必ずしも、当事者たちが最終的な決定に口を出せない強制的な結婚を意味するわけではない。多くの場合、見合い相手に関してはかなりの身辺調査がなされ、当事者の利益を考えた相手の選定と紹介が行われるほか、相手と実際に見合いをするかどうかは当事者に任されるのが普通である。

欧米では見合いの慣習はとうに廃れたと信じているかもしれないが、出会いをもたらす社会経済的な状況をざっと考えてみただけで、いまだに家族が個人の出会いに大きな役割を果たしていることがわかる。受けた学校教育も、通った大学も、育った地域も、最終的に選んだ職業も、何らかの形で家族が支払いに関わっている。そのどれもが、理想の男性《ミスター・ライト》が理想の女性《ミズ・ライト》と（あるいはお好きな性別の組み合わせで）出会うのに一役買っているのだ。自由意志で結婚相手を見つけたと思っているかもしれないが、人は定期的に会う相手と結婚しやすい。[19] とはいえ、デジタル通信技術の発達で相手の選別や取り換えが容易になったことで、こうした状況は変わりつつある。「ティンダー」などの出会い系アプリを多用する「ティンデレラ」世代を見れば明らかだろう。

結婚を取り巻く環境も変わり始めている。結婚はすでに必然ではなく、なかには中国のモソ人のように、結婚という制度自体を持たない伝統的社会も存在する。ほかにも、さまざまな形で複数の妻を持ったり（一夫多妻制）、複数の夫を持ったり（一妻多夫制）、最近のはやりでは結婚相手とは別に愛人を何人も抱えることもある（ポリアモリー）。欧米諸国でこうした多様な形の同棲が営まれるのには多くの理由があるが、個人を支援する社会保障制度が一般的となったことで、結婚という共依存関係の必要性が薄れたことが重要な要素として挙げられるだろう。少し前までは未婚で子どもを産むのは比較的稀であり、恥ずべきことと考えられていた。だがいまでは、イギリスの子どもの半数が未婚の両親から生まれている。結婚率の低下とともにシングルペアレント数が増加し、欧米では一九六〇年代と比べ、結婚したカップルの数は半減している。結婚したとしても、約半数は離婚する。ヨーロッパにおける離婚率は、一九六〇年代から倍増している。(20)

離婚時には財産と所有権が大きな問題となるが、離婚弁護士が登場したのはつい最近のことだ。かつてのイギリスでは離婚があまりにも困難で面倒だったため、離婚に関する法律を定めること自体が稀だった。(21)しかも、すべてを手に入れて得をするのは夫と決まっていた。一八五七年にようやく離婚法が制定されるまで、イギリス史における離婚件数はわずか三二四件にとどまった。そのうち、妻から申請されたものはわずかに四件である。翻って現代はと言えば、イギリスでは二〇一六年だけで一〇万七〇〇〇件の離婚が成立している。結婚した一〇組のうち、約四組が離婚する計算だ。一方、見合い結婚の制度が行き渡っているインドでは、一〇〇組に一組ほどしか離婚しない。だが経済成長著しく、個人に対する社会的支援が増えつつあるインドの現状を鑑みると、今後、欧米的な価値観への移行が伝統的な結婚制度を脅かす可能性も否定できない。

離婚は心に大きな傷を残すだけでなく、所有の不平等を妻に押しつける行為でもある。妻の暮らし向きは、離婚によって悪化することが多いからだ。大規模な離婚の研究によると、離婚男性は離婚後も収入が減少することがなく、なかでも子持ちの離婚男性は収入がおよそ三分の一ほど増加する。(22)だが子持ちかどうかにかかわらず、離婚女性の平均年収は離婚後に五分の一以上減少し、その後長く低収入のままである。昔とは違い、所有のために個人が結婚することは一般的ではなくなったが、今日でも離婚においては、所有の果たす役割は依然大きいと言えそうだ。

親の所有権

所有は家族を結びつける絆でもある。家族の義務に関してはさまざまな考えがあるが、世界のどこに行っても、幼い子どもの責任を親が担うのは変わらない。親が子の監督責任を負うのは、所有《オーナーシップ》の一形式と言えるだろう〔英語のownershipには責任感の意味もある〕。この責任関係は、双方向にはたらいている。私たちが家族に属すると同時に、家族も私たちに属するのだ。家族に恥をかかせた子をもはや家族の一員と認めたくなければ、親は子を勘当《ディスオウン》するし、家族と関わりを持ちたくない子は、家族との縁を切《ディスオウン》る。

所有者は財産を独占的に利用できるものだが、親は子に対してそれと同様の権利、つまり排他的アクセス権を持っているはずだと考える。子の所有者は自分だと主張する親はめったにいないが、イギリスで起きたオールダー・ヘイ小児病院事件に関する二〇〇一年のレッドファーン報告書を読めば、証言の中で何度となく言及されている親の所有権という考え方に、多くの人が共感するに違いない。[23] リバプールのオールダー・ヘイ小児病院は、一九八八年から一九九五年にかけて、両親の完全な同意を得ることなく、死亡した子どもの遺体から臓器や組織試料を摘出し、保管していた。すでに見たように、遺体の所有権はだれにも帰属しないので、これは違法行為とは言えない。また、研究目的で人体組織を保有する行為は、当時の病理学においてはごく標準的な慣習だった。だがこの慣行が明るみに出るやいなや、親たちは激怒した。報告書によれば、ある親は「まるで死体泥棒ですよ。病院に自分のものを奪われた気持ちです」とコメントし、別の親は「うちの子の九〇%は、オールダー・ヘイに盗まれてしまいました」と語っている。

悲嘆に暮れ、わが子の臓器を返せと要求する親の主張には、所有権を示唆する用語がちりばめられている。遺体は正当な所有者である親に返されるべきで、子の亡骸をどうするかの決定権も親にあるという考え方だ。親のコメントからは、病院が保管していたのが全摘出された臓器か、スライド標本用の組織の切片か、パラフィンブロックの中に埋めこまれたわずかな組織片であるかを問わず、子の遺体の処分権は自分たちにあると親が感じていることは明らかだ。驚くべきことに、レッドファーン報告書では、死者を所有するのはだれかに関する法的根拠がほとんど論じられていない。代わりに報告書は、親の懸念を解消する方策として、この慣習の再発防止手続きの導入など一連の提言を行うことに傾注している。

子の看取りをめぐっては、世論と法律はいまだ意見の一致を見ていない。大半の親は、たとえ子どもの利益を最優先した結果だとしても、国などの他者がわが子の生殺与奪を握っているという考えを受け入れがたく思うだろう。二〇一八年、オールダー・ヘイ小児病院はふたたび世論の厳しい批判にさらされることとなった。末期患者の幼児アルフィー・エヴァンズの両親が、息子の生命維持装置を外す決断をめぐって医師団と対立したのである。両親は高等法院、控訴院、最高法院、さらには欧州人権裁判所で訴えを起こしたが、延命措置を打ち切るという病院の決定は覆らなかった。両親のために抗議活動を行った多くの支持者はこれを、幼児の生死を国が決めた言語道断な事例ととらえた。EU離脱(ブレグジット)推進派の政治家ナイジェル・ファラージがフォックス・ニュースのインタビューで憤懣やるかたなく述べたごとく、支持者たちもまた「われわれの子どもは、いまや国に所有されているのですか？」と憤ったのだ。[24] しかし法的には、欧米のほとんどの国で両親は子どもを所有しておらず、一九世紀以来所有したこともない。親は所有者ではなく後見人であり、子どもの利益を最優先した養育を行うことを期待されている。こうした事例で裁判所が採用するのも同じ基準である。

親が子に責任を負う一方で、子も親に責任を負うことはほとんど知られていない。成人した子には、自活が困難になった老親の世話をする法的義務がある。だがアメリカやイギリスに存在する「子の扶養義務に関する法律」を盾にとって、経済的に困窮した親が実際にわが子に扶養を迫ることはめったにない。しかし、その状況も変わるかもしれない。アメリカの老人ホームが、老衰して要介護となった入所者の子に対して、介護費用の支払いを求める訴訟を起こし始めたのだ。二〇一二年には、ペンシルベニア州の老人ホームが、母親の介護費用九万二〇〇〇ドルの支払いを求めて息子を提訴した末に勝訴しており、同様の事例は増加傾向にある。[25] 戦後のベビーブーム世代が高齢期に差しかかり、かつてない長寿時代を迎えつつあるなか、アメリカは高齢者介護の体制を整えているとは言えず、介護費用の支払いを子に求める流れは今後も続くと考えられる。

多くの文化で親は子どもを里子に出し、ときには事実上の人身売買が行われるケースもある。インドでは結婚持参金制度は四〇年以上前から違法であるにもかかわらず、新郎側親族の多くはいまだに新婦側親族に持参金《ダウリー》の支払いを求めている。息子に投資をしたのだからリターンを寄こせというわけだ。インドでは、娘ばかり何人もいる貧しい家庭は経済的に破綻しかねない。持参金に対する不満が暴力沙汰につながることも多い。ときには妻の実家から金を引き出すために夫が妻を虐待したり、あるいは手っ取り早く再婚によって新たな持参金を得るために、夫が妻を殺害したりする。持参金ねらいの妻殺しだけを集計した公的統計があるほどだ。インド刑法第三〇四B条はダウリー死（結婚持参金殺人）を扱った条項だが、インドでは二〇一二年から二〇一五年の三年間に、この条項が適用されたダウリー死が二万四〇〇〇件以上あった。[26] 殺害を免れても、硫酸などを浴びせられて一生残る傷を負う女性も多い。見合い結婚のおかげで離婚率が低いとはいえ、温存された伝統的な結婚持参金制度がインドの女性の不幸の大きな要因となっていることは間違いない。

やはり親が所有権を濫用したあさましい例として、子ども、とくに娘を売春目的で売り渡す人身売買の問題がある。タイの農村部など、世界の貧しい地域の多くでいまもはびこっている問題だ。タイでは、娘を悪名高いバンコクの売春宿で働かせ、家族全員を養わせるということが日常的に行われている。生計を立てる方法としては褒められたものでないことは認識されているが、この場合は貧困が道徳的判断に勝ってしまうのだ。人身売買ブローカーは、農村部を練り歩いては「レクリエーションまたはエンターテインメントビジネス」の就職口を斡旋し、貧しい家庭に現金を貸し付ける。借金は娘が働いて返さねばならない。

こう聞くとどうしても子を売る親を断罪したくなるが、一九世紀ヨーロッパにおける産業革命の中心的な担い手が、劣悪な条件下で働かされた児童労働者であったことは忘れてはならない。かつて子どもが困窮時の収入源であったことは、チャールズ・ディケンズの小説の読者ならご存知だろう。一六四六年にはニューイングランドで、反抗的な息子を親が死刑にすることのできる「強情な息子」法が制定されたこともあった[27]。現代の社会福祉制度が確立される以前は、子育ては投資だった。子どもも生活費を稼ぐよう求められ、両親や祖父母に介護や援助の必要が生じれば、通常は娘たちが世話をした。現代の豊かな欧米社会の実現をもって、初めて家族を支えるという重い負担が、個人の肩から国の医療制度や社会的支援システムへと移行したのである。忘れてならないのは、世界においてはこうした社会的支援は例外的措置であって、通例ではないという点である。だからこそ多くの発展途上国で子どもが何より重要な頼みの綱とされ、いまも商品として取引されているのだ。

親が子どもを頼る是非については、出生率が低下している国のいわゆる「人口時限爆弾」の問題とともに、今後ますます注目が高まることが予想される。高齢化が進むと、高齢者は介護の担い手である若年層により依存するようになる。高齢化で政府のコストがかさみ、年金が不足し、社会保障給付の金額が減らされ、超高齢者の介護職のなり手がおらず、若い労働者が不足し、最終的には経済活動が減速する。この景気後退がさらなる落ちこみをもたらすという悪循環が生まれ、経済の縮小で少子化がさらに進み、それによって人口時限爆弾の問題がより深刻化する。

出生率の低下がとくに懸念されるのは、人口減少が問題となっている、脱宗教化が進んだ世俗的社会だ。対照的に、いまだ宗教が根強い宗教的社会では、合計特殊出生率が人口置換水準〔人口が減少しないために必要な出生率の水準〕の、二ないし三倍に達している[28]。人口時限爆弾が欧米諸国でとくに問題となる理由は、この違いにある。欧米では、出生率の低下、平均余命の増加、高コストのソーシャルケアが組み合わさって、経済の破綻へと突き進む最悪の状況が生まれている。国による社会的支援が行き渡っている欧米諸国では、政治的に右派の人々の多くが政府の介入を行き過ぎと感じ、家族を介護する責任を家族自身の手に取り戻すべきである、つまり家族のことは家族でと考えている。

政治的所有権

私はスコットランドのマクファーレン氏族の血を引いているが、自分の氏族のモットー「われ、これを守らん」を目にしたときには、思わず可笑しさがこみあげてきた。氏族のご先祖たちが何を守ると約束しているのか定かではないが、おそらく自分の所有地と信ずる土地を守るという意味だろう。現在世界中ではびこる政情不安や紛争は、いろいろな意味で、所有物を失いたくないという この感傷が形となって表れたものだ。今日では、他者が資源をめぐって自分たちと争い、自分たちの土地を収奪し、自分たちの生殺与奪の権を握るのではという強烈な脅威の感覚を多くの人が抱いている。極端な例を挙げれば、自爆テロはしばしば、自分たちの土地を不法に奪われたという喪失感を抱く個人によって引き起こされる。アメリカの政治学者ロバート・ペイプは、一九八〇年から二〇〇一年にかけて、スリランカや中東を含む世界各地で起きた一八八件以上の自爆テロを分析した論文で、自爆テロの主要な目的は、外国政府に占領をやめさせ、テロリストが祖国と目する土地から立ち退かせることだと結論づけている。(29)

近年、欧米の民主主義国に政情不安が広まっているが、これも外国人《アウトサイダー》の脅威と感じるものにさらされた人々による、ナショナル・アイデンティティーと所有権をめぐる争いにほかならない。ブレグジットのスローガン「主導権を取り戻せ」も、トランプの掲げる「アメリカ・ファースト」も、彼らの目に外国人の侵略と映る状況に対する、ナショナリズムのあからさまな誇示である。こうした運動に登場する用語は所有の概念に満ち満ちている。私の国、私の仕事、私の生き方といった具合だ。

なぜ私たちはいま、アメリカのドナルド・トランプやイタリアのマッテオ・サルヴィーニのようなポピュリストの台頭を目の当たりにしているのだろう？　そして、このような社会的うねりの訪れをだれも察知できなかったのはなぜなのか？　トランプのような人物が大統領選に勝利できたという容易には信じがたい事実に、後世の人は驚きを覚えるかもしれない。外国人嫌悪や女性蔑視をあらわにし、周囲の対立を煽るだけで政治経験のない人物、高潔さの片鱗もなく、競争相手やメディアに関する偏執的な陰謀論を信じ、ツイッター上であえて苦言を呈した者には罵りを返す人物に、なぜ人々は投票したのか。政治家らしさに欠ける一方で、トランプは自称「大衆の味方」である。トランプがやはりポピュリストだったイタリアの独裁者ムッソリーニと似ているのは、外見だけではない。[30]どちらも極右へとシフトした政治の転換を象徴する人物であり、多くの欧米の民主主義国家でも同様のポピュリズム運動が起きている。二〇一八年のBBCの報告によれば、近年、ヨーロッパ各地の選挙で極右政党が大幅に票を伸ばしている。[31]こうした政治の地殻変動を所有というレンズを通して見てみると、意外にもこの現象を説明できる興味深い解釈があることに気づく。

一般に信じられているのは、トランプを権力の座に押し上げたのは、経済的に困窮したコア支持層だとする説である。たしかに、トランプが最も強固な支持基盤を築いている中西部のさびれた工業地帯、ラストベルト地域では、技術革新と海外からの安価な輸入品によって伝統的な産業が打撃を受け、格差が拡大しているのは事実だ。ここ数十年で広まったグローバリゼーションが、こうした経済の変化にさらに拍車をかけている。だがそう考えると、貧しい有権者が票を投じたトランプが、国内労働者をないがしろにしたグローバリゼーションで利益を得た、社会で最も裕福な一%の出であることは皮肉以外の何物でもない。

経済的苦境がポピュリスト台頭を招いたとする説の論者は、以下のように説明する。格差拡大、経済的不安の増大、そして世界の動向から取り残された人々が感じる社会的孤立感が引き金となって、自分たちの気持ちを代弁せず、自分たちの状況を改善してもくれない政界の既成勢力に対する不満が一気に高まったのだ、と。たしかにトランプの主要な支持基盤にこうした層が含まれるのは事実だが、ポピュリズムがアメリカのみならずヨーロッパ全土でも広い支持を集めた理由は、生活の困窮だけでは説明できない。概して高齢者層、男性、教育水準が低い層、そして信仰に篤い層にポピュリズムの支持者が多い理由もはっきりしない。

より腑に落ちる説明をするなら、根本的な要因は恐怖心だ。最初から権威主義を信奉する人はめったにいないが、権威主義に陥るのはたやすい。理由の一端に、未来の不確実性がある。予測できない未来への不安から、服従と権威を旨とする極右の思想に引き寄せられるのだ。現在の政治的な環境を分析した心理学者カレン・ステナーとジョナサン・ハイトの研究によれば、ヨーロッパとアメリカの成人の三三%に権威主義の傾向があり、三七%は非権威主義的で、二九%はどちらでもなかった[32]。だが人は脅威にさらされていると感じたり、道徳的価値観が損なわれていると考えたりすると、寛容さを失い、権威ある個人を好意的に見るようになる。その好例が、9・11同時多発テロ事件後のアメリカ人の反応だ。全国調査の結果、権威主義の指標スコアがもともと高かった人々には、人権に関する態度に変化は見られなかった。むしろ、脅威を認識したことで攻撃的で抑圧的な政策を支持するようになったのは、以前の調査ではよりリベラルな考えを持っていた人々だった[33]。政治に関しては中立を保っていた人が、いったん恐怖に駆られると、容易に右傾化してしまうのである。

脅威を感じた際のこのような反応の変化が、他の面ではリベラルなドイツ人の大多数がナチスの台頭を招いてしまった主な理由の一つだと言われている[34]。第一次世界大戦後の経済的苦境への反発から、多くのドイツ人が態度を変化させたのだ。こうした反応が起きるのは、不確実性への対処が容易なことではないからだ。ヒトやヒト以外の動物を扱った広範な研究によって、不確実な条件下では心理的・生理的ストレスが生じることが明らかになっている。この不確実性は、俗に「戦うか逃げるか反応（闘争・逃走反応）」と呼ばれる反応〔恐怖を感じると生じる心拍数の上昇や筋肉の緊張などの反応〕を引き起こす。次の行動に備えるために進化の過程で獲得した有効な対処法ではあるものの、ストレスの原因を解決しないでいると慢性的な不安に陥りかねない。不確実な状況に置かれると、人は毅然とした力強いビジョンを語る指導者に頼って自分の弱さを補い、安心しようとする。トランプのような人物を支持する理由の一端は、ここにある。未来への不安が大きい状況下では、「過ちを犯すことも多いが、決して疑念を抱かない」性格がよしとされるのだ。この仮説は、過去二十数年間にわたって六九か国の有権者一四万人を追跡した研究によって裏付けられている。この研究によって判明したのは、最大級の経済的困窮を経験した有権者は、強い自制心があると申告した人以外は、ポピュリストの候補者に投票するという事実である。[35] とはいえ経済学だけでは、トランプが、生活の困窮が一番の関心事ではない裕福な白人男性からの支持も集めている理由は依然説明できない。

　政治学者ロナルド・イングルハートは、現在世界で起きていることは経済的不平等のみから生じているのではなく、一九七〇年代に始まった脱物質主義に対する反発の帰結でもあると論じている。[36] 人類は歴史上ほとんどの期間で絶え間ない紛争や不安定な経済に苦しみ、そのために倹約を旨とする慎重な行動様式を形作ってきた。だが第二次世界大戦後、先進工業国、とくにアメリカは、一九四五年から一九七〇年代初頭の景気後退まで続く、一般に「資本主義の黄金時代《ゴールデンエイジ》」として知られる息の長い好景気を経験した。トランプが「アメリカをふたたび偉大に」と唱えるとき、想定しているのはこの好況期である。この時期の労働人口の大多数は一九二五年から一九四五年のあいだに生まれた人々から成り、沈黙の世代と呼ばれている。戦時中の厳しさと、核のハルマゲドンの脅威と結びついた戦後の不安定な時期をともに経験し、親よりも慎重とされる世代だ。

　この時期の労働人口における主要な賃金労働者であった沈黙の世代は、物的所有物に資金を投じ、投資とファイナンシャル・プランニングによって将来の安定に向けた備えをした。だが、それに続く世代は同じ価値観を共有してはいなかった。一九六〇年代にはすでに、沈黙の世代の子どもたちは親の価値観に反抗するようになっていた。当時一〇代から二〇代だったベビーブーム世代が、カウンターカルチャーの担い手となったのである。その多くは政治活動を行い、権威や統制や因習に抵抗した。その結果、不確実な時代を生きのびた世代から、安全が当たり前な環境で育った世代へと、世代間の移行が起きた。これが脱物質主義化のうねりへとつながっていく。この世代は物質主義的ではなく、体制に順応せず、権威主義を嫌い、非宗教的で、多様な性的嗜好を持ち、秩序ある社会体制よりも人権や平等や自己表現を尊重した。一九六〇年代のカウンターカルチャーは体制側を厳しく糾弾したが、政治運動の熱狂はその後、一九七〇年代の世界同時不況の訪れとともに、比較的穏やかなものへと移行していく。だがこの一見すると不活発な時期に、年配の世代のあいだに「静かなる革命」〔脱物質主義的価値観への転換〕への反動が醸成されていったとイングルハートは主張する。若い世代が推進するこうした社会変革を、年配の世代は伝統的な物質主義的価値への脅威とみなしたのである。

ステナーとハイトの言葉を借りれば、社会変革のスピードが年配の世代にとってはあまりにも速すぎたために、「欧米の自由民主主義はいまや多くの人の許容限度を上回ってしまった」のである[37]。このグループの人々には、進歩主義的な変化はモラルの低下と映る。「はじめに」で述べた衰退論（バラ色のノスタルジアや未来への不安から、過去を好意的に評価する傾向）もまた、年配の世代によく見られる傾向である。たとえばマーケットリサーチ会社ユーガブは、二〇一二年の世論調査で、イギリス人の大多数が一九五三年のエリザベス女王の即位以来イギリスは悪い方に向かっていると考えており、こうしたネガティブな見方を支持する人の割合は六〇代以上が一番多いと報告している[38]。だが「平均的な国民の生活の質は改善したと思いますか」という質問に対しては、圧倒的多数の回答者が「はい」と答えた。客観的に見れば医療や教育、生活の質がいずれも改善されたと認識していても、世の中が全般的によくなっているという評価にはつながらないのだ。二〇一六年の別の世論調査で、世界はよくなっていると思うかを質問したところ、よくなっていると答えたのはわずか一一％で、五八％は悪くなっていると回答した。[39] このときも、回答者の年齢が高いほど悲観的な回答をする割合が高まった。ウィットあふれる短評で知られたコラムニスト、フランクリン・P・アダムズがいみじくも書いたように、『古き良き時代』なるものが生み出されるのは、記憶力がお粗末だからにほかならない」のである。

静かなる革命への反動と考えると、社会の年配の構成員がポピュリスト政治家に投票するわけがよくわかる。政治情勢の変化を解析した論文で、ヨーロッパ三一か国の二六八政党に投票した有権者の人口統計学的属性を分析したイングルハートと同僚のピッパ・ノリスは、経済的苦境が原因とする説では、データのすべてを説明することはできないことを突き止めた。[40] むしろ、脱物質主義や社会的価値の新たな変化に対する文化的反動が背後にあることを示す、より一貫した証拠が見つかったという。

このグループは、文化的変化の進歩的な潮流を分かち合うことができず、そこから取り残されることで、自国で主流となった価値観と相容れなくなったとおそらくは感じている人々だと考えられる。伝統的価値観を有する年配の白人男性は、一九五〇年代から一九六〇年代にかけての欧米社会では文化的多数派を構成していたが、その後自らの優位と特権の凋落を目の当たりにすることとなった。一九七〇年代の静かなる革命が原因となって、今日見られるような怒りと怨嗟に満ちた反革命の揺り戻しが生まれたのではないかと思われる。(41)

巨大企業、銀行、多国籍企業、メディア、政府、知的エリート、科学の専門家、特権的富裕層に対する根深い怨恨を反映したのがポピュリズムだとすれば、反体制的な志向を持つ脱物質主義運動の担い手も、このリストの大部分に同様の反感を抱いていたという事実はいささか皮肉だろう。だが両者の不満が似通っているというアイロニーも、所有という観点から見ればなんの不思議もない。どちらの世代も、自分たちにとっては何より大切な価値観の所有権を、それを軽視しているらしい現在の世代から取り返したいと願っているのだ。

アイディアの所有は可能か？

財産と聞くと通常私たちは物的所有物を思い浮かべるが、近年では財産の概念が、非物質的なものも所有できるという認識を反映したものへと変わりつつある。ここ二〇年でデジタル技術が急速に日々の生活に浸透した結果、歌や映像、物語といった独自のアイディアから生み出される創作物も、その基盤となる情報をコピーしたり所有したりするのはじつはたやすいことに、多くの消費者が気づき始めている。そうした独自のアイディアは、かつてはレコードやフィルム、紙といった物理的な媒体に保存されていた。いまではそれが0と1が連なるパターンに変換され、コンピュータコードとして保存されている。昔の海賊は物理的な財宝を盗む必要があったが、現代ではデータファイルをダウンロードするかコピーするだけで、知的財産を盗むことができる。

知的財産は何百年も前から法的に保護されてきたが、同時に紛争の的ともなってきた。記録に残っている著作権侵害の最も古い事例の一つは、六世紀にまで遡る。アイルランド人伝道者の聖コルンバが聖フィニアンの所持する宗教書を書き写したところ、フィニアンから写本を寄こせと要求されたのだ。ディアルミド王に嘆願したフィニアンの訴えは聞き入れられ、王は「子牛は母たる雌牛のものである。したがって写本は原本に属する」と裁定を下した。しかしコルンバは意に介さず、神の御言葉は何びとも所有できないと主張した。オニール一族がコルンバに加勢したために対立は激化し、ついに五六〇年頃、クル・ドレムナの戦い（または写本の戦い）が勃発し、三〇〇〇人が命を落とした。

今日では知的財産権をめぐって流血沙汰が起きることはめったにないが、争い自体は当時より頻繁に発生している。二〇一七年、米国特許商標庁は三四万七六四二件の特許を登録したが、そのうち大部分を占めたのは知的財産を保護する特許だった。知的財産に法的所有者がいることについてはみな承知しており、他人のアイディアを盗用する者は忌み嫌われる。知的所有権を持つ者が異議を申し立てる場合、たいていは金銭的な理由が背後にあるが、多くは知的所有権侵害をプライドや道義に関する問題としてもとらえている。史上最大級の科学の発見とされる、DNAの二重らせん構造発見の経緯がいい例だ。当時、ケンブリッジ大学研究チーム（ワトソンとクリック）、ロンドン大学キングス・カレッジ研究チーム（フランクリンとウィルキンス）、カリフォルニア工科大学研究チーム（ポーリング）の三者が、らせん構造の最初の発見者になろうと三つ巴で競っていた。彼らは協力を拒み、人間関係が悪化するのも構わず、プロの科学者としてあるまじき問題行動をとってまで、発見の栄誉を手にしようとした〔二重らせんの証拠となるフランクリンの写真を彼女と犬猿の仲だった同僚ウィルキンスが入手し、ワトソンに盗み見させたことが、二重らせん発見につながったと言われている〕。たとえ金銭上の利益がない場合でも、だれが第一発見者の権利を主張できるかに異様に神経質になるのが科学者だ。他人のアイディアを横取りした人物に向けられる軽蔑の大きさを見れば、科学界では盗用があくまでも唾棄すべき行為とみなされているのがわかる。

幼い子どもも、六歳頃を境に、知的財産の基本的概念を本能的に理解するようになる。六歳以上の子どもは、「まねっこする子」を嫌う傾向があるのだ。子どもは、ただの模写よりもオリジナルの絵を描く相手を好ましく思い、払った労力よりもアイディアの独自性を高く評価する[42]。ある研究では、六歳児のグループに、その子が出したアイディアに基づいて大人が描いた絵と、大人が出したアイディアに基づいてその子が描いた絵を見せ、どちらを高く評価するかを聞いたところ、子どもは自分がアイディアを出した絵を選んだ。条件を変えて追加実験をしたが、いずれの場合も六歳児は実際に描いた人物ではなく、アイディアを出した人物を好んだ[43]。作られたものが物理的な実体を持たない場合でも、幼い子どもは知的財産の概念を抱く。「算数の問題の解き方がわからないとザックが言うのを聞いたスティーヴンは、解き方がわかったので、ザックに答えを教えました」と聞かされた子どもは、解法はスティーヴンのものだと結論づける。「スティーヴンがザックに答えの出し方を説明していたら、それをティムが立ち聞きし、クラスのみんなに教えました」と聞かされた六歳児は、ティムが解法のアイディアを盗んだと考える。同様に、物語の創作者ではないと思われる子が結末を変えようとしても、子どもたちはそれを容認しない(44)。

このように、人はアイディアの所有権に幼児期から関心を抱いているが、にもかかわらず、オリジナルなアイディアというものは厳密には存在しない。真にオリジナルなアイディアというものがあるかどうか、試しに考えてみるといい。思いつかないはずだ。あらゆるアイディアには、必ずそれに先立つほかの人のアイディアがあるからである。北アメリカ先住民の先祖伝来の土地がそうであったように、どの人の前にも必ず別の人がいる。知的所有権を扱う弁護士は、依頼者が権利を主張するアイディアが、先行するアイディアとは十分異なっていることをどうにかして立証しなければならず、そのために主観的な判断を下さざるを得なくなる。たとえすでに存在するアイディアであっても、オリジナルと認定せんがために、独自性を主張するはめになるのだ。

想像の産物が財産となることもある。ビデオゲームに費やされる費用は約一六五〇億ドルに達しているが、ゲームに散財する人のなかには、多額の費用を投じてバーチャルな資産を購入することをためらわない人も出てきている。現在までにバーチャル資産に付けられた最高額は、バーチャル宇宙のバーチャル小惑星に建つ「クラブ・ネバーダイ」の二〇一〇年の売却価格、六三万五〇〇〇ドルだ。現実に存在しないものにそんな大金を払うなど正気の沙汰ではないとあきれる向きには、そのクラブ内でゲームのプレイヤーが購入するバーチャルグッズやバーチャルサービスの売上で、元オーナーのジョン・ジェイコブズは平均して年間二〇万ドルを稼いでいたことをお知らせしておこう。フォーブス誌によると、ジェイコブズは二〇〇五年に現実世界の自宅を抵当に入れ、一〇万ドルでこのバーチャル小惑星を購入したという[45]。

デジタル画像などの所有権についてはどうだろう？　もしだれかが道端であなたの写真を撮ったら、その人はあなたの画像の所有者になるのだろうか。遺体の部位の売買と同じく、こちらも居住している地域によるというのが答えだ。多くの国は公共の場所での写真撮影を容認しているが、なかには被写体の許可や承諾を得なければならないとする国もある。こうした国では、他人を見つめるだけなら好きにしてよいが、その体験を写真の形で記録に残すことはできない。

知的財産に関して近年顕在化した、最も驚くべき（そして多くの人にとっては最も憂慮すべき）事柄と言えば、おそらく個人情報の所有にまつわる問題だろう。二〇一四年、フェイスブックは、何も知らされていない七〇万人弱のユーザーを対象に感情操作実験を行い、批判を浴びた。ニュースフィードの内容を意図的に操作し、実際よりもハッピーな、あるいは悲しいストーリーが多く表示されるようにしたのである[46]。ポジティブなストーリーが減らされた場合、ユーザーはポジティブな投稿を減らし、ネガティブな投稿を増やした。ネガティブなストーリーが減らされた場合は、その逆のパターンが発生した。効果はごくわずかだったが、フェイスブックの市場の大きさを考えると、おそらく一日当たり数十万件の投稿が感情操作の影響を受けたと考えられる、と実験に携わった研究者たちは結論づけている。

人々の選択がひそかに操られているのではないかという懸念が生じたのは、この件ばかりではない。二〇一六年、データ分析企業ケンブリッジ・アナリティカは、ブレグジットの是非を問うイギリスの国民投票の結果を左右するため、またアメリカの大統領選でドナルド・トランプを勝たせるために（あるいは少なくともその名目で）、フェイスブックのユーザー五〇〇〇万人の個人情報を不正に収集した。(47) ケンブリッジ・アナリティカがユーザーとその友人たちのリストを盗んだのは、ターゲット・マーケティング戦略を成功させるためである。「サイコグラフィックス」（心理学的属性）に基づいた広告などで人心を操れば、投票結果に影響を及ぼすことが可能なのではないかと同社は考えたのだ。メディアはケンブリッジ・アナリティカをめぐって報道合戦をくり広げ、世間ではサイコグラフィックスへの不信感が沸き起こったが、実際には人々の選択がそれほど簡単に操作されうることを示す科学的証拠はほとんどない。(48) よく似たものに、サブリミナル効果という俗説がある。映画フィルムのコマにポップコーンや炭酸飲料を買うよう促す文言を一瞬だけ挿入したところ、観客はそれを見たことすら気づかなかったが、ポップコーンや炭酸飲料の売上が伸びたとされている事象だ(49)［この実験は行われておらず、すべて作り話だったことがのちに判明した］。こうした詐欺的手法が消費者や有権者の選択に影響を与えることを示す確かな証拠は、見つかっていない。(50)

私たちがこうしたニュースに憤りを覚える理由は、広告によって操られているからではなく（ほとんどの人は消費者を操ろうとする広告業界の手法に気づいている）、自分の個人情報が抜き取られ、同意のないまま勝手に利用されているから——つまり、所有権が侵害されているからだ。だが実際には、何年も前から個人情報を漏洩させているのは、私たち自身である。オンラインプラットフォームやゲームをはじめ、現在容易に利用できるすばらしいソフトを「無料で」提供しているデジタル企業は、私たちユーザーから取得した個人情報で収益を上げている。しかも私たちは、自発的にそれを承諾しているのだ。オンラインサービスの会員になったり、アプリをスマートフォンにダウンロードする際には、「利用規約」に同意しないとそのサービスを利用できない。膨大な利用規約には、サービス提供企業がユーザーの個人情報を収集し、処理し、保存することを許可する項目が、いくつかさりげなく挟みこまれていると思って間違いない。企業の個人情報の利用法は規約内に記載されているはずだが、何ページも延々と続く規約を読む時間や意思のある者、また使われている法律用語を読み解くだけの専門知識がある者は、ごくわずかだ。結局たいていの人は、「利用規約に同意します」というボックスにチェックを入れるだけで済ましてしまう。こうして企業が取得した個人情報は、その企業によって利用されたり、消費者の差異や行動様式を分析する他の企業に売却されたりする場合がある。ユーザーの個人情報は極めて貴重だ。個人情報があれば、企業が消費者の行動パターンやトレンドを発見し、それを利用してマーケティング戦略を立てることが可能となるからである。かつてはこうしたマーケットリサーチの実施は、サンプリングと調査を人海戦術で行わねばならなかったため、非常にコストがかかる上に規模も限定されていた。だがデジタル技術の発達で、現在では同様のマーケットリサーチがあっけないほど簡単に実施できる。むしろ、ユーザーから得られるデータ量があまりにも多すぎて辟易するほどだろう。デジタル企業がサービスを無償で提供していながらこれほど高く評価される理由の一端は、ここにある。サービスが無償である代わりに、ユーザーとユーザーの個人情報が製品となっているのだ。

スマートフォンを使うたびに、私たちの行動や行き先、通話相手はトラッキングされている可能性がある。ユーザー保護のための法律はあるにはあるが、本人が同意ボックスにチェックを入れていた場合、企業のやっていることに違法性はまったくない。というより、ユーザーの多くは企業による個人情報の収集をさほど気にしていないのが実情だ。企業が収集した大量のデータを解析するデータマイニング事業を行っているという事実がクローズアップされると、ようやく心配し始める程度である。最近では、個人情報の所有権を取り戻すことが法律上の権利として認められるようになった。データの移動や削除を行い、インターネット上で実質的に「姿をくらます」ことが可能となったのである。だが実際のデータ削除は手間がかかる上に、こうした企業が提供するサービスの便利さや恩恵を諦めることにもなる。とはいえ、デジタル時代に生きる以上、個人情報を守りたいなら、そうした不都合も致し方ない代償と言えるだろう。

概念にすぎない

本章ではこれまで、人体、価値観、アイディア、情報に着目してきた。いずれも個人的なものであり、明らかに個人が所有権を有するかに見えるものだからだ。だが所有とは、じつは時代や文明によって多種多様に様相を変える、慣習の一種である。所有をめぐる諍いが起きると――数千年前にできた法制度や道徳体系で解決できる場合も、なかにはあるだろうが――たいていは弁護士の助けが必要になる。所有に関しては、人によって違った解釈が可能だからだ。社会の変化に伴い、所有に関する法律を継続的に改正する必要性も生じてくるだろう。所有を規定する難しさについては、イギリスの道徳哲学者ジェレミー・ベンサムが以下のように指摘している。「所有を成り立たせている関係を、イメージや絵画、目に見える特徴として表現することはできない。所有は実体のあるものではなく、形而上学的なものなのだ。頭の中にある概念にすぎないのである」[51]。言い換えれば、所有は自然界には存在せず、人間の心の中に築かれるものということだ。そういう意味では所有は概念、つまり思考される内容にすぎないが、とはいえそれは非常に強力な概念である。所有は、私たちの日常生活のほぼすべての側面を支配している。権利を主張できる対象にも、財産を使ってできることやできないことにも、行ける場所や行けない場所にも、所有の問題がからんでくる。所有なしには私たちの生活は混沌とし、確かな形を失ってしまう。だからこそ所有は法制度の中核をなし、大多数の人が従う社会的な行動規範の基盤となっているのである。所有権を無視したり、所有権の存在に気づかないのは、反社会的なふるまいであり、場合によっては違法行為ともなるのだ。

所有はルールや法律という形で社会を形作っているが、それに加えて、人間を心理的に操る力も備えている。法的な所有権は社会の所産であるため、所有に伴う権利は法制度によって明快に規定され、守られている。だが所有には、法律では定義しきれない側面もある。私たちは、必ずしも必要のないものまで所有しようと躍起になる。人間の心の中には、人を所有に駆り立てる、何か深い情動が存在する。これが心理的所有である。所有しているという満足感によって生じる感情体験で、法的な所有権の有無とは必ずしも合致しない。法的に所有しているが気に入らない場合もあるし、逆に、法的に所有しているわけではないが大切にし、自分の所有物だと感じる場合もある。要は、心でどう感じているかだけが問題となるのだ。

ジョン・ピアースと同僚は、心理的所有に関する論文の中で、心理的所有がいかに容易に生じるかを、職場でよくある現象を例にとって説明している[52]。採石場で働くトラック運転手たちは、運転する大型ダンプトラックを自分の車とは感じておらず、整備も行っていなかった。だが各運転手にいつも決まったダンプトラックを配備するという新たな方針を導入したところ、運転手たちは次第に「おれの」トラックという呼称を用いるようになり、車内を掃除し始め、機械整備にも気を配るようになった。ある運転手などはダンプトラックに名前をつけ、自費でその名をドアに塗装したという。そのダンプトラックは彼のものだったのだ。同様に、レーシングドライバーは所属チームのスポーツカーを所有しているわけではないが、それでも自分が運転する車に強い所有意識を抱くようになる。

こうした心理的所有感は、だれにでも思い当たる節があるのではないだろうか。法的な所有者ではないが自分のものだと考えているものがいかに多いか、考えてみてほしい。レンタカーに愛着を覚えることはさほどないが、カーリースで借りている車は概ね話が別だ。厳密にはリース車は利用者のものではないが（車の所有者はリース会社である）、利用者はつい自分の車であるかのように錯覚し、レンタカーとは比べ物にならないほどリース車を大切にする。住宅ローンを組んで購入した大半の不動産についても、同じことが言える。借入金を返済し終えるまでは不動産は法的には自分のものではないが、私たちは不動産を「自宅」とみなすのである。賃貸住宅に住む人の多くも、ことに長期間住んでいる場合には、ここが自分の家だという感覚を抱く。不動産デベロッパーがときに賃貸物件の居住者を立ち退かせるのに苦労する理由も、そこにある。住宅ローンがある場合、払い続ければいずれは完全な持ち家になるのだから、現在法的な所有者かどうかは些細な点だと思うかもしれない。だがそうした割りきった考え方では、人が所有物に抱く深い心理的なつながりは読み取ることができない。自宅が差し押さえにあうのは、単に経済的な困窮を意味するだけではない。それは、居住者の自己意識への攻撃でもあるのである。

その理由を理解するためには、まずはこの強力な心理的所有の地平に分け入ってみなければならない。多くの人は絶え間ない所有の追求に日夜明け暮れている。この衝動は、いったいどこから生じているのだろうか。次章ではこの問いを、生物学の視点から考えてみたい。

第2章 動物は占有するが、所有するのは人間だけ

生存競争

タンザニアのセレンゲティ国立公園内を走っていた長距離ランナー二人が足を止めて休憩し、靴を脱いだ。だがそのとたん、飢えたライオンが二人に気づき、猛然と突進してきた。片方のランナーがあわてて靴を履き始めたのを見て、もう一人があえぐように言った。「ライオンを振り切ろうとしたって、無駄だよ。ライオンのほうが人間よりずっと足が速い」。すると最初のランナーが答えた。「ライオンを振り切る必要なんかない。きみより速く走ればいいんだ！」。この昔からあるジョークは、自然選択の本質をうまくとらえている。進化の過程である自然選択は、地球上の生命の多様性を、生存と繁殖をめぐる競争として説明した概念だ。生存のために闘う対象は、厳しい自然条件ばかりではない。そこには競争相手もいる。生物は単純に、ライバルとの競り合いに勝たねばならないのである。

人間は生来競争を好む。一八九八年、心理学者ノーマン・トリプレットは、一人で記録短縮に挑戦するより、他者と競っているときのほうが、自転車競技選手のタイムが縮むことに気づいた。トリプレットはさっそく世界初の社会心理学実験とされる実験を行う。子どもたちに釣り竿のリールを巻くゲームをしてもらい、被験者が単独の場合ともう一人別の子と競わせた場合に、速さがどう異なるかを測定したのだ。[1] すると自転車競技選手と同様に、競争相手がいるときのほうが、子どもがリールを巻く速度は速くなった。トリプレットが「競争本能」と名付けたこの傾向は、動物界全般で見られる基本的な行動であるらしい。最も顕著な競争のシチュエーションが、給餌である。今度子どもたちが夕飯の席で先を争って食べ物を口に詰めこんでいるのを見たときは、叱らないでやってほしい。彼らは動物として当然のふるまいをしているだけなのだ。個体数の多い群れでの餌の奪い合いは、アルマジロからシマウマまで、あらゆる種で観察されている。

　文明社会では食べ物をめぐる争いこそめったに起きないが、私たちは絶えず自分と他人を比べている。義家族や友人、同僚に対して競争心が芽生えたことのある人も多いだろう。イギリスの成人五〇〇〇人を対象にした研究で、業務内容の同じ同僚が自分より稼いでいると考えた人は、年収の多寡《たか》にかかわりなく、自分の収入により大きな不満を抱いていることがわかった。[2] 問題は、私たちの知覚があまり当てにならないことである。七万一〇〇〇人以上の従業員を対象とした別の調査によると、相場並みの給与をもらっている人の三分の二近くはそれが不当な低賃金だと考えていたのに対し、過分な給与だと感じていた人はわずか六%にすぎなかった。[3] さらに、実際に相場以上の給与をもらっている人のうち、過分に支払われていると考えた人は二一%しかいなかった。三五%は、自分にはもっと高い給与が支払われるべきだと考えていたのである。私たちは競争心が強いだけでなく、自分は過小評価されており、他人は自分よりいい思いをしていると思いこみやすいのだ。

他人との比較でわかりやすいのが、所有物を比べる方法だ。所有欲を刺激されるのは、人が自分の一番身近なライバルと目す人物と自分を比べたときに、所有物に相対的な差がある場合である。アメリカの風刺作家H・L・メンケンは、こう揶揄した。「一〇〇ドルでもいいから妻の姉妹の夫より年収が多いこと、それが裕福であるということだ」[4]。これは皮肉じみた警句だが、研究によるとこうした兄弟姉妹間の競争は本当にあるらしい。夫の年収が姉妹の夫より少ない場合、世帯収入を姉妹の世帯より上げるために、妻の就業率が高くなるのだ[5]。

所有欲が競争心に刺激されていることは明らかだが、所有の起源については二つの学説がある。進化論に基づいた説明では、所有は競争本能の遺産であるとされる。貴重な資源を自分だけが独占できる排他的アクセス権があれば、生存と繁殖をめぐる競争で優位に立てるからだ。これは単純な占有《ポゼッション》と呼べるかもしれない。そこで重要になるのは、資源を入手できるかどうかである。もう一つの学説では、占有とは異なる文化的な概念として所有《オーナーシップ》という概念が提唱され、共同体が定住して政治体制や法制度が発展すると、所有が生じるとされている。この場合、競争とは第一義的に社会的なものである。人間にとっては、どちらの見解もある程度は正しく、どちらも生存に必要な戦略ととらえることができるだろう。しかしじつは、占有は動物界でもよくある現象なのに対し、所有は人間社会にしか存在しないのである。それをいまから見ていきたい。

「ポゼッション」という語はラテン語の「ポシデレ（possidere）」に由来し、字義通りの意味は

「座る、または体重や足をかける」である。犬が前足をこちらの体に乗せてくると、私たちはそれを愛情のサインと受け取るが、じつはこれは優位性を示すしぐさだ。オオカミの遺伝子が、いまだに群れの序列を示すしぐさをとらせるのである。ポゼッションをとれば支配する力が得られ、競争上の優位性を手にできる。問題は実際に他者を支配できるか、そして支配できた場合にそれを維持できるかだ。体を使って直接競い合うと、大きな犠牲を伴う戦いが生じかねない。対立を避けてそうした犠牲を減らす手段として、動物は特定の行動戦略をとるようになった。

そうした行動戦略の一つが「最初の占有者ルール」として知られる戦略だ。最初にモノや場所などの資源を占有した個体が、それを守る際に優位に立てるという規範である。「早い者勝ち」ルールとも言えるだろう。最初の占有者ルールは、知能の低い動物も学習することなく本能的に採用しているため、生得的なものと考えられている。知力や筋力に基づいた戦略と異なり、このルールがある状況で占有に成功するのは、必ずしも知能や体格に優れた競争者というわけではない。そうは言っても、最も足が速く、強く、賢い個体が最初に占有を果たす可能性が高いのは確かだ。しかし最初の占有者ルールは、体格などで不利な者が争いを避けるための安定した戦略として、有効なのである。争いが起きない理由の一端は、最初の占有者のほうがモノや場所を積極的に守ろうとするためだ。同時に多くの種では、最初の占有者に敬意が払われ、実戦では負かされそうな小柄な個体であってもそれは変わらない。フタホシコオロギは、自分が最初の占有者であることが確実な場合は、大型の個体にも挑みかかっていく。だが占有権を持つ個体に対しては、たとえ相手が自分より小型であっても弱腰になる。[6]

動物が「最初の占有者ルール」に従う場面は、動物界全般で観察されている。たとえばチョウを見てみよう。オスのチョウは攻撃的で、メスを惹きつけやすい日当たりのよい場所を確保すると、その場所を固守するために戦いも辞さない。彼らは最初に資源を見つけた場合には毅然として守ろうとするが、あとからその場に飛来した場合には、先取者に敬意を払って譲る。だが「最初の占有者ルール」が定着するためには、権利を主張すべきときと譲るべきときを、双方がともにわかっていなければならない。なわばりを守るのを怠れば簒奪《さんだつ》者に容易に侵略されてしまうし、攻撃的な者が資源を奪おうとして先取者に戦いを挑めば、猛烈な返り討ちに遭う。譲る場合と一歩も引かない場合を見極めるためには、双方の条件が合致する、目に見える明確な基準が必要だ。そこに曖昧さが生じると、双方とも占有権を主張する資格があると思ってしまい、戦いが起きることとなる。タテハチョウの一種キマダラジャノメは、二羽同時に同じ場所に着地すると、通常の一〇倍もの時間にわたって戦い続ける。どちらも、最初にこの場所を見つけたのは自分だと思っているのだ。(7)

最初の占有者の優位性は、世界中の法制度における基本理念の一つでもある。(8)法的所有を決定する非常に重要な要素であることから、「占有は九分の勝ち目」という諺《ことわざ》も生まれている。実際には全世界で占有者が法的所有者とみなされるわけではないが、一般的な法律原理では、ひとまず占有者を法的所有者とみなし、占有者以外が所有権を主張する場合、その立証責任は異議申し立てをする側にあるとする。この諺は、そうした一般的な法律原理をうまく体現した言い回しだとは言えるだろう。

ものづくりの精神

食料やなわばり、つがいの相手を占有する動物はあまたいるが、人工物を作り出して大切に保管し、身内に譲り渡すということをするのは人間だけだ。こうした物質的な財産の譲渡は、所有概念が確立されていなければ成り立たない。もともと自分のものでないものを受け取ったり譲ったりするのは、本来できないはずの行為だからだ。

人類は、ホモ・サピエンスが登場する前からものを作ってきた。ケニアで発見された最初期の石器（叩き石、台石、剝片石器など）は、約三〇万年前に現生人類が現れるよりはるか昔の約三三〇万年前、ヒト族の初期の祖先が作ったものとされている。[9] 人間は道具を作る唯一の動物ではないが、道具を所持し続けるほぼ唯一の動物である。人間以外で道具を保有するのは、貝を割るのに使う小石を持ち続けるラッコだけだ。[10] 人間の祖先は石器など数々の道具を編み出しただけでなく、作った人工物に価値を見出し、それに愛着を抱くようになった。対照的に、野生動物は通常、食料やなわばり、つがいの相手を除いて、自分が占有したものを持ち続けようとはしない。

初期の人類は人工物を作って所有しただけでなく、物々交換も行った。現在では、後期旧石器時代の少なくとも四万年のあいだ、人々が物々交換や交易を行っていたことがわかっている。地中海沿岸の貝が数百マイル離れた北部ヨーロッパ各地で発見されるなど、この時代の遺物が原産地から地理的にかなり離れた場所で見つかっているのだ。[11] おそらくは旅人によって交換されたと考えるのが妥当だろう。物々交換は他の種では通常見られない、人間特有の行為である。相手と交渉するコミュニケーション能力が欠かせないだけでなく、モノの相対的な価値を見定める能力も必要となる。サルや類人猿に物々交換を教えることは可能だが、そのためには重点的な訓練をしなければならない。しかも実験者と物々交換するよう訓練しても、仲間うちでは交換は行わず、実験者からの指示が途絶えると、じきに交換自体を忘れてしまう(12)。言い換えれば、交換はサルや類人猿にとって自然な行為ではないということだ。

私は同僚とともに、さまざまな類人猿における物々交換の研究を行ってきた。同僚の発達心理学者パトリシア・カンギーサーが行った実験では、チンパンジー、ボノボ、ゴリラ、オランウータンに物々交換の訓練を施したところ、いずれの種も獲得した食べ物を手放したがらず、実験者との物々交換を渋る態度を見せた(13)。彼らにとっては、提示される食べ物よりも手中の食べ物のほうが価値が高いのである。交換に応じさせるためには、提示する食べ物はかなり魅力的な種類でなければならなかった。チンパンジーらはだまされるのを警戒しているわけではなく、占有した食べ物を諦めるという行為を受け入れがたく感じるのだ。食べ物にはほかにはない魅力がある。「藪の中の二羽より手中の一羽」という諺にもあるとおりだ。だが、ヒト以外の霊長類が食べ物でないものにこのような愛着を抱くことはめったにない。食べ物の獲得に必要な道具であっても愛着の対象とはならず、一度使ったあとは破棄される。

それに対し、人間は積極的に所有物をためこんでいく。人類史は所有された人工物の宝庫だ。最初期の人工物は博物館に展示され、来館者は赤の他人の所有物をほれぼれと眺めてまわる。私は個人的に、こうした歴史的遺物に驚きの目をみはるのが好きだ。先人たちと自分たちには違いと同時に多くの類似点があることに気づき、遠い祖先とつながれる気がするからである。後期旧石器時代は、先史時代の人工遺物の黄金期だ。精緻な遺物の考古学的記録が爆発的に増えた時期で、とくに約四万年前以降のフランス南西部において増加が著しい。この時期より前の道具以外の加工品で最初期のものとしては、ワシの鉤爪を使った装身具がある。約一三万年前、現生人類と近縁のネアンデルタール人が首にかけていたものだ。[14] たしかに一部の動物は美しいものを創り出す技に長けており、日本近海のオスのアマミホシゾラフグが砂の上に描く幾何学模様や、オーストラリアのニワシドリが作る精巧なあずまやなどはその最たるものだ。だが一時的に誇示されるこうしたディスプレイは、純粋に異性を惹きつけるためのものである。動物が使う道具と同じように、目的が達せられたあとは打ち捨てられるだけだ。

それにひきかえ、初期の人類が洞窟に壁画を描き、小像を作ったのは、何らかの象徴的な意味があってのことだろう。何より重要なのは、壁画や小像は長期間持ちこたえるものとして作られたという点である。彼らは現世で、また来世で受け継がれるべきものとして、死者を葬った。所有物を創造していたのだ。初期の人類とネアンデルタール人は、どちらも副葬品を添えて死者を葬った。作製に数百時間かかることも珍しくない品が含まれていたことを思えば、注ぎこまれた労力だけを考えても、副葬品が貴重だったとわかる。副葬品は捨てられたのではなく、おそらくは儀礼の一部を担っていたのだ。彼らが副葬という埋葬儀礼を行った理由については推測するしかないが、副葬品は故人の持ち物だったか、あるいは死後の世界を信じて故人に捧げられたと考えるのが妥当に思われる。[15]

あくまでも仮定だが、価値のある所有物が蓄積されるにつれ、食料や領土、サービス、性行為など引き換えに所有物を渡す交易が始まったのだろう。ただし、プレゼントで異性の気を引く行為は人間特有のものではなく、動物も婚姻贈呈と呼ばれる行動をとる。ハエ、コオロギ、クモなど多くの昆虫や節足動物のオスは、交尾をしたいメスにエサの小包を作って渡す。チンパンジーのオスは気を引きたいメスに肉を提供し、交尾の確率を上げようとする。何度も贈り物をすればそれだけ求愛に時間がかかることになるが、オスはそれも厭わず婚姻贈呈を行うのである。[16] とはいえ、所有物に自ら価値を見出した物質主義の動物は、人間が最初だ。人間の所有物は象徴的で、美的なものであり、アイデンティティーの延長線上にあるものとして尊重され、持ち運ばれ、守られ、崇敬され、最終的にはほかの人間の手によって受け継がれていく。こうした譲渡・継承は、所有のルールを理解して初めて成り立つものだ。所有のルールに従うことで、安定した社会の出現が可能となった。人間の社会は、財産の蓄積と富の譲渡を基盤として築かれていったのである。

相対的価値

約七万年前から一万年前まで続いた最終氷期の終了とともに、人類の活動は遊動しながらの狩猟採集生活から、農耕や野生動物の家畜化を行う定住生活へと変化していく。農耕社会への移行が進むにつれ、人々は生産された余剰資源を備蓄し、奪い合うようになった。そこで極めて重要な意味を持つようになったのが、所有の概念だ。文明の発達に伴い、人々を社会の構成員として組み入れ、制御する手段として、財産法が生まれたのだろうと推測される。遊動生活を行う集団は、定住社会へ――世代から世代へと継承される秩序づけられた構造を持ち、連続性と安定性をもたらす社会へと変貌していった。

その過程で強力な推進力となったのが、所有である。まずは権力を手にした者たちが、交易や軍事行動によって富を築かんとする欲望に突き動かされる。彼らは政治力を有する支配層となり、市民を統治する。経済的豊かさが繁栄のメカニズムを生み、人々は以前は生存に欠かせなかった日々の雑用から解放される。生きていくための肉体労働が必須でなくなった社会構造に支えられ、職人や知識人が存在感を増していく。所有は、市民を内包する社会の秩序を、合法的にかつ長期にわたって正当化する根拠をもたらしたのである。

今日、大半の親は子どもによい人生を送ってほしいと願っているが、ここで言うよい人生とは通常、立派な教育と成功したキャリア、円満な結婚などを含んでいる。これらは幸せな一生の構成要素であり、一族の末永い繁栄を約束する要素でもある。親は子がよりよい人生を送れるよう、資金や時間、労力を惜しまず投入するが、一見大きな犠牲を払っているようでいて、これは(生物学の用語を借りるなら)遺伝子が自らの複製を世代から世代へと受け継がせていくための戦略にすぎない。リチャード・ドーキンスのポピュラーサイエンス本で一躍知れ渡ったこの「利己的な遺伝子」という考え方に、大半の親はいまだに不快感を覚える。自分たちは利他的にふるまっていると信じているからだ。

死してなお、人は優位な条件を次世代に託すことができる。文化によってかなり違いがあるとはいえ、これまでに成立したほとんどの人間社会で、何らかの形での遺産相続が行われている。二〇一三年にＨＳＢＣ銀行が実施した一五か国一万六〇〇〇人を対象とした調査で、全回答者の六九％が財産を残す予定と答えた。子に相続財産を残すつもりと回答した率が最も高かったのはインド（八六％）とメキシコ（八四％）で、アメリカとカナダの親でそう答えたのは、それぞれ五六％と五七％にとどまった。[17] このような差が生じる理由は多岐にわたり、先進国の社会保障制度が充実しているのもその一端だが、家族志向型の社会かどうかという文化的差異も大きな要因だろう。集団主義的傾向の強い国々に比べ、欧米の先進工業国の人々は、個人主義的で短期的な目標を表明することが多い。

経済状況が変わると、相続に対する態度も変化する。保険会社プルーデンシャルが発表した二〇一一年の報告書では、イギリスの成人の約半数が子に財産を残す予定としていたが、二〇一六年にはその数はイギリス成人の約四分の一にまで減った。[18] 近年広まった新語に「ＳＫＩ」があるが、これは子にまとまった財産を残そうとせず、自らの楽しみのために資産を使うベビーブーム世代の傾向を指した、「スペンディング・ザ・キッズ・インヘリタンス」の略である。これを見ても、人間行動を予測するという点では、生物学が当てにならない場合もあることがわかる。

イギリスで遺産相続が減少している理由のうち、もう少し心温まるものとしては、親がすでに家族を経済的に援助している場合が挙げられる。現在、「パパママ銀行」に頼らないと資産形成もままならないミレニアル世代が増えている。若い世代が借金返済や結婚、初のマイホーム購入といった成人後の重要な節目を迎える際に、親や親戚から相当額の資金援助を受けたり、借り入れをしたりする必要に迫られる場合が多いのだ。イギリスの住宅ローン会社リーガル・アンド・ジェネラルの報告書によると、二〇一七年に親が子に貸し付けた金額は前年比三〇％増の六七億ポンドに達し、パパママ銀行が住宅ローン会社トップ一〇社に匹敵する規模であることが示されている[19]。いまでは一世代前とは違い、若者がマイホームを持てるかどうかは、両親に持ち家があるかどうかにかなり左右されるようになった。「持てる者」と「持たざる者」の格差が広がる一方である以上、今後この状況はさらに深刻化するはずだ。いずれにせよ、生前か死後かの差はあれ、私たちの大半は何らかの形で子どもに資産を譲渡することになる。

驚くべきことに、この親の慈悲心にも生物学が関与している。ほとんどの親は資産を子に残すのは当たり前の行為と思うだろうが、相続の動向を分析した研究により、そこにじつは思いがけないパターンが潜んでいることが明らかとなった。遺産相続の際には、血縁・姻戚関係のない相続人よりも、親族や配偶者のほうが受け取る金額が多い。血縁関係が近いほど遺産額も増えるが、それは想定の範囲内だろう。意外なのは、子の受け取る遺産が兄弟姉妹間で同額ではないという点だ。子の性別、あるいは一家が裕福か貧しいかによって、兄弟姉妹の受け取る額に偏りが生じるのである。

一九七〇年代初頭、進化生物学者・心理学者のロバート・トリヴァースと数学者ダン・ウィラードは、環境条件に応じて相続パターンがどのように変化するかを予測できる、独創的なモデルを提唱した。このトリヴァース＝ウィラード仮説によると、恵まれた環境下では息子を優遇し、厳しい環境下では娘を優遇するというバイアスが親にはたらく[20]。裕福な家の親は娘より息子に多くの金を残す一方、貧しい家庭では逆のパターンが見られるというのである。その理由はこうだ。社会保障制度が整っていない国で経済が悪化すると、ゆとりのない男性に比べ、裕福な男性のほうが多くの子どもを生存させられる確率が高い。裕福な男性はより多くの女性を惹きつけ、子どもに金をかけることができる。男性はまた、女性よりも多くの子どもを作れるため、裕福な両親は、孫の数を最大限に増やすためには、娘より息子により多く投資すべきである。しかし家庭が貧しい場合には、息子よりも娘のほうが相手を見つけやすく、子をもうける確率が高くなるため、貧困家庭では娘に投資するほうが理にかなっているのだ。

これらの仮説を確かめるため、ランダムに抽出された一〇〇〇人のカナダ人の遺言書を分析する研究が行われた。まずわかったのは、相続人の九二％は親族で、血縁・姻戚関係にない相続人は八％にすぎなかった[21]。相続の可能性が最も高かったのは配偶者だが、これは納得がいくだろう。たいていの場合、故人とのあいだに生まれた子どもの生存に積極的に尽力するはずの存在だからだ。相続人が受け取る遺産額の平均は、血縁度を反映していた。血縁度が二分の一の親族は遺産の約半分、四分の一の親族は遺産の約一〇％を相続していたが、血縁度が八分の一の親族の遺産額はわずか一％にとどまった。

子は故人の兄弟姉妹よりも多額の遺産を相続し、息子と娘の受け取る遺産の相対的比率は、相続財産の規模に応じて異なった。トリヴァースとウィラードの予測どおり、遺産が莫大な場合は息子は娘の約二倍の額を相続していたが、少額の場合は逆のパターンが見られた。性別の異なる複数子がいる場合は、公正に分配するのが最も一般的なパターンで、八二％のケースで遺産額は同額だった。しかし七％のケースでは娘が優遇され、一一％のケースでは息子が優遇されていた。さほど違いはないように見えるが、相続財産の規模を考慮に入れると、とたんに様相は一変する。トリヴァース＝ウィラード仮説そのままに、息子を優遇した親は子を公正に扱った親より裕福で、娘を優遇した親は子を公正に扱った親より貧しかった。こうした親のえこひいきのパターンは、子どもに与えるプレゼントの価格にも反映されている。オンラインショッピングに関する二〇一八年の研究では、裕福な中国人の親は娘より息子により高額な品を買うのに対し、それほど裕福でない親には逆のパターンが見られることがわかった。中間層の親には息子や娘を偏愛するパターンは見られなかった。[22]

配偶者は遺産の相続者になる確率が圧倒的に高いが、どちらが先に亡くなるかで状況は変わってくる。一八九〇年まで遡ってカリフォルニア州の遺言書を調査した研究によると、妻より先に亡くなった夫は資産の大半を妻に残すが、夫より先に亡くなった妻は夫を相続から外し、資産を直接子に残すことが多い。[23] ここでも、そうした行動をとるには生物学的な根拠がある。夫が晩年にさしかかるとき、ほとんどの妻は出産可能な年齢を過ぎており、それ以上子を産むとは考えにくい。したがって、夫がわが子の母親に老後の備えを用意するのは理にかなった行為だ。だが妻が先に逝った場合、夫は別の女性と再婚し、新たな子をもうけるかもしれない。そこで死期が迫った妻は資産を夫ではなく子に残し、意地悪な継母の手に渡らないようにするのである。

子に資産を残すのは両親ばかりではない。子孫の面倒を見るという点では、他の親族に関しても興味深い知見がある。たとえば、母親は子が自分の遺伝子を持っていると一〇〇％確信できるが、父親は生物学的親であるとは限らない。[24] 今日でもその曖昧さは健在で、シカゴ大学世論調査センターが二〇一〇年に行った総合的社会調査によると、不倫行為を行っている既婚女性は約一五％にのぼるという。古代には、生物学的な父親であるかどうかはさらに不確実だったはずだ。かつて南米には、「父性の分割」を実践する部族がいた。胎児は子宮で混ざりあったさまざまな男性の精液から作られると信じられていたため、女性はあえて複数の男性と性交渉を持ち、相手の男性もみな生まれた子の父親としてふるまっていた。[25] どの社会でも確実視されているのは、子は必ず出産した母親の血を引いているという点である。つまり母方の祖母も、自分の遺伝子が孫に伝わっているとほぼ断言できることになる（唯一の例外は、新生児の取り違えが起きた場合だ）。一方、母方の祖父はそう確実には言いきれない。祖父もまた、娘の父親ではない可能性があるからだ。だがそれにもまして、父方の祖父母には、孫と血がつながっているという確証はまったくない。息子が寝取られ男であれば、孫は彼らとは遺伝学的には何の関わりもない存在かもしれないのである。

血縁度の高低や不義密通の可能性は、親族の気前のよさにも反映されている。平均すると、母方の祖母は他の祖父母よりも孫に多く投資する。[26] また、祖父母は息子の子よりも娘の子により多く投資する。一例となるのが、五歳以下の子がいるアメリカの親に、祖父母の気前のよさと子育てを手伝ってもらえるかを尋ねた近年の調査だ。この調査では、対象となった祖父母の多くが再婚していたため、実の祖父母と継祖父母との比較が可能となった。平均すると、実の祖母は孫に年間六八〇ドルを費やしていたが、継祖母はわずか五六ドルにとどまった。[27] 母方のおじ・おばも、父方のおじ・おばより姪や甥への投資額が高かった。[28] 生物学的な父親であるかどうかは、現代社会では比較的確実に知ることができる。にもかかわらず、血縁度によって異なるレベルの援助を施すというこうした戦略がいまもなくならないのは、父親がはっきりしない時代に生じた進化の名残と言えるだろう。

傍観していてよいのか

悪がはびこるために唯一必要なのは、善良な人が何もしないことである。
作者不詳

一七五四年、フランスの哲学者ジャン＝ジャック・ルソーはこう記した。「ある広さの土地に囲いを作って、これはわたしのものだと宣言することを思いつき、それを信じてしまうほど素朴な人々をみいだした最初の人こそ、市民社会を創設した人なのである」[29]（『人間不平等起源論』中山元訳、光文社）。ルールを遵守しようとするこうした資質が人間に備わっていたおかげで、人々は幅広い活動ができるようになった。自分の所有権は他者にも尊重され、踏みにじられることはないと信じられたからである。こうして、原始時代の実用的な解決策のなかから、道徳律（「汝盗むなかれ」）が生まれた。つねに所有物を占有し、油断なく見張っておく必要がなければ、そうした時間をさらなる富の蓄積に活用できる。戻ってきても自分の家がまだそこにあるはずだと信じられるからこそ、他者の領土を侵略しに出かけられるのである。

なわばり行動は動物界では珍しくなく、多くの種が「所有地」をマーキングし、パトロールし、防衛する。捨てられた貝殻を取り合って戦うヤドカリをはじめ、巣や巣穴を作り、それを守ろうとする動物は数多い。過激な巣作りの例と言えば、ビーバーの作るダム湖内の巣に勝るものはないだろう。冬になると、外敵から身を守り、水面に張った氷の下の魚を捕りやすいように、ビーバーは川をせき止めて作ったダム湖の中央に、精巧な巣を作る。かじり取って倒した木の幹を水に浮かせて、ねらった位置まで流し、それを島のような形状の巣に組み上げるのだ。巣の出入り口は、凍結することのない絶妙な深さの水中にあいている。ビーバー一家が無事に暮らせるのは、この安全な棲み処《か》のおかげだ。もし競争相手や天敵が簡単に巣に近づけるようであれば、ビーバーがこうした巣作りを行うよう進化することもなかったはずだ。生息場所やなわばりの防御を怠ったり、なわばりを離れて遠方に出かけたりすれば、他者に棲み処を奪われるのは時間の問題だろう。巣がわが家として機能するためには、ビーバーはつねに巣を占有しておく必要がある[30]。

動物の占有に対し、人間の所有はもっと複雑だ。まずは資源の所有権を主張できるかどうかを判断する認知的機構が必要であり、さらにそのうえ、所有者が不在でも所有権は維持されるという点を理解できなければならない。映画館でアイスクリームを買いに行くとき、座席にコートを置いていくのも同じ理屈だ。行動の結果を想像できるか、また将来の不測の事態を想定できるかどうかが鍵となる。自分のものではないものを奪ったら、報復や罰を受けるだろうと予測できなければならないのである。

所有権の主張を押し通すためには、犠牲が伴うかもしれないと想定して行動することが必要となる。法と警察が誕生する以前は、自分のものを守るというのはそのために戦うことを意味した。所有物を窃盗から守るには、直接的な利害関係のある当事者がじかにやり返すしかなかった。だが絶え間ない内部抗争を続けていては、安定した成長と文明の繁栄は見込めない。所有権が維持されるためには、最弱者の財産も、一時的に不在な者の財産も、等しく守られるメカニズムが必要だ。潜在的な窃盗犯が強奪を諦めるような警察システム――すなわち、当事者でない者が別の者の財産を保護するという、第三者による処罰の体系が不可欠だったのである。当事者による報復と違い、第三者による処罰を行う側は、それで直接的な利益を得るわけではない。それどころか、他者を利する行為によって、自らが不利益を被るおそれさえある。だが全員が顔見知りなわけではなく、当事者同士が直接顔を合わせることがないか、あっても稀な大規模な共同体においては、こうした第三者による処罰は必要不可欠な制度となる。

当事者による保有物の防御は多くの種で行われているが、人間以外の動物が第三者による介入を行っている証拠はほとんどない。[31]チンパンジーやマカクの優位個体は他の個体の争いに加わることが観察されているが、それは所有物をめぐって争う他の個体に力を貸しているというよりは、むしろ群れの現状維持の意味合いが強い。食べ物を盗んだ個体を第三者が処罰できるというルールを意図的に導入しても、チンパンジーは第三者の立場で他の個体を助けることはせず、ただ自分の食べ物を守ろうとするか、盗んだ個体に個人的に報復するかのどちらかの行動をとる。

対照的に、人間の子どもは幼児期から他人の財産を守るために介入する。まだ二歳児のうちは、自分の所有物を取られそうになったときだけ腹を立て、奪われたのが他人の所有物だとさほど騒がないことが多い。だが三歳になると、悪いクマちゃんが他人の所有物を取ろうとすると、子どもたちは抗議の声を上げる。[32]第三者によるこうした主張は、所有にとって極めて重要だ。所有の力は、所有者がその場にいないときでも、各自がルールに従うという前提に依っているからである。第三者が見て見ぬふりを決めこむと、所有の価値そのものが揺らぎかねない。第三者による処罰がなかったら、グループ内の協調は成り立たず、社会は崩壊するだろう。だからこそ第三者による処罰は、ヒト以外の動物では観察されない、所有を決定づける特徴の一つなのである。

それにしても、なぜ子どもたちは三歳の誕生日前後を境に、第三者による処罰を理解した行動を示し始めるのだろうか。他者と他者の持ち物という観念をその頃発達させるからというのが、一つの解釈だ。肝心なのは、これが心理学者が「心の理論」と呼ぶものと結びついている点である。心の理論とは、その人の身になって他者の思考やふるまいを理解する、直観力のことだ。心の理論は、ヒトとヒト以外の動物の認知の分野で最も研究が盛んなテーマの一つだ。こうした心の能力は、社会的な人間関係を営み、ほかの人がどのように行動するかを予測するのに極めて重要な意味を持つためである。他者の心を読むことができれば、その人の次の行動を予測したり、あえて偽の情報を流してその人を操ったりできる。他の種にも原始的な心の理論が存在する証拠はあるものの、人間の場合はだれもがおよそ三歳から四歳の時期に、他の動物では見られないほど洗練された心の理論を発達させる。(33) それより幼い乳幼児も他者に心があることは感じ取っているようだが、年かさの子どもと同じように巧みに他者の心を読むことはできない。三歳頃に心の理論が強化されることで、子どもは持ち物に関する他者の信念や態度、また持ち物を失った場合に他者がどのような気持ちになるかという感情的帰結を考慮できるようになり、罪を犯す者を罰しようとするのである。他者の感情を理解できるなら、社会規範や所有のルールを徹底させることもはるかにたやすい。

窃盗が所有権の侵害であることは幼児期の子どもでも理解できるが、窃盗の概念が何を指すかについては大人のあいだでも見解が分かれる。狩猟採集民は個人の所有物というものをほとんど持たないが、絶えず移動し、身軽に旅する必要があることを思えばそれも当然だろう。使っていない他者の持ち物を勝手に使うことは、彼らの考えでは窃盗ではない。ゆえに狩猟採集民のあいだでは、第三者による処罰を与えようという機運が起きにくい(34)。所有の概念を理解していないからではなく、所有物の大半がグループの持ち物であるために、部族のメンバーが使っていないものを別のメンバーが一時的に所有することがよしとされているのだ。「あなたが持っているものが必要だから、寄こしてくれ」と要求することの行為は、「要求による分配」として知られている。相手に使っていいかと聞く場合でも、それは持ち主の所有権を認めているわけではなく、相手が使用中ではないことを確かめているのである。狩猟採集民の村に行ったら、テントの外に置いておいた自分の靴を翌朝村人が履いて歩き回っているのを見ても、驚いてはいけない。あなたがその靴を使用中でなかったことは確かなのだ。

要求による分配は、絶えず移動をくり返す狩猟採集民の戦略として発達した。その確証が得られたのは、人類の古い生活様式における異なる戦略の効率性を、数理モデルを使ってシミュレーションした研究による。シミュレーションの分析で判明したのは、狩猟採集生活に付きものの予測不可能な環境においては、エネルギー源の獲得量に応じて野営地間を絶えず移動し、要求による分配を行う家族は、より生存に適応していたという事実である。分配を行わない家族や定住する家族が死に絶えたのに対し、分配を行う遊動生活の家族は生き延びることができた(35)。

今日、伝統的な狩猟採集生活を送る社会はほとんど残存していない。大半の人間は大勢の他人に囲まれて一つ所に住み、見知らぬ他人による窃盗の脅威に絶えずさらされている。所有の核心は、所有者がその場にいなくても資産を勝手に奪ってはならないという原則を理解することにある。この社会契約には、あなたの所有権を守り、尊重することを、他者にも期待するという行為が含まれる。だが、以下のような場面に遭遇したらあなたはどうするだろうか。正直に答えてみてほしい。もしボルトカッターを手にした二〇代の若い男が、人目を憚《はばか》るようなこそこそした態度で、自転車のチェーンロックを切ろうとしていたら？　通行人がやってくるたびに男は手を止め、ほかのことをしているようなふりをする。それを見たあなたは、おそらく頭の中ですばやくリスク便益分析を行うだろう（本人の自転車なのかな。でもそれなら、なぜ人目があると手を止めるんだ？　ひょっとしてこの男は、危険な犯罪者なんじゃないか？　だれかがやつを止めるべきだ。でも、私はできれば関わりたくないな）。

明らかな窃盗を目の当たりにしても、窃盗犯をじかに止めようとする人は多くはないのが実情だ。それを実証しようと、二〇一二年、映像作家のケイシー・ネイスタットは、ニューヨークの各所で自転車を盗んでまわるという動画を作成し、動画はユーチューブで三〇〇万回以上再生された[36]。どう見ても自転車泥棒であるにもかかわらず、だれもネイスタットを止めようとはしない。人通りの多いニューヨークのユニオンスクエアで、電動工具を使ってチェーンロックを切り始めたところ、ようやく警官が現れた。この関わり合いになりたくないという公衆の消極性は、いわゆる「傍観者効果」の一例だ。周りにほかの人がいると、大人はなかなか援助や支援を行おうとしないという現象である。責任感が人数によって薄まるとでもいうかのように、人が多いほど傍観者効果は現れやすい。

所有権を維持するためには第三者による治安維持に頼らざるを得ないが、第三者の介入の必要がある場合に傍観者効果をなくすことは、はたして可能なのだろうか。人間はつねに他者の財産を守るとは限らない。住宅用防犯アラームを考えてみよう。侵入があった際に近所の人や警備員、警察官などがすばやく駆けつけるという前提のもとで成り立つ、犯罪抑止対策だ。だが実際には、助けが駆けつけることはめったにない。イギリスとアメリカでは、防犯アラームが鳴るのはほぼ必ず操作ミスや誤作動が原因である。そのためイギリスでは、個別に犯罪の裏付けが取れたケースを除き、警備会社と直結していない警報器が鳴っても、警察は現場には急行しないというのが一般的な対応となっている。窃盗の常習犯に聞き取りをしたところ、彼らは概してアラームを有効な犯罪抑止対策とは考えておらず、他の対策に比べ軽視していることがわかった。警察がやってくる心配はまずないと、窃盗犯は知っているのである。(37)

盗みを目撃すれば三歳児でも抗議の声を上げるというのに、なぜ大人は傍観者効果に毒されるのだろうか？　傍観者効果は無関心が引き起こすのではなく、不確かさと恐怖が原因であることがわかっている。多くの状況には不確かな曖昧さが伴うため、大多数の人は闇雲に飛びこむよりは、状況を確認した上で慎重に歩みを進めることを好む。自転車のチェーンロックを公衆の面前で堂々と切る者がいたら、その自転車はきっとその人物のものなのだろうと推論を下すのが普通だ。物を壊したり動かしたりしている人がいれば、大人も子どもも、おそらくその人が所有者なのだろうと推察する。法治社会であれば、統計的にもその可能性が高い。逆に所有者でないとしたら、他人を恐れるそぶりも見せないその人物は暴力的な人間かもしれない。だとしたら、怪我をするリスクを負ってまで、赤の他人の自転車を守るために声をかける必要があるだろうか。普通の人ならそこまでするか？　いや、さすがに危険に見合わないだろう――というわけだ。

とはいえ、なかには傍観者効果が発揮されない場合もある。周囲にだれもいない場合、器物損壊や窃盗を目撃した大人が介入する確率は上がる。目撃者が自分だけで、頼れる人間がほかにいないからだ。介入するかどうかの判断は、犯罪が起きている場所にも左右される。都会の住人は、田舎町の人に比べて犯罪への介入を渋りがちだ。地方の人が犯罪防止により意欲的だとも、田舎町にはどっちつかずの状況が生じにくいからだとも言えるだろう。小規模なコミュニティに住んでいると、近所付き合いがあり、外部の人間を見分けられることが多い。また小さなグループに属する人は、隣人が損害を被らないよう目を光らせるといった義務感や責任感を抱きやすく、お隣の財産を守ったり、そのために不審者と対峙することも厭わない。怪しい物事を目にした目撃者全員が互いに知り合いだと傍観者効果は起きないが、それも道理だろう。目撃者のあいだに曖昧さはほとんど介在せず、目撃者同士で互いに話し合うことができ、窃盗事件を防ぎたいとの共通の利害関係が存在するからだ(38)。

コモンズの悲劇

各自が責任を担い、治安維持によって資産や資源を守るのは、人類全体の利益にかなうことだ。地球という惑星を人間が激変させている現在、その必要性はますます強まっている。約一万二〇〇〇年前に現生人類の文明が誕生して以来、地球上の人口は爆発的に増え続け、五〇〇〇万人程度だった人口がいまではほぼ八〇億人に達している。文明の誕生以前の人類は数が少なかっただけでなく、小規模な集団で遊動生活を送っていたため、環境の変化の影響をじかに受けていた。だが文明がそれを一変させる。技術的進歩により健康と富が増進したことで人口は指数関数的に増加し、いまや地球の存続を危うくする規模にまで至っている。急激な人口増加によって利用可能な天然資源が減ったのみならず、人間による産業活動が地球環境を変化させ、気候変動が引き起こされている。この環境問題に歯止めがかからなければ、最終的には地球上のあらゆる生命体が悪影響を被るだろう。

この危機的状況を予見したのが、いまは亡き生態学者ギャレット・ハーディンだ。一九六八年、人口過剰の弊害に警鐘を鳴らすハーディンの論文「コモンズの悲劇」が、トップジャーナル『サイエンス』に発表された[39]。論文でハーディンは、環境破壊の主な要因が人間の問題行動であることに着目している。要するに人間は、自分と家族だけが得をするよう、生殖し、競争し、行動するよう動機づけられた生き物なのだ。ハーディンによれば、利己的な行動が招く結果は必ずしも意図されたものではない。むしろこうした利己主義は人間の本質なのであり、だからこそ、人間行動の動機を根本から変えうる技術的な解決策は存在しないとハーディンは説く。

この問題を考えるにあたって、ハーディンは古典派経済学の思想に言及する。近代経済学の父アダム・スミスは、著書『国富論』（山岡洋一訳、日本経済新聞出版社）において、よりよい社会の実現を促す「見えざる手」という概念を提唱した。「自分の利益を増やすことを意図している」社会の構成員それぞれが、まるで「見えざる手に導かれ」るかのように、「社会全体の利益のため」の動きを「促進することになる」と論じたのである。言い換えれば、個々人が利己心に基づいて行動しても、それが寄り集まると社会はよりよい方向へ変化すると説いたのだ。見えざる手を最も明快に指し示す例は、おそらく市場とイノベーションの関係だろう。製品やサービスが供給不足に陥り、それに対する需要が高まると、テクノロジーや経済の進歩を通じて、求められる製品やサービスが入手しやすくなるようなイノベーションが起きる。儲かるソリューションを顧客に供給する機会――これぞ、世の起業家が求めてやまないゴールである。

個々人が経済成長の原動力となるという考え方は、いまだに、個人の自律性《オートノミー》こそ文明の進歩に最も重要な因子であると主張する政治的見解の中核をなしている。たしかに経済学においてはそこそこ妥当な説得力を持つ見解かもしれないが（経済学においてもこの論法には瑕疵《かし》があるが、それについては後述する）、社会にとって何がベストかという観点から見ると、スミスの見えざる手は明らかに誤ったロジックである。

一八三三年刊行の著作でなぜスミスが誤っているかを説明する理論を提示したのが、経済学者のウィリアム・フォースター・ロイドだ[40]。ロイドが例として挙げたのが、イギリスでは「コモンズ」

として知られる共同牧草地で畜産農家が自由に放牧するのを許したらどうなるか、という話である。競争本能によって豊かになりたいという欲望に拍車がかかり、個々の農家が家畜の数を増やそうとすると、それがやがては悲惨な結果を生む。個々の農家にとっては家畜を一頭増やすことで価値が「プラス一」増加するが、過放牧が進んだことによる損害は、共有地《コモンズ》の利用者全員が被らねばならない。個々の農家にとっては、家畜を増やすことは経済的見地から見て完全に理にかなっているのだが、問題はだれもが同じ理屈で行動できてしまう点だ。全員が家畜の数を増やせば、やがては過放牧によって牧草が生えなくなり、コモンズ自体が壊滅状態に陥るのである。

ハーディンは多大な影響を及ぼすことになる論文でコモンズの事例を取り上げ、この帰結を「悲劇」と呼んだ。明らかに悲惨な結果になることが目に見えているのに、解決策がないからである。そして地球上のだれもが、現実世界のコモンズの悲劇の当事者なのだ。その悲劇を引き起こしているのは、自分には法的な所有権があると信じる個々の国である。地球は繊細で壊れやすい均衡を保った生態系であり、所有者自身による資源の破壊の権利（前述した処分権《ユス・アブテンディ》）と、居住可能な惑星に暮らす全人類の権利とは両立しえないことが、ここ三〇年ほどのあいだにますます明らかになってきている。森林を伐採して農地を広げる権利は、各国にあるのかもしれない。だが熱帯雨林の破壊が進めば、全世界の人々が壊滅的な悪影響を被るのだ。

文明が興って以来、地球はそれ以前に維持していた森林の半分を失った。[41] 化石燃料の燃焼や海洋の酸性化をはじめとするさまざまな人間活動の指標が示すのは、地球上の生命の未来を脅かす問題を人間が生み出している現実だ。気候変動は人間活動が直接もたらした帰結である。だがこの問題を解決するために必要な行動は、資源を思いどおりに開発したいという各国の所有者としての権利と真っ向から利害が対立する。だからこそ世界を脅かす環境破壊に抗うには、国際的な協力や条約の締結によるしか方法がないのである。「アメリカ・ファースト」というスローガンに端的に表れているような一方的な保護主義が極めて近視眼的で危険であり、最終的には自滅を招く理由もそこにある。

経済学者ジョン・ガウディは、私たちが現在抱えているジレンマは必ずしも不可避だったわけではないと論じている。人類史のうち九割の時代で人間は狩猟採集民として生きており、その間は所有権の拡大競争に躍起となることもなかった(42)。遊牧民にとって、所有はむしろ重荷である。かつて狩猟採集民は、かなりの時間を飲み食いや娯楽や社交に費やしていた。当然ながら物質的には貧しいのだが、皮肉にも、今日の社会では働かなくてよい最富裕層のみが楽しめるようなレジャーを定期的に楽しんでいたのである。現在でも狩猟採集民のほとんどが、先進国の人々よりはるかに多くの時間を余暇に費やしている。典型的な狩猟採集民は一日平均三〜五時間働き、毎週一日か二日の休みをとることが多い(43)。しかも仕事とされる作業の多くは、狩猟、魚釣り、果物狩りやベリー摘みなど、欧米では娯楽とされている活動である。原始主義者のジェイソン・ゴデスキーは、近い将来、実用的な狩猟採集生活を営む集団を形成することを夢見ているが、そのゴデスキーの考えによれば、最も過酷な狩猟採集民の暮らしでさえ、世界で最も豊かな先進工業国で送るたっぷり余暇のある有閑生活にいささかも劣るものではないという(44)。

そこまでのユートピア的理想論はさすがにいささか感傷的でロマンティックに映るものの、物質的な豊かさの追求が現在の環境問題の泥沼を招いたことは認めざるを得ない。だがジョン・ガウディは、ギャレット・ハーディンほどには未来を悲観していない。コモンズの悲劇を防ぐのに必要な数々の変革を、ガウディは進言する。そのうちのいくつかは、環境の持続可能性《サステナビリティ》、貧富の差の緩和、社会保障の充実、国際協力の拡大など、すでに人口に膾炙《かいしゃ》している概念である。

だが、ガウディのリストから漏れているものが一つある。それが、私たち人間がそもそも所有をどのように学び、どのように形作っているのかを理解することだ。進化の上では人間が生存するための必須条件として所有が生じたのだとしても、所有の概念自体は人間が頭の中で組み立て、幼児期の発達の過程で形作っているものである。もし過剰消費と心休まることのない物質主義がはびこった現在の状況の根本的原因の一つが心理的所有なのだとしたら、私たちは認知の仕方を改める方法を見出さなければならない。だが認知の方法を改めるためには、その前に認知というものがどこから生じるのかを知る必要がある。次章ではこの問題を考えてみることにしよう。

第3章　所有の起源

バンクシーはだれのもの？

ミシガン州デトロイトのパッカード自動車工場跡地の再開発が行われていた二〇一〇年、取り壊し予定のコンクリート壁に、ペンキの入ったバケツと刷毛を持った子どもの絵、さらに「これがみんな木だったころを覚えてる」というメッセージが描かれているのが見つかった。制作者はイギリスの著名なグラフィティアーティスト、バンクシーと判明する。特徴的なステンシルアート、ウィットの効いたユーモア、大胆不敵で目撃者のいないゲリラスタイルでの制作（夜間が多い）などですぐにそれと知れるバンクシーは、まったく正体不明の覆面アーティストとして有名だ。一般の人はバンクシーの正体も外見も知らず、バンクシー本人が作品の所有権を主張することもない。オフィシャルウェブサイト「ペストコントロールオフィス・ドット・コム」で、噂になった作品が自作の絵であることを認めるだけである（「害虫駆除会社」を意味するサイト名は典型的なバンクシーのユーモアだ)。だがバンクシーが作品の所有権を主張しないのなら、いったいだれがバンクシー作品を所有しているのだろうか。

実際の所有者はごくわずかしかいない。目の玉が飛び出るほど高額だからだ。パッカード工場跡地でバンクシー作品が見つかったというニュースが出回ると、地元デトロイトを拠点とする画廊「555ギャラリー」の男たちが、絵が描かれた縦二・一メートル、横二・四メートル、重さ六八〇キログラムのコンクリートの塊を現場から運び出した。落書きがアート作品であるなどとは思いもしない解体作業員たちに、ブルドーザーで粉砕されるのを防ぐためだ(1)。だが壁の持ち出しを知った土地の所有者である企業は、壁には一〇万ドルの価値があると主張し、画廊を窃盗で提訴した。取り壊し予定の価値のない壁が、一夜にして貴重品に姿を変えたのである。裁判所はグラフィティの正式な所有者がだれかを裁定する必要に迫られた。壁に絵を描いたアーティストか? 土地所有者である企業か? 絵を見つけた解体作業員か? はたまた作品を移動し、保護する労力を割いた画廊なのか? 最終的にデトロイト・バンクシー裁判は、555ギャラリーが土地所有者の企業に二五〇〇ドルを支払い、完全な所有権を手にするということで決着した。画廊にとっては安い買い物だったと言えるだろう。五年後の二〇一五年、くだんのバンクシーのグラフィティ入りの壁は、カリフォルニア州の夫婦に一三万七五〇〇ドルで売却された。グラフィティをバンクシーからデトロイトへのプレゼントと考えていたデトロイト市民は驚愕し、作品はミシガン州内に残すべきだったと悔しがった。

バンクシーは、所有の概念を見つめ直さざるを得ないような状況を好んで引き起こしているように思える。アートとは何かだけではなく、アートの所有者はだれかという問題にも向き合うよう、私たちに挑んでいるのだ。デトロイトの件では、所有権を主張するどの関係者の訴えにもいささかの疑問符がつく。あらゆる建築物には個人または法人の所有者がおり、バンクシーが絵を描いた壁は彼が勝手に手を加えてよい対象ではない。落書きは汚損行為とされており、通常は建造物の資産価値を損なう。ほとんどの欧米社会で落書きには器物損壊罪が適用され、罰金や懲役刑が科される。イギリスでは、二〇一七年に落書きの除去にかかった費用は一〇億ポンド以上と推定されている。(2)

バンクシーははたして破壊者なのか、それとも創造者なのか？　バンクシーが拠点とするブリストルでは、市当局がバンクシー作品をパブリックアートとして認め、バンクシーの絵が描かれた壁の保護を行っている。バンクシーのストリートアートを巡る鑑賞ツアーが市中で催されているほか、二〇〇九年にブリストル市立博物館・美術館で開催されたバンクシー展には世界中からファンが押し寄せ、市に一五〇〇万ポンドという巨額の収益をもたらした。(3)　だが異なる見解を持つ人々もいる。二〇〇七年四月には、ロンドン地下鉄のオールドストリート駅近くの壁に描かれた、バンクシーの最もよく知られた作品の一つである壁画――ジョン・トラボルタとサミュエル・L・ジャクソン演じる『パルプ・フィクション』の登場人物二人が、銃の代わりにバナナを構えている絵――が、推定三〇万ポンド以上の資産価値があるにもかかわらず、ロンドン交通局の作業員によって塗りつぶされた。(4)　壁画の消去について尋ねられたロンドン交通局の広報担当者は、「当局の落書き除去チームは清掃のプロであって、美術評論のプロではありません」とコメントしている。

バンクシーのこれまでで最も創造的な仕事は、皮肉にも破壊行為にほかならなかった。二〇一八年一〇月五日、ハート形の風船に手を伸ばす少女を描いたバンクシーを代表する作品が、ロンドンのサザビーズ・オークションハウスで競売にかけられている最中に事は起きた。競売人の小槌が振り下ろされ、作品が落札されたとたん、額縁の中からアラームが鳴り響き、仰天するギャラリーの眼前で、シュレッダーにかけられた絵が額縁の外へ押し出されていったのである。バンクシーはインスタグラムに投稿した動画で、じつは何年も前に、将来オークションにかけられた場合に備えて額縁内にシュレッダー装置を仕込んでおいたのだと種明かしした。やはりバンクシーが投稿した、電話入札を受ける代理人たちが展示室に居並び、破壊される絵を呆然と見つめる写真には、競売人のかけ声「ありませんか？　ありませんか？　はい、落札です」と「動いて、動いて、なくなってしまった」という二重の意味をかけた、「ゴーイング、ゴーイング、ゴーン……」という機知に富んだタグが付けられている。この破壊行為はバンクシーの最も創造的な仕事だった。バンクシー自身、投稿動画に「破壊の衝動は創造的衝動でもある。——ピカソ」という言葉を添えている。普通ならシュレッダーで半ばずたずたにされた芸術作品は紙くずと化すだろうが、バンクシー作品はさにあらず。落札者は切れ切れになった絵と額縁を手もとに残すと決めた。このパフォーマンスが評判を呼んだことで、絵の価値がよりいっそう高まったからである。バンクシーはアートの世界のミダス王であるらしい。触れるものはことごとく黄金に変わるのだ。

所有権を主張する際には対立が生じ、緊張が生じやすい。新たなパブリックアート作品を提示するたびに、バンクシーはそんな人間の姿を暴き出してみせる。秀逸なアイディアに基づき、手間暇をかけて知的財産を生み出しておきながら、努力の結晶をあっさり手放し、他人が所有権をめぐって争うに任せる。バンクシーの作品はどれも、ベンサムの金言を想起させる。「所有は頭の中の概念にすぎない」のだ。

大衆の心にコンセプチュアル・アートという概念をもたらしたのが、フランス人美術家マルセル・デュシャンである。デュシャンはありふれた磁器の男性用小便器を展示し、《泉》とタイトルを付して、一九一七年にニューヨークで開催された独立芸術家協会の第一回展覧会に出品した。だが協会の理事会は、会員の出品作はすべて展示するとの規定に反し、下品で芸術作品ではないとの理由で《泉》の展示を拒否した。そもそも独立芸術家協会が設立されたのは、閉塞感やエリート意識がはびこっていた当時の美術界に風穴を開けるのが目的だった。そのため、この展覧会は審査員なしの無審査でだれでも出品でき、賞も設けず、作品はアーティストの姓のアルファベット順に展示することになっていた。にもかかわらず、慎みに欠けるとの観点から、デュシャンの作品は展示を許されなかったのである。

憤ったデュシャンは、展覧会場内で衝立で隠されていた小便器を持ち帰ると、ニューヨークに一流の写真ギャラリーを所有し、当時人気を博していた写真家アルフレッド・スティーグリッツに《泉》の写真を撮ってもらった。スティーグリッツはほかとは異なる反応を示し、こう書いている。「『小便器』の写真は、本当にすばらしいものです。見た人はみな、美しいと感じます。嘘ではありません。本当に美しいのです。どこかオリエンタルな風情があって、仏像とヴェールをかぶった女性を融合させたかのようです」

《泉》の本体は現存せず、現在残っているのは一九一七年撮影の写真だけだ。小便器は撮影後まもなく破棄された。伝えるべきはメッセージであって、本体はその表現手段にすぎなかったということだろう。アートの概念を覆したかったデュシャンは、あえて仲間の協会員たちを挑発するような作品を創った。デュシャンは観る者に、アートの概念などというものには小便をかけてしまえとけしかけているのだと解釈する者もいる。だが一九六四年のインタビューで、デュシャン本人は「アートは幻影《ミラージュ》だという事実に、人々の目を向けさせようとした」と語っている。[5] 所有と同じく、芸術もまたとらえどころのないものなのだ。

ターナー賞のスポンサー企業が美術界を代表するアーティストやキュレーター、批評家らに行った二〇〇四年のアンケートで、《泉》は二〇世紀の最も重要な芸術作品に選出された。[6] オリジナルは失われたかもしれないが、《泉》のレプリカはニューヨーク近代美術館、ロンドンのテート・モダン・ギャラリー、パリのポンピドゥー・センターをはじめとする世界の一流美術館で見ることができる。コンセプチュアル・アートはいまや一大ジャンルに成長し、作品はかなりの高額で取引されている。二〇〇二年には、デュシャンのアトリエにあった小便器のレプリカがオークションで一〇〇万ドル以上の値を付けた。頭の中にしか存在しない美術品に払うにしては、莫大な金額だと言えるだろう。

アートが所有と相通ずるのは、どちらも概念に基づい《コンセプチュアル》ている点だ。私たちの世界は人間の精神が生み出した概念《コンセプト》に満ちている。だが、その実態とは？　発達心理学者である私は、これまで物理的世界の理解から超自然的なものの信奉まで、子どもの中で概念がどのように発達していくかという問題をあらゆる側面から研究してきた。どの領域においても、概念は私たちが生まれつき備えてい

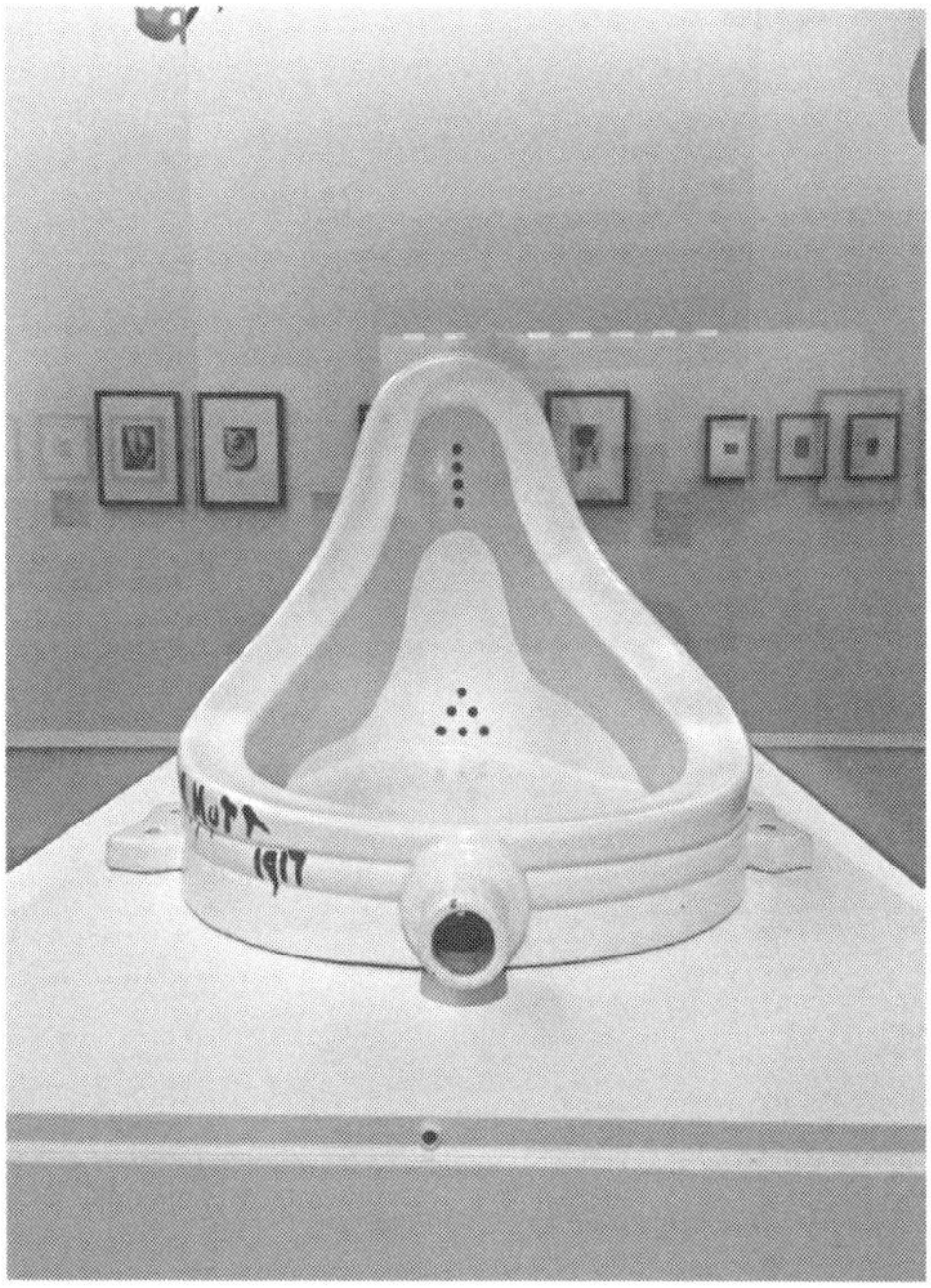

デュシャンの《泉》のレプリカの一つ。
パリ、ポンピドゥー・センター（著者撮影）

る基本的な行動原理から生じ、経験を通じてより洗練された複雑なものへと発展するように思われる。同様に所有は、他の動物と同じように人間にも備わった原始的な占有の原理が、幼児期に所有という概念へと発展したものと言えるだろう。

所有の前には占有があった。占有は単に、持つ、運ぶ、座るなどして、資源を思いどおりに物理的に利用できる状態を指す。前章で見たように、対象物を占有し、占有し続けようと努力する動物は数多い。子どもの発達過程でも、所有の概念が生まれる前に、やはり占有が存在する。占有的なふるまいの発達を分析した心理学者リタ・ファービーは、世界中のだれにでも当てはめられる、占有の二原則を考案した。[7] 五歳の子どもから五〇代の成人までの被験者に聞き取り調査をした結果、第一に、「占有とは何かを好きなようにコントロールできることだ」という点に全員が同意した。第二に、「占有は自分のアイデンティティーの一部になりうる」という点にも、全員の賛同が得られた。この第二の原則は、第1章で述べた「心理的所有」にほかならない。所有物との個人的なつながりから、所有物を自己の延長と考えるようになる現象のことである。

新生児は対象物をコントロールすることがほぼできず、発達した自己意識もない。にもかかわらず、世界と関わり合いたいという生まれ持っての好奇心を備えている。心理学者ロバート・ホワイトの理論によれば、ヒトを含むすべての動物は環境に影響を及ぼすことに意欲的であり、影響を及ぼしたという実感は、種を問わずだれもが追い求める喜びの源となる。[8] 遊んでいるペットを観察すれば、さまざまな物体を何度も足でつついたり、叩いたりしてコントロールできることに、ペットが大きな満足感を得ているのは明らかだ。ペットは物体を好きなようにコントロールできるゆえに、物体を占有しているのである。スイスの児童心理学者ジャン・ピアジェは、知能の発達に関する理論の中で、このコントロールしたいという欲求を動機づけ因子として挙げている。ピアジェの著作では、対象物と関わりあう相互作用と、所有物に関する学びを通して、乳児が世界の本質を発見していくさまが活写されている。赤ちゃんはスプーンやコップでテーブルを何度も叩いたり、ベビーチェアのテーブルにのったものを押し出して床に落とし、何度となく親に拾わせたりするが、その理由の一端はここにあったのだ。ピアジェは乳児のこうした行動を、乳児が徐々に周囲の世界の本質を探り、周囲の世界をコントロールする力を行使し、自分の所有するものを発見しようとする方法だと見抜いたのである。

コントロールする力は随伴性にも左右される。幼児は随伴性がある経験、つまり「あることをすると、それに伴って何かが起こる（相手が何かを起こしてくれる）」という経験や、自分自身の動きとタイミングを合わせてもらった経験にとくに惹かれる傾向がある。交互のやりとりは、多くの親と乳児が行う相互作用の特徴の一つだ。赤ちゃんと親とのふれあい遊びのなかでも、さまざまな形の「いないいないばあ」が世界中で人気なのは、いないいないばあが随伴性を内包する遊びだからである。[9] コントロールする力や随伴性へと人を駆り立てるこのような基本的な動因を通して、私たちはモノの所有を確立すると同時に、個人的な思考や行動を確実に自分のものにしていくのである。アメリカの心理学者マーティン・セリグマンは、以下のように述べている。「脳による運動の指令と、視覚および運動感覚のフィードバックとがほぼ完璧な相関を見せる『対象物』は、自己となる。一方、そうした相関のない『対象物』は、世界となる[10]」

成人になると、こうした随伴性をコントロールできなくなった場合に、人は切り離されたような感覚を経験する。自分の思考と行動を所有しているという意識を失い、離人感を味わう。自己の統合性を保ったり、自己を制御したりする力が弱まることで、人格が分裂したように感じるのだ。自分の精神や身体を、他の人間や霊魂に乗っ取られてしまったと感じるこのような精神病的状態は、「憑依《ポゼスト》」と呼ばれる。統合失調症など多くの精神疾患で見られる症状だが、意識的な思考と随意運動の制御とのあいだにずれが生じると、患者はよそから来た外的な力に取り憑かれ、支配されているという妄想を抱く(11)。ある意味では、精神的にも肉体的にも、自分は何者かという問いを突き詰めていくと、自分だけが排他的にコントロールできるものは何か――すなわち、自分だけが所有するものは何かという点に行き着くと言えるだろう。

アメとムチ

周囲の物理的世界をコントロールしたいという原始的な動因から所有の衝動が生じるのだとすれば、危ないもの以外は、乳児が何を手に取ろうと親が許容することが多いのも不思議はない。乳児は両親にとっては目に入れても痛くないほど愛しい存在であり、家族の注目の的である。乳幼児の子どもがいる知人を訪ねる際は、子どもがどれほど頻繁に親のもとに見せたいものを持ってきて会話の邪魔をするか、注意してみるといい。ものを持ってくるというのは、注目を集め、状況をコントロールする一般的な方法である。乳幼児期の子と親との社会的相互作用の多くに物理的な対象物が介在する理由も、そこにある。[12]

乳児は、隙あらば限度を超えた探検や調査を試みる、好奇心旺盛な動物である。移動が可能になったとたん、乳児は周囲のほとんどの物を手に取ったり、口に入れたりできるようになる。だが乳児に見つかった物は損傷したり、壊れたりすることが多いため、大人や年長のきょうだいはなんとか乳児の好奇心を抑えようとする。こうして乳児は手に取れない物があることを知り、自分のコントロール下にあるものとないものを覚えるようになる。これは何だろうと調べ始めた物がほかの人のコントロール下にあるものだと、乳児は所有の感覚を抱くことができない。これによって、乳児は禁じられた物があることに気づくと同時に、好きなように扱える物が自分の所有物であることを学ぶのである。

まだよちよち歩きの幼児は、他の子どもと交流するときにも、言葉を使わずに物で相互作用を行おうとする傾向がある。どのおもちゃを取り上げればきょうだいが一番ショックを受けるか、幼児はよく知っている。[13]家庭を離れ、保育園に入ると、幼児は所持できるあらゆるものをコントロールしようとする行動に出る。乳幼児を観察した初期の複数の研究によれば、一歳六か月から二歳六か月までの幼児が保育園で起こしたけんかの四分の三は、おもちゃの所持をめぐる対立だった。[14]その場に幼児二人しかいない環境だと、約九〇％の確率でおもちゃをめぐるけんかが始まる。動物界における「最初の占有者ルール」は、その年齢の子どもにはまだ完全には適用できないということだろう。三歳になると、おもちゃをめぐる対立はけんか全体の約半数にまで減る。

低年齢の幼児は、ほかの子に人気のあるおもちゃを好む。幼児がいま所持しているおもちゃを放り出し、別の子が手にしているまったく同じおもちゃを、ほかの子が持っているからという理由だけで奪おうとすることも珍しくない。ステータスシンボルなど知りもしない幼児の頃にすでに、他人が欲しがるものを手に入れることの価値に気づいているのである。おもちゃで遊ぶ際、低年齢の幼児は極めて自己中心的にふるまうが、やがておもちゃを使った子ども同士の遊びが増えていく[15]。児童心理学者エドワード・ミューラーの言葉によれば、おもちゃの所有は子どもの社会性発達における「アメとムチ」であり、このおもちゃで一緒に遊ぼうと誘う場合でも、そのおもちゃちょうだいと要求する場合でも、社会的相互作用が促進される[16]。

所有はまた、保育園での序列において、自分がどこに位置するかを確定させる方法でもある。物の取り合いは、叩き合うけんかよりもはるかに発生頻度が高い。序列における優位性を示すには、おそらく暴力以上に顕著な指標だからだろう。暴力による優位性は一時的なもので、結局は仕返しされるか、保育者にお仕置きされる可能性が高い[17]。驚くべきことに、幼児は家庭環境における所有の経験を保育園にも持ちこむらしい。ある研究によると、比較的高い頻度でほかの子から物を取り上げる子は、母親からも高い頻度で物を取り上げられていた。逆に高い頻度でほかの子に物を差し出す幼児は、親からも高い頻度でいろいろな物を差し出されていたという[18]。

所有やテリトリーをめぐるけんかやいざこざは、就学前の時期を境に減っていき、代わりに言葉による交渉が増える。この頃になると、所有をめぐる争いの解決に言語が重要な役割を果たすようになる。言葉に遅れが見られる子どもは、この時期になっても暴力に頼った所有権の主張を続ける[19]。こうした幼児は仲間から拒絶されるようになるが、それも無理からぬことだと言えるだろう。男児は女児に比べて概して攻撃性が高く、コミュニケーション能力の発達が遅いため、所有をめぐる争いが起きた際に暴力に頼る傾向が強い。物を共有したがらないのも男児である。[20] 男児の攻撃性が生まれながらの性向なのか、あるいは単なる文化的ステレオタイプなのかについては、児童心理学者のあいだでも長らく議論が続いている。だが世界中で見られる男児の言葉の遅れには、生物学的な原因があることがわかっている。[21] 攻撃性が高いから所有の問題を交渉で解決できないのか、それとも所有の問題を交渉で解決できないから攻撃性が高くなるのか、はたしてどちらだろうか。

幼児期に観察される発達的変化のパターンで興味深いのが、まずは順位制〔群れの中で個体の優劣の順位を決め、秩序をもたらす仕組み〕が生じ、次に友情に基づく構造が形成され、そのあとになってようやく利他的な構造が形成されることが多いという点だ。子どもは社会的な立場を確立する方法として、まずは力による所有権の行使を身につけ、次に協調による所有権の行使を知り、最後に評判による所有権の行使〔評判が傷つくのを嫌って所有に関する利己的な行動を控える態度〕を学ぶのである。「ぼくの／わたしの《マイン》」という所有代名詞は、幼児期に初めて習い覚える言葉としてはたわいない一語かもしれない。だが所有に支配された世界では、この語はいまも最大級の影響力を持ち続けている。

それ、あなたのですか？

私たちは日々、所有に関する数々のジレンマに直面しているが、その一つが所有者の不在だ。仮にいま、長時間の退屈な電車移動をしている最中だとしよう。退屈を紛らわす話し相手もいなければ、スマートフォンも持っていない。ふと見ると、空いた席に面白そうな雑誌が置いてあり、読んでみたくなる。手に取っていいかどうかを判断するには、雑誌がだれのものかを探り出さなければならない。持ち主は、雑誌の隣に座っている女性だろうか。それともさっきまでその席に座っていて、一つ前の駅で降りた男性だろうか。あるいはそれはよく鉄道会社が作っている宣伝用のフリーペーパーで、乗客が好きに読んでよい類のものなのか。ひょっとしたら食堂車に行く乗客が、座席をとっておくために置いておいたものかもしれない。持ち主ははたしているのか、いないのか？

この謎を解こうと、あなたは必死に心の理論をはたらかせるだろう。なかには細かいことを気にせず、さっさと雑誌を手に取る人もいるかもしれないが、ほとんどの人は所有に関して繊細な感覚を持ち合わせており、許可なく物を手に取って他人の気分を害することはしないという習慣が身についている。少なくとも雑誌を手に取る前に、「あなたのですか？」と女性に尋ねるくらいはするだろう。なんといっても一番近くに座っているのはその女性であり、雑誌を先に見つけたのも彼女かもしれないのだ。

雑誌のような取るに足らない物であれば、所有権をめぐって深刻に思い悩むことはまずないだろう。だがほとんどの高価な所有物、とくに土地の所有や土地への侵入の可否に関しては、そうもいかない。多くの立ち入り禁止区域は警備員が常駐し、ゲートやフェンスで区切られている。だが侵入した場合に命に危険が及ぶ事態が生じるのかどうか、それほど明らかでない場所もある。アメリカでは、うっかり他人の敷地に入りこんだ人が土地所有者に銃で撃たれ、殺されるという事件がまま起きる。侵入者は酔った人や道に迷った人の場合もあれば、ときには、殺傷能力のある武器で自宅を警護する人間がいるとは夢にも思わない、外国人旅行者の場合もある。[22]

かなりの人が、アメリカでは殺傷能力のある武器を用いた自宅警備が許されるのだろうと思っているが、じつはそれはアメリカにおいても違法である。だが多くの州では、土地所有者が身の安全を脅かされたと感じた場合には、侵入者を銃殺しても差し支えないとされる。所有地の警備に武器を使用してよいとするこの考え方を、「城の原則《キャッスル・ドクトリン》」と言う。入植者によって持ちこまれたイギリスのコモン・ローに基づいており、起源は「家はその人の城である」と書いた一七世紀の弁護士、サー・エドワード・コークにまで遡る。

不法侵入のなかには、意図的ではないものもある。『ポケモンＧＯ』のプレイヤーがスマートフォンのＧＰＳに従って歩き回り、バーチャルなモンスターを捕まえようとしてうっかり私有地に入りこんでしまい、銃で撃たれるという事件も発生している。[23]毎年、正当防衛という名目で、だが実際は私有地に許可なく入りこんだために、不運な侵入者が銃で撃たれている。だが自分が誤って不法侵入をしていることは、どうやったらわかるのだろう？　なかには、不法侵入という概念自体が存在しない文化もある。不幸な事件を避けるためには、その土地のしきたりに精通し、現地語の標識を読むことができ、さらには人々の表情やその場の空気といった明白ではない兆候も読み取る術を身につけていなければならない。

人間はなわばりを明確にするのに、生身の人間の代用として記号を利用する。名称、住所、標識、のぼりなどは、どれも所有者を指し示すしるしだ。だがなかには、所有に関する目印が設置されていない場合もある。アメリカにはワイオミング州のイエローストーンをはじめ、数多くの国立公園がある。国立公園に行き、地面に落ちている興味深い石を見つけたら、つい家に持ち帰りたくなるかもしれない。だが、たとえそれが何百万年も前に地底で作られた自然物で、その石の存在に自分以外だれ一人気づいていなかったとしても、公園内の石を持ち帰るのは禁じられている。[24]近年では多くの国立公園に、自然物を持ち帰らないよう警告する注意書きが設置されている。多くの国立公園で植物や石の持ち帰りが禁じられているのは、それらがある意味では国民全員の所有物だからだ。所有者は国なのである。問題は、見ただけでは所有者の見当がつかない点だ。石はどれも同じように見える。所有のルールはどの人にも等しく適用され、従わない者にはそれなりの罰が下されるが、ルールがつねに明白であるとは限らない。これほど漠然とした所有という概念を、私たちはいったいどのように習得しているのだろうか。

発達段階にある子どもが所有の概念を確立するには、二つのルートがあると考えられている。視覚的な関連付けと、言語による指示である。乳幼児は日常生活における観察の中から、単純な視覚的関連付けによって、人とモノとのつながりを類推できるようになる。ママが毎日スマートフォンで話しているのを見れば、あのモノはママの一部なんだなとわかるようになるのだ。特定の人物を特定の対象物と結びつけて認識するスキルは、遅くとも生後一二か月までには発達していると考えられる。[25]だが所有関係を確定させるためには、ほかの物とのあいだにはない、その対象物とだけの意図的な相互作用がなくてはならない。でないと乳幼児は、小さな頭では抱えきれないほど家の中にあふれている雑多な物を、いちいち身近な家族と結びつけて考えるようになってしまう。だが冷蔵庫、コップ、カトラリー、テレビといった物自体に、「だれそれだけの所有物」という性質が付与されるわけではない。そうではなく、どうやらだれかが物を所持し、その物との相互作用を行ったときに、所有の関連付けがなされるらしいのだ[26]。

いったん視覚的関連付けがなされると、子どもは自発的に、あの対象物は関連付けた人物のものだと口に出してラベル付けする。これまでに初期言語発達の研究者が発表してきたように、乳幼児は人と関連付けた対象物（スマートフォンなど）を指さし、「ママ」と言うことが非常に多い。モノは個人のアイデンティティーの延長だということを、幼心にすでに理解しているかのようである。乳幼児がこのようなラベル付けを行ったら、「そうね、そのとおりよ。あれはママの電話ね」というように対象物の名称を教えることで、ラベル付けを強化し、精巧にすることもできる。だが標準的な子どもは、どんなに幼くても、母親を指さして「でんわ」と言うことはない。このことから、まだ二歳になっていない乳幼児であっても、人々と物との関わりを、所有者と所有物の関係として理解できていることがわかる。

幼児は所有者がだれかを発見したときだけではなく、自身の所有権を主張する際にも言語を用いる。「これはジョンのよ《ジョンズ》」と聞けば、所有格が使われていることから、それはジョンの所有物なのだとわかる。低年齢の幼児もその用法は理解しているが、やがて所有格の適用範囲を過度に広げ、単に口にすればそれだけで所有権が確立できるかのように、「ぼくの《マイン》！」と宣言するようになる場合がある。一歳六か月児の仲間との相互作用に関する研究では、所有代名詞「マイン」が最も頻繁に使用されたのは、ほかの子からおもちゃを奪い取る際だった[27]。年上のきょうだいのいる子は、いない子よりも所有代名詞を用い始める時期が早く、また用いる回数も多かった。兄や姉との競争が起こりうる環境では、「ぼくの／わたしの」という所有代名詞が、口頭で所有権を主張するために使われていることがわかる。[28]

二歳になった子どもは、所有者がその場にいなくても、所有に言及できるようになる。家族からよく知っている物を見せられ、「これはだれの？」と聞かれたときに、「パパ」や「ママ」と答えられるようになるのだ。[29] その場にいない人の所有物をそれと認識するのは、一見簡単な能力に見えて、じつはかなり難しい。これができるということは、未就学児の頭の中にも、不在の所有者とその所有物という形で、所有の概念が存在するのである。人と所有物との関係を、その人が所有物と同じ空間にいない場合でも心に思い描けるということは、知能がより発達し、概念的理解が可能なレベルにまで達していることを示している。

関連付けやラベル付けによる学習の仕組みはよくわかったが、初めて会った人や馴染みのない品に関しては、人はどのように所有権を割り出しているのだろうか。実生活では大半のケースがこれに当たる。私たちはどうやって、電車で見つけた雑誌がだれのものかを探り出しているのだろう？世界を理解するにあたり、子どもたちは一般原則を成り立たせているパターンを探す。児童心理学者オリ・フリードマンは、過去一〇年にわたって、所有者と所有物の問題を子どもたちがどのように解決するのかを研究してきた。フリードマンによれば、子どもは直観力に優れた、シャーロック・ホームズさながらのちびっこ探偵であり、推理の力で対象物の履歴を再構築し、蓋然性の高い所有者を見極めているのだという。その見極めのために、子どもは一連のルールを適用している。

まず考えるのは、それが所有できるものかできないものかということだ。

所有できるものは？

公園を散歩中に、地面に松ぼっくりと、古いボトルキャップと、ダイヤモンドの指輪という三つの品が落ちているのを見つけたとしよう。このうち、所有物であるものはどれだろう？　たいていの大人にとっては、答えは極めて明白に思える。自然物が一点に、人工物が二点。人工物のうち片方は十中八九捨てられたもので、もう一つがおそらく落とし物だ。遅くとも三歳頃には、子どもは松ぼっくりが自然物であり、ダイヤモンドの指輪のような人工物ではないため、所有物である可能性は低いということを理解する。だが、会社でだれかの机の上に葉っぱが一枚置いてあるのを目にした場合はどうだろう。この葉は、はたして所有物なのか？　導き出される結論は、状況によって異なってくる。風が強い日で、開いている窓の外に木々が茂っているオフィスだった場合と、高層ビルの一三階のオフィスの机だった場合とでは、同じ葉でも意味するところが違う[30]。最初のケースでは単に風で葉が舞いこんだだけで、机の主に葉を取得する意図はなかったに違いない。高層ビルのケースでは、机の上に意図的に葉が置かれたと考えられるため、その葉はだれかにとって重要な意味を持つものだと推測できる。

所有物になったのかどうかを示す指標の一つが、意図的な尽力の有無だ。多くの子煩悩の親と同じく、私もわが子が葉っぱや枝、小石などの自然物をくれたときは、ありがとうと言って受け取ってきた。わが家のキッチンの壁を一時占領した幼い娘たちのお絵かきは、他人の目にはただ線がのたくっている紙くずとしか見えなかっただろう。だが実情は違う。娘たちのお絵かきには、多くの努力と意図がこめられていた。私の同僚メリッサ・アレンが論じたように、芸術の価値を決めるのは技巧の良し悪しではなく、意図なのだ。クリエイターの意図がアートの本質であることを、幼児は二歳の頃から理解しているのである。[31]

所有物をめぐる争いを裁定する場合、意図、目的、そして傾注された努力は、いずれも所有者の判定を左右する重要な要素となる。だとすれば、バンクシー作品の所有をめぐる裁判で見解が割れたように、子どもたちと大人の社会が所有をめぐって異なる判断を下したとしても、さほどの驚きはないだろう。私たちの共同研究でわかったのは、未就学児も大人も、最初は苦労して作品を制作したり入手したりした人物が正当な所有者だと考える傾向があることだ。[32] しかし未就学児は、制作の過程で使われた原材料の所有者がだれかは気にしない。三、四歳児は、ほかの人の粘土で新たな作品を作ることが問題だとは思わず、制作者が新たな所有者になると考えるが、大人は粘土の所有者がだれかを気にすることが多い。原材料の最初の所有者よりもクリエイティブな努力を重視する傾向は他の文化にも見られるが、日本の成人はイギリスの成人よりも、原材料の出どころを気にする度合いがずっと高かった。[33] つまり日本の成人は、クリエイティブな活動かどうかにかかわりなく、他人の所有物を奪ってはならないということにイギリス人よりもはるかに気を遣うのだろう。イギリスの成人は、制作の苦心によって、新たに創り出されたものの価値が大幅に変わったかどうかを考慮する。バンクシーのようなアーティストが努力を傾け、価値のないコンクリートの塊を芸術作品に変貌させた場合、もともと価値の高い金を使ってアクセサリーを作る職人とは違い、そのアーティストが正当な所有者となるとイギリス人は考えるのである。[34] 努力と労苦によって価値が以前より上がったかどうかが、最も重要な要素なのだ。

制作の努力とスキルの程度が所有者の判定に影響を及ぼすことはわかった。だがそれなら、スキルの良し悪しはどのように見極めればよいのだろうか。ジャクソン・ポロックの絵画がペンキ工場で塗料が飛び散っただけにしか見えない人もいれば、天才画家ポロックの作品に数百万ドルの価値があると考える人もいる。見る人によって、同じ絵が落書きにもなれば傑作にもなる。素人の目にはただの真っ白なキャンバスにしか見えない作品が、目玉が飛び出るような高値で売れることもあるのだ。二〇一四年、アメリカ人画家ロバート・ライマンの真っ白な絵に一五〇〇万ドルの値が付いた。[35] ことコンセプチュアル・アートに関するかぎり、作品が所有に値する資産かどうかはアーティストの意図で決まるのである。

だれが、何を所有できるか

二〇一〇年、フロリダ州在住のブレット・カーが亡き母の遺言の無効を訴える訴訟を起こした。母は不動産と現金合わせて一一〇〇万ドルを、ペットの犬数匹の世話をするための信託財産として残したのである。[36] 動物だけでなく、なかには保全・保護したい美術コレクション、建物、土地などに遺贈する人もいる。明らかに、世話や維持のための仕組みを作っておけば、対象が何であっても資産を残すことは可能なのだ。

動物や人工物が遺産の相続人になりうるという考え方は奇妙に思える。幼い子どもでも、モノの所有者が通常は人であるということは理解している。六歳から一〇歳の子どもに、人間、動物、人工物のうちどれが所有者になりうるかを尋ねた一連の研究がある。[37] 質問は、「赤ちゃんは毛布を所有できますか?」「犬はボールを所有できますか?」「ソファーはクッションを所有できますか?」といった内容だった。少数の例外を除き、全体的には、一番年齢の低い子どもでも、所有者になれるのは人間だけだと考えていた。ただし質問に出てくる動物がペットの場合は、所有権を付与する子どもが多かった。私の娘たちも、初めてペットを飼った際には、ケージ内のさまざまなベルや遊具はペットの持ち物だと考えていた。娘たちにとって、所有物はアイデンティティーの延長だったのである。人は固有のアイデンティティーを確立する際、所有を自己という概念の一部に組み入れるらしい。だが、ここにも大人との違いがある。幼い子どもたちは、人間がモノを所有できるのは意識のあるときだけだと考えるのだ。[38] 眠っている人は、所有が不可能な存在に見えるのである。

この違いによって、子どもがどのように所有権を見定めているかがおぼろげながらわかってくる。大人は、その人の状態――縛られている、麻痺がある、眠っている、昏睡状態にあるなど――にかかわりなく、所有を個人の延長ととらえている。遺産の正当な相続人が決定するまでは、死者ですら財産の所有者になりうる。一方で子どもは、どうやら所有を、モノに影響を及ぼす能力のようなものと考えているらしい。乳児期にはコントロールしたいという欲求が占有の動因となるが、おそらくその名残だろう。乳幼児は、だれであれ対象物と相互作用を行っている人物を正当な所有者とみなすという研究結果を思い出してほしい。使用中のみ所有権を認めるという、狩猟採集民のあいだでの「要求による分配」とやや似ている。いったん確立された所有権は、所有者自身によって移譲されないかぎり、排他的アクセス権として保持されるのだという点が、幼児にはまだ理解できないのである。これによって、いまだ実験による裏付けの取れていないある疑問が浮かんでくる。低年齢の幼児でも窃盗が悪いことだという認識はあるが、もし泥棒が盗んだ品を所持し続けた場合、最終的には所有権が泥棒に移ると幼児は考えるのではないだろうか？

そんなわけないだろうとあなたは思うかもしれない。だが英米どちらの法律でも、「所有権の取得時効」として知られる法的な手続きによって、土地や建物の所有権がそこを占拠した人物に移ることがあるのだ。一定期間（通常は一〇年から一二年）にわたって不動産を占有した者は、当初の所有者が異議申し立てを行わない場合にかぎり、その不動産の所有権を取得できる。時間をかければ、不法占拠者が合法的な所有権を主張できるのである。所有権とは永続するものではなく、資産が利用されなければ、他人がそれを取り上げることもできるのだ。

所有権の見定めには若干の推理力が必要になるが、その際に極めて有効な手がかりとなるのが、その特定のモノを「所有していそうな人」はだれかという視点だ。ステレオタイプは幼児期に早くも形成され、いったん形成されたステレオタイプは容易には揺るがずに強い影響力を保ちうることが、近年の研究で明らかになってきている。子どもは三歳ですでにジェンダーの識別に躍起になる。心理学者キャロル・マーティンとダイアン・ルーブルは、幼児を「ジェンダー探偵」と名付けた。子どもはジェンダーに関する情報を貪欲に探り出し、それに基づいて男の子や女の子がどういうものかという考えを構築するからである。[39] それだけではない。ジェンダー探偵となった子どもはやがて「ジェンダー警察」へと姿を変え、ステレオタイプな性別のイメージがあるおもちゃに関して、「お人形を持てるのは女の子だけ」「兵隊のおもちゃを持っていいのは男の子だけ」などと主張するようになる。当然ながら例外はあり、異性に人気のおもちゃを欲しがる子がいたり、親のほうでジェンダー・ニュートラルなおもちゃを与えようとする場合もあるが、一般的に言って、幼い子ども自身がジェンダー的に偏った嗜好を抱く場合が多いことは、十分に立証されていると言っていいだろう。そこには生物学的な理由があるのかもしれない。霊長類の個体に好きなおもちゃを選ばせると、ヒトでもヒト以外の動物でも、若いメスが人形を好む度合いはオスよりもはるかに強い。チンパンジーのメスの子どもが枝を原始的な人形に見立て、母親にならって世話をしていたという報告もあるほどだ。[40]

やがて子どもはジェンダー、人種、年齢といったより複雑なアイデンティティーモデルを発達させていくが、その際にこれらの概念に加え、それぞれの文化によって規定された、そのグループに典型的な「ふさわしい所有物」をも決めていく。[41] 子どもたちが推理力をはたらかせて所有権を見定めていくさまは、まさにシャーロック・ホームズさながらだ。ある研究では、三歳児と四歳児に男の子と女の子の二人のキャラクターを見せ、二人がそれぞれ別々にビーチボールで遊ぶというストーリーを話して聞かせた。[42] ビーチボールの所有者はだれかと聞くと、子どもたちは「最初の占有者ルール」に従い、最初にボール遊びをしていた子どもを所有者と推測した。ところが複数の追加実験で、遊び道具をビーチボールからおもちゃのトラック、宝石箱、サッカー用品、人形に変えたところ、この情報を知った子どもたちはだれが最初に遊んでいたかにかかわりなく、ジェンダー・ステレオタイプに基づいて所有者を類推した。所有物を「所有者らしさ」の表れととらえたのである。

テディベアと毛布

だれが何を所有できるかを学ぶにつれ、子どもは所有をアイデンティティーの一部とみなすようになる。幼い子どもが共有を嫌がり、必死に手もとにとどめておこうとするのが、愛着の対象となる愛玩物だ。通常は、乳児の頃から使っているぬいぐるみや毛布に執着する場合が多い。愛着の対象物が失われると、子どもは往々にして慰めようのないほど悲嘆に暮れる。こうした愛玩物は「安心毛布」とも呼ばれている。子どもに安心感を与えてくれ、子どもの気持ちを落ち着かせるルーティンに組みこまれる場合が多いからだ。私は二〇年以上にわたって愛着対象物を研究してきた。愛着というものが極めて独特でありながら、ごく普通に目にするふるまいであることを考えると、慣れ親しんだ人や物に執着するというのは、私たちの大多数が持つ基本的欲求であるに違いない。愛着対象物は、心理的所有の最も強力な、かつ最も初期に表れる実例の一つだ。では、この愛着はいったいどのようにして生まれるのだろうか。

精神分析家ドナルド・ウィニコットは、安心毛布などの愛着の対象を「移行対象」と名付けた。子どもが母親から心理的分離を経験する際に、母親の代わりを務めるのが移行対象である。[43]乳児は母親とのあいだに非常に強い絆を形成するために、母親の不在で喪失感を味わう。その心の空隙を埋めるため、母親との情緒的な結びつきをモノへと移し替えるのである。さまざまな研究で、欧米の子どものおよそ六〇%がぬいぐるみや毛布などとのあいだに情緒的愛着を形成すると推測されている。[44] 興味深いことに、東アジアにおいては、乳幼児の移行対象ははるかに低い割合でしか発現しないと報告されている。[45] 一説によるとそれは、伝統的な寝かしつけの慣習が原因だという。[46] 欧米の中流家庭は、おおむね子どもが一歳になる頃から親子で寝室を別にする。だが伝統的な東アジアの家庭では、就学前後やそのあとになっても、母親が添い寝をすることは珍しくない。私たち欧米人の目にはこのしきたりは奇妙に映るが、これは単にそうした文化的規範があるというにすぎない。また東アジア、とくに人口密度の高い日本の都市部の家庭の多くが狭いアパートやマンションで生活しており、家族全員が別の寝室を持つこと自体が難しいという事情もある。このように昔ながらの添い寝を行っていると、子どもがいつも母親の近くにいられることから、情緒的愛着の形成に違いが生じ、所有物から慰めを得ようとする欲求が生じにくいのである。

　母親から離れて眠る子どもは就寝のルーティンを作らなければならないが、その際にこうした所有物が重要なトリガーとしてはたらく。上の娘マーサは、妻の職場復帰に伴い、一歳の誕生日を迎えた頃にボストンの保育園に通い始めた。園からは、お昼寝が日課となっていて、ほかの園児と一緒に静かにできるようになってほしいので、毛布を用意してくださいと言われた。そこで色とりどりの派手な模様のあるポリエステル製のフリース毛布を用意すると、この「もーも《ブランキー》」はたちまちマーサの生活の欠かせない一部となり、現在に至るまでそれは続いている。明らかに、心地よさと対象物との連想パターンが短期間で形成されたのだ。わが家の場合、二歳になる頃にはマーサは毛布と切っても切れない関係を築いており、もーもが見当たらなくなるたびに幾度となく悲痛な愁嘆場がくり返されることとなった。

愛着対象物の置き換えは容易ではない。私たちはある研究で、三歳児と四歳児にダイヤルつきでチカチカ光る科学的な外見の箱を二つ示し、どんなものでも３Ｄプリンタのように複製できる、モノのコピー機を作ったと説明した。[47] 最初の箱に複製したい対象物を入れ、「スタート」ボタンを押す。作動音がし、光が点滅したあと二番目の箱を開けると、対象物とそっくりの別の物が現れる。この実演を見た子どもたちは、これはどんな物体でも正確にコピーできる装置だと信じこんだ。もちろん実際には、同じ品を二つ用意しておき、子どもたちからは見えない実験者がこっそりもう一つの品を二番目の箱に入れるという、単純な手品のトリックを行っていたのである。実験のねらいは、子どもが個人的な所有物を複製することに同意するかどうか、またもし同意した場合、オリジナルと複製のどちらを保有したがるかを見ることにあった。結果は、明確にあるパターンを示していた。対象物が単に所有しているだけのおもちゃなら、子どもはコピーを作られても一向に気にせず、複製された真新しいおもちゃのほうを好んだ。別にコピーでもいいよ、というわけだ。だが愛着対象物の複製を作ろうとすると、子どもはとたんにオリジナルの返還を求めた。絵画の原画と同じように、たとえ見分けがつかないほどそっくりでも、複製はいやなのである。

なかには、愛着対象物を持たない子どももいる。マーサと同じ家庭で育ちながら、下の娘エズメには移行対象はできなかった。なぜだろうか。これは親が子どもたちについて何度も自問するタイプの問いだ。なぜあの子たちは、きょうだいなのにこれほど違っているのだろう？　遺伝子と環境が個人の違いに及ぼす影響をそれぞれ見極めるには、一卵性双生児と二卵性双生児の研究が非常に役に立つ。最近のふたご研究でわかったのは、おもちゃが愛着対象物になるのは半分は遺伝子が、半分は環境が原因であり、後者のなかではとくに母親から離れている時間が長い子どもに発現しやすいということだ[48]。教え子の院生アシュリー・リーは成人の愛着対象物について研究しているが、たまたま一卵性双生児でもある。アシュリーは愛着の対象となる愛玩物を持ったことはないが、ふたごの姉妹のレイチェルはいまだに愛着対象物を大切にしている。二人の母親の言によれば、レイチェルは赤ん坊のとき感染症にかかり、家族から離れて数か月入院していたという。この入院生活中に、愛玩物への愛着が始まったのだ。

こうした無生物との関係は、当初は単純なルーティンの一環だったかもしれないが、やがてまったく異なるものへと変質していく。多くの子どもは愛着対象物が生きているかのようにふるまい、それに名前をつけ、「喜んでるかな」「寂しがってないかな」と心配する。そしてそれに固有の心があるかのように、自然にやりとりする。子どもたちは愛玩物を人間であるかのように扱っている。つまり心理学の用語で言うなら、擬人化しているのだ。私は同僚のタリア・ガーソウと共同で、子どもたちが所有物に心が宿ると信じているかどうかを調査した[49]。まず子どもに動物と別の子のおもちゃの写真を見せ、箱に入れたら動物は寂しがったけれど、おもちゃはほこりをかぶっただけだったと告げる。次に、きみの大好きなおもちゃを箱に入れたらどうなると思う?と聞く。すると子どもたちは、ほかの子のおもちゃはほこりだらけになっただけかもしれないけど、自分のおもちゃは動物と同じように、悲しいと考えたり、感じたりするのだと答えた。

成長とともに愛着は薄れると思うかもしれないが、多くの場合そうはならない。アシュリーが研究対象にしている学生たちはいまだに愛着対象物を保有している。娘のマーサは現在二四歳だが、なんとまだもーもを手放さずにいる。はたして彼らは、愛着対象物にダメージを負わせる行為をなしうるだろうか？　さすがに愛着のある所有物を壊してくださいとは頼めないため、私たちはいささか呪術めいた方法をとることにした。幼少期のおもちゃの写真を切り刻んでくださいと頼み、その行為の最中にガルバニック皮膚反応を測定したのである。これは要するに被験者がどれだけ発汗しているかを示す指標で、嘘発見器で用いられているストレス測定法の一つだ。結果は、大好きな所有物がダメージを被ることはありえないとわかっていながら、写真を切り刻むのが象徴的なレベルであまりに苦痛を感じる行為だったため、被験者の不安の度合いは著しく上昇した[50]。つまり成人の被験者も、愛着対象物と情緒的な結びつきを保っていたのである。

私は毎年、ブリストル大学の学生のなかから研究チームの被験者を募っている。愛着対象物について尋ねると、学生からは決まってまごついた顔つきやクスクス笑いが返ってくる。この私生活の極めて個人的な側面について、覚えがある者はみな照れくさく感じているのだ。通常、三分の二程度の学生が幼少期に特別なおもちゃを持っていたことを記憶しており、そのうち約半数はそのおもちゃを大学の寮にも持ってきている。明らかにそれらは、情緒的な価値が付随しているがゆえに捨てられない、センチメンタルな所有物なのだ。

全国津々浦々で、成人男女によって枕の下や引き出しの奥にしまいこまれた薄汚れた毛布や黒ずんだ人形を、パートナーが日々発見している。この後ろめたい秘密を、多くの人は恥じて認めたがらない。とはいえ、なかには極めてオープンな人もいる。私自身、幼少期の愛着対象物といまでも情緒的なつながりを保っていることを嬉々として認める成人男女と話したことが何度もある。ときには、思わずこちらの顔が赤らむような告白を聞かされることもある。あるときディナーパーティーでこの研究について話したところ、数杯のワインで舌が滑らかになったらしい女性客が、恋人を部屋に連れ帰ったときは、必ずテディベアの向きを変えて寝室の壁と向かい合わせていると打ち明けた。あられもない姿をいとしのテディに見られるに忍びないからである。

センチメンタルな所有は人間では珍しくないが、野生動物のあいだでは通常見られない。野生動物に無生物に情緒的愛着を抱くよう仕向けることはできるが、それは自然な環境から引き離した場合に限られる。一九六〇年代、ハリー・ハーロウはアカゲザルを使った悪名高い一連の研究を行った。赤ちゃんザルを母親から引き離し、針金の人形を動物の毛皮を思わせる柔らかなパイル地のタオルで覆ったものと、むき出しの針金の人形に哺乳瓶を取り付けたものの、二種類の「代理母」を与えたのである。[51] ハーロウのねらいは、子ザルが餌を与えてくれる母親と心地よさをもたらしてくれる母親の、どちらに情緒的愛着を覚えるかを確かめることにあった。実験の結果、子ザルはいずれもふわふわの代理母にしがみつき、つらさや不安を感じるとこの代理母に慰めてもらおうとしたことから、霊長類の愛着は主として情緒的安定を求めて形成されるものであり、食欲が原因ではないとわかった。野生では霊長類の子どもは実の母親につきっきりで世話をしてもらうため、そのような選択を迫られる状況にはならないのが普通だ。

だが、人間に飼育されている動物が自発的に所有物への愛着を形成することは、すでに実証されている。犬を飼っている人の多くは覚えがあるだろうが、ペットの犬は人間の乳児とまったく同じように、愛玩物を愛着の対象にすることがある。とくに母親から引き離された子犬がそうなりやすい。だがこのふるまいは、犬の祖先であるオオカミのあいだでは見られない。犬は、人間による長い家畜化のプロセスを経て生まれてきた。家畜化は動物の幼若化《ようじゃくか》（依存期間と程度の増大）を促すことが知られており、それを考えると、所有物への愛着は家畜化の副産物であるのかもしれない。一方、人間の子どもはほぼ完全に他者に依存する存在である。人間は、他者に依存しながら成長していく。そして所有こそ幸福の源だと信じ、所有物を蓄積する一生を送る。人間社会は、重要な対象――人や所有物――への情緒的愛着が形成されやすい社会へと進化した。心理的所有は、この社会進化がもたらす当然の帰結なのである。

単純な占有の先に

本章では、所有物との関係において、人間をユニークな存在になさしめているものは何かについて論じてきた。占有物をめぐって争う動物は多いが、所有の概念を発達させたのは人間だけである。所有の概念は、不在の際にも占有物への権利を確保するため、また自分が何者かを伝えるための手段として、進化を遂げた。アートがそうであるように、概念《コンセプト》は頭の中で生まれる。だが社会的な合意の上で成り立つ慣習である所有には、ルールの習得が欠かせない。所有のルールはときに不可解な場合もあるが、所有する欲求自体は乳幼児でも理解している。持ち物を取り上げようとする相手

犬は無生物の所有物に対して情緒的愛着を形成する。
（写真：ジョー・ベンハム提供）

には乳児でも抗議の声を上げる。だがそれは、ものを奪われることへの単純な反応だ。所有とはむしろ、個人のアイデンティティーや、ルールを守るという行為と深く関わる概念なのである。

幼少期の所有の対象は、物体であることが多い（乳幼児の頭の中では、両親も「自分だけが好きにできる資産」とみなされているかもしれないが）。一方、土地やアイディアの所有という概念はそれよりいささか複雑で、発達がかなり進んでから現れる。大人のあいだでも、こうした複雑な所有に関する見解は一致を見ない。子どもはおそらく、まず家族のような重要な他者をそれと見分け、続いて心のアルバムに収めた他者の姿にそれぞれの所有物を追加して、精巧なアルバムを作り上げていくのだろう。人間が他者の身体的特徴や気質から所有物を推定しているという考え方は、本書のメインテーマの一つにも通じる。すなわち、所有は延長された自己概念の表れではないかという洞察だ。もしそれが本当なら、どのような社会環境で育ってきたかによって自己意識は変わってくるはずである。何を自分のものと呼べるかは、合意に基づいて他者と共有する、所有の慣習によって変わる。所有のルールは永劫不変のものではなく、時代や文化によって変化するものなのだ。

所有をめぐる係争における所有者の認定は、つまるところ、だれの主張が最も当を得ているかを決定する行為にほかならない。だが主張の正当性の是非は、その社会が何に最も重きをおくかによって変わってくる。個人を尊重する欧米社会では、最初の占有者ルールや排他的アクセス権など、最も対象をコントロールする力を行使できる人物を優遇するというバイアスが存在する。だが他地域の、より相互依存的な社会においては、個人の所有権は最も重要な要素とは考えられておらず、狩猟採集民の「要求による分配」のしきたりで明らかなように、共同体の必要性や価値観のほうが重要視される。どのような社会で育つにせよ、子どもは自分の共同体における妥当な規範を学ばねばならない。規範を学ばなかった者は共同体から追放されるおそれがあり、それだけは何としても避けるべきだからだ。

　私たちのアイデンティティーは社会的に形成されており、所有に対する態度もその一部だ。遠い昔には極めて限定的な社会集団しか形成しなかった人類は、現代では年々人口密度が高まり、限りある資源しかない窮屈な惑星でともに生きねばならない状況にある。地球の滅亡という究極のコモンズの悲劇を避けるためには、個々のアイデンティティー意識を再調整し、その他大勢のニーズと齟齬《そご》を来さないようにしなければならないだろう。そのためには、野放図な利己主義は許さないという一連の所有の価値観を、次世代に伝えていく必要がある。身につけねばならない価値観のなかで最も大切とも言えるのが、「分かち合うこと《シェアリング》」である。生来備わった競争本能とは相対する概念だが、ともに力を合わせて生きていくためには、他者との分かち合いが欠かせない。所有概念がそうであったように、分かち合いの概念の理解にも子どもの少なからぬ発達が必要であり、そこには文化に応じた差異も存在する。次章ではこの点について見ていくことにしよう。

第4章　それが公平というものだ

> 国や家を治める者は、貧困よりも不平等を憂う。
> 孔子

アメリカ人はスウェーデンに住みたがる

貧富の問題に関しては、人生はアンフェアである。バラク・オバマ元大統領は、任期中に幾度となく経済的不平等を「現代特有の問題」と呼んだ。貧富の差が驚くべき比率にまで広がっているからである。二〇一五年のクレディ・スイス銀行のレポートによって、世界人口の一％に当たる富裕層が世界の富の五〇％を独占し、人口の七〇％が所有する資産は世界の富の三％に満たないことがわかった[1]。アメリカでは貧富の差は年を追うごとに着実に拡大している。二〇一二年には標準的なCEOは標準的な被雇用者の三五〇倍以上の年収を得ていたが、わずか二世代前にはCEOの年収は被雇用者の二〇倍にすぎなかった。[2]

こうした統計データを目にすると、建国に続く第二の革命がいつアメリカで起きてもおかしくないと思うかもしれない。だが実際には、アメリカ人の大多数はむしろ富の不平等を好んでいるのである。あらゆる所得層を代表する五〇〇〇人以上のアメリカの成人を対象に、富の配分に関する実験を行った研究がある。[3] 実験では、三か国の富の配分を表した三つの円グラフを、国名を明かさずに被験者に見せた。アメリカとスウェーデンの実際の富の配分を示したグラフと、すべての富が均等に分配される架空の共産主義国のグラフである。円グラフはどれも五つの領域に分かれており、それぞれの領域は人口の二〇%が所有する国家の資産の割合を示している。被験者は円グラフを見せられたあと、以下のような説明と質問を受けた。「この三か国のうち一つの国に移住すると想像してください。ただし、五つのグループのうちどこに所属できるかは無作為に割り当てられ、あなたには選べません。その場合、どの国に住みたいと思いますか?」。その結果、架空の共産主義国を選んだアメリカ人は極めて少なかった。だが被験者は、アメリカに住みたいとも思わなかった。極端な不均衡を示す円グラフが、実際の母国の富の配分を表しているとは気づかなかったのだ。むしろアメリカ人の九割は、スウェーデンに住みたいと答えた。貧富の差が激しいアメリカに比べ、スウェーデンの円グラフははるかに均等に近い富の配分を示していたからである。完全に均等な富の配分よりある程度不平等な配分を好むというこの傾向は、アメリカ人だけにとどまらない。別の成人五〇〇〇人を対象とした二〇一八年のオンライン上の実験では、義賊ロビン・フッドを演じる機会を与えられたにもかかわらず、アメリカ人とドイツ人の過半数は金持ちから金を奪って貧乏人に分け与え、富の再分配を行うことを望まなかった。[4] 私たちは明らかに人生における不平等を当然のことと受け止め、好んでさえいるのである。

とはいえ、私たちも初めから不平等を受け入れているわけではない。いくつかの単純な実験によって、乳幼児は不平等を感じ取れるばかりか、不平等を嫌悪しているらしいことが示唆されている。二人の大人にクラッカーを配る場面で、クラッカーが平等に分け与えられないと、わずか一歳三か月の乳児でも驚きをあらわにする。[5] 多くのおもちゃをほかの子と分け合うよう頼まれた幼児は、自分に一番多くのおもちゃを取り分けるものの、第三者に対しては同じ数ずつ配分すべきだと理解している。[6] 奇数のごほうびを二人の子どもに配るよう頼まれると、六歳から八歳の子どもは、不公平な分配をするよりはごほうびを一つ捨てるほうを選ぶ。[7] また、子どもは特定の子をえこひいきして配分を変える人より、どの子にも公平に配る人を好むということもわかっている。[8]

だが心理学者のクリスティーナ・スターマンズは、子どもが不公平を嫌うことを実証した研究結果と、大人が平等でない社会に住みたがることを示す証拠とは矛盾しないと指摘する。大人は富の均等な分配よりも、富の分配が公平であるかどうかを気にするからだ。[9] 公平さと平等は似て非なるものである。人間が生来公平さを好むと結論づけている研究は、報酬などを受け取る側が、どの人や子も同じように適格であるという状況を設定していることが多い。だが働いた人々に報酬として資金や資産を分配する場合、ある人は真面目に働き、ある人はさぼっていたのに、どの人にも同額を分け与えれば、不公平感は否めないだろう。努力の度合いを考慮に入れると、実験結果も実生活と似通った結果を示すようになる。一人の子はとくにお掃除を頑張りましたと聞かされると、子どもたちはその子に多くのごほうびをあげようとする。そのほうが公平だと感じるからだ。[10] 努力は報われると子どもたちは信じているのである。

富の分配に対する態度も、公平感で説明できる。資本主義国の住民の大多数が不平等な富の分配に満足しているのは、勤勉な者は怠け者より多くの報酬を得るべきだと人々が信じているからだ。勤勉に働けば成功でき、労働の対価として利益を得られるとする資本主義思想の中核には、能力主義（メリトクラシー）がある。現状に不満を抱く人がいたとしても、それはだれもが同額の報酬を受け取れないからではなく、分配の仕方が不公平だと彼らが感じているからだ。最富裕層から最貧困層まで、だれもが貧富の差を少なくしたいとは考えているが、完全に平等な社会はだれも望んでいないのである（もちろん共産主義者はその限りではないが、完全な平等を実現した共産主義社会はいまだ存在しない）。

公平感を重視するこの考え方に問題があるとすれば、他人の給与の見当をつけるのが難しいのと同じように、富の分配の実状を私たちはあまり正確に見積もれないという点だろう。被験者の大多数がアメリカよりもスウェーデンに住みたがった既出の研究で、実験者は同じ被験者たちに、理想的な公平な分配とはどのようなものだと思うか尋ね、またアメリカの富の分配は実際にはどうなっているかを推測してもらった。[11] 回答者は、最上位二〇％が国の資産の約三分の一を所有し、最下位二〇％が約一〇分の一を所有すれば公平だと考えられると答えた。最上位二〇％の所有する資産が最下位二〇％の資産より多いと見積もった点では、回答者は正しい。だが彼らの推測した格差は、実際よりも大幅に小さかった。現実には最上位二〇％がアメリカの資産の約八四％を所有する一方で、最下位二〇％の所有資産はわずか〇・一％にすぎなかった。明らかに人々は、実状よりも平等で公平な社会が実現されていると錯覚していたのである。この誤認が起きた原因の一つが、一般に広く行き渡った「アメリカン・ドリーム」という幻想である。

アメリカン・ドリームはメリトクラシーに基づく世界観だ。努力は正当に報われるとする信念である。もしそれが本当なら、勤勉に働けばだれにでも社会的成功のチャンスがあることになる。この考えは、社会に流動性があるという前提とつながっている。出自に関わらずだれでもトップに立てるし、努力した者はだれでも報われるべきだとする考え方だ。人々が不平等な社会を好むのはなぜか。それは、成功したいという動機づけなしには、自らや子の人生の向上を図って懸命な努力をする者も出てこないからだ[12]。恩恵を被ることがないなら、そもそも身を粉にして働く意味がない。

こうした公平の原則に気づくと、アメリカで概して不平等が容認されているのはなぜなのか、またアメリカではスウェーデンなどの国々に比べ、富裕層への累進課税によって得た資源や富を、教育分野において再分配しようとする政策がなぜ支持を集めないのかがわかってくる[13]。だれもが公平な社会に住みたいと望んでいる。ただしそこには、自分たちが最上位層に所属できるならば、という条件がつくのだ。「ブリティッシュ・ドリーム」なるものはないにせよ、イギリスにも所得の格差は存在する。イギリスには福祉サービスや、医療費が原則無料になる国民保健サービス（ＮＨＳ）といったアメリカより優れた社会支援システムがあるが、それでも最上位一〇％がイギリスの富の約四五％を得ている一方で、最下位五〇％は国の資産の約八％しか所有していない。

現代の政治的右派の台頭とドナルド・トランプの人気は、メリトクラシーに基づく理想論によってある程度説明できる。政治コメンテーターの多くは、二〇一六年の大統領選でトランプが勝利したのは、社会の最貧困層から経済問題への抗議票が集まったからだと分析したが、第1章ですでに見たように、経済的不平等はさまざまな政治勢力の中でポピュリズムが台頭した要因の一つにすぎない。実際にはドナルド・トランプは政界にも数名しかいないほどの莫大な富を持つ特権階級の人間なのだが、にもかかわらず、経済的に困窮した有権者の多くはトランプに票を投じた。彼らの目には、トランプは腕一本で叩き上げた、アメリカン・ドリームの体現者に映ったからである。対するヒラリー・クリントンは、アメリカ合衆国元大統領を夫に持つ、エスタブリッシュメントの代表だ。昔から平等主義的な政策によって富の再分配を推進し、社会の最貧困層への便宜を図ってきたのはクリントン属する民主党なのだが、それでも貧しい人々の多くは、政界の大物から次の大物へと連綿と受け継がれていくこうした特権の連鎖を嫌ったのだ。彼らは思った。自分が陥った経済的苦境は、自分たち労働者が隷属せざるを得ないシステムを維持し操る、エリート階級の連中のせいだ。自分の人生を所有しコントロールする権利を、いまこそこの手に取り戻さなければならない。

こうした右傾化がはたしてよりよい世界をもたらすのかどうかは歴史の審判をまたねばならないが、一つだけ確かに言えるのは、人は必ずしも自分にとって一番ためになる行動をとるわけではなく（現在の政治の大変動を見ればそれは明らかだろう）、むしろ原則や主義に基づいた意思決定をするものだということだ。このことは、とりわけ所有の問題において重要な意味を持つ。多くの人を豊かにしうる資源を排他的にコントロールすることが所有であるならば、そこには社会として許容できる所有の不平等はどの程度かという重要な道徳的問題が生じる。個人が正当な対価として富を得た場合、不平等が生じてもそれは許容範囲だろう。だが所有は、本質的に不公平なものである。だれもが平等な条件下で生きているわけではないからだ。

程度の差こそあれ、私たちはみな先祖や親戚のもたらす恩恵にあずかっている。相続財産だけでなく、遺伝する形質も恩恵の一つだ。ある人が勤勉な働き手なのは、もともと体力的に恵まれていたからかもしれない。トップアスリートは途方もない額の年収を稼ぐが、生まれつき運動神経が抜群だったのなら、それは公平と言えるだろうか。数字に強い人は、そうでない人よりも高い月給をもらってしかるべきなのか。さらには、自分ではどうすることもできない出来事で人生が変わることもある。思いがけない幸運で大金を手に入れる人がいる一方で、不運や災害の犠牲になる人がいる。ランダムに起きる人生の有為転変で一夜にして資産家に、あるいは一文無しになるという不公平に、私たちはどう対応すればよいのだろう。私たち一人ひとりが個人として何が公平で公正かの基準を定めるべきだが、そのためにはどうすればよいのだろうか。

所有は格差を生み、相続や遺伝による恩恵という形で、社会の不公平を永続させる。だが一方で所有は、持たざる者と資源を分かち合う力を個人に与えもする。所有によって生じた不均衡を、他者にもっと気前よくすべきだと説く倫理観によって、是正することが可能なのだ。人は競争本能に従わず、赤の他人に驚くほど親切にすることもある。だが人生が単なる競争にすぎないのなら、なぜそんなことをするのだろう？　それを理解するために、ここで行動経済学の分野に目を向け、倫理観やフェアプレイの精神によってどのように他者への寛大さが決定されているかを探ってみたい。

独裁者ゲーム

ニコラスは独裁者だ。ファシスト政権の首領でもなければ、癇《かん》に障《さわ》る声でヒトラーやムッソリーニさながらの国家主義的なスピーチを披露するわけでもない。そもそもニコラスはまだ七歳の少年である。だがその場を支配し、何を獲得するかの決定権を持っているのは彼だけだ。ニコラスが獲得する対象――それは、動物柄のキラキラシールである。

ニコラスはいま、ある実験に参加したところだ。ニコラスが友だちについて話し、私の指導院生サンドラ・ウェルツィエンがニコラスの描写に基づいて絵を描いた。インタビューが終わるとサンドラは時間をとってくれてありがとうと礼を言い、協力してくれたお礼に、お楽しみ袋から好きなシールを六枚選んで持って帰っていいわよと言う。選び終えたニコラスに、サンドラはこう告げた。「全部持って帰ってもいいし、またはそのうち何枚かを、次にラボに来るお友だちのために取っておいてくれてもいいわよ。そうしたい場合は、その分を黒い封筒に入れておいてね」。決定権は、完全にニコラスにある。ニコラスは選んだシールをとても気に入ったし、できれば全部自分のものにしておきたい。さて、どうするか。

母親に連れられてニコラスが出ていったあと、サンドラが封を開け、封筒を逆さまにすると、三枚のキラキラシールがテーブルに舞い落ちた。ニコラスは自分のシールの半分を次の子に譲ったのである。なぜだろう？　全部自分のものにしたところで、次の子にはわからない。しかも相手は知らない子なのだ。七歳か八歳になると、ほとんどの子は、受取人が知らない子であっても、頼まれると所有物を分け与えるようになる。これは分かち合うのがルールだということを学ぶからか、それともそれが正しいことだと思うからだろうか。人はなぜ分かち合い、助け合うのだろう。善良な心がそうさせるのか。それとも親切心には、何かほかの動機があるのだろうか。

二〇一七年の一年間に、アメリカ人は二五〇〇億ドル、イギリス人は一〇〇億ポンドを慈善事業に寄付している。(14) 慈善団体へ寄付する人は、何の見返りも求めていない。人はなぜ資産を分かち合い、分け与えるのだろう。純粋な利他主義からだろうか。親切心の謎は、道徳哲学の祖とされるソクラテス以来、世界の偉大な思想家たちを悩ませてきた。この問題は人文科学、自然科学、神学にわたる広範な分野で絶えず議論されてきたが、経済理論においては、私心のない気前のよさが中心的役割を果たすことはついぞなかった。純粋に合理的な見地からは、非論理的で意味の通らない行為だからだ。ジョン・スチュアート・ミルやアダム・スミスといった思想家に多くを負う古典派経済モデルでは、親切心に基づく慈善行為をうまく説明できないのである。

アダム・スミスは『国富論』でこう説く。「われわれが食事ができるのは、肉屋や酒屋やパン屋の主人が博愛心を発揮するからではなく、自分の利益を追求するからである」（山岡洋一訳、日本経済新聞出版社）。言い換えれば、合理的に行動する人間は投入する資金を極力減らして最大限の利益を得ようとするはずだから、人々は「安く買って高く売る」という商売の原則に則って行動する。だがたとえ彼らがそうしても、売り手と買い手のニーズを調整する市場が存在するかぎり、スミスが「見えざる手」と呼んだ影響力がはたらき、おのずと経済的繁栄がもたらされるというのである。つねに合理的に行動するこのような理想化された消費者は、「ホモ・エコノミクス」と呼ばれる。

もっぱら自らの利益を極大化させることだけに傾注する、人類の類型を指す[15]。

だが、だとしたら、主に所有に関して、人間が合理的なホモ・エコノミクスたりえないという点は皮肉以外の何物でもない。所有に関する決断を見るかぎり、私たちの大半は自己利益を極大化するのに失敗しているらしいのだ。それればかりか、ときには経済的に損をするような価値判断さえ行っているのである。個人的な持ち物や著名人ゆかりの品を過大評価しがちな傾向などがそれに当たる（詳しくは後述する）。だがホモ・エコノミクスではなおさら説明不能なのが、慈善行為や気前のよさである。人は見返りがない場合でも、よく他人に資金や物資を贈る。困っている人がいたら分かち合う。見知らぬ子どもにごほうびのシールを分け与えたニコラスのように、私たちはしばしば赤の他人に親切を施すが、こうした行為はホモ・エコノミクスの営利原則とは真っ向から対立するのである。

自己利益の極大化が経済の原動力であり、他の個体を犠牲にしてでも自らの遺伝子を複製するのが生物学的必然であるとするなら、なぜ利他行動が存在するのだろうか。人生は競争にすぎないのではなかったか？　なぜこの世は寛大な人々や親切な行為で満ちあふれているのだろう。慈善行為が存在するわけは？　親切心の背後には、どのような動機が存在するのか？　こうした問いへの答えを見つけるために、次は生物学の分野に分け入ってみることにしよう。

持ちつ持たれつ

すでに見たように、他者、とくに親族に対する気前のよさに見られるパターンは、生物学で説明できる場合がある。血縁選択説によれば、生物はしばしば血縁者を助けようとする。それは彼らが（程度の差こそあれ）自分と同じ遺伝子を持っているからだ。だが、生物を動かすメカニズムはそれだけではない。血縁選択説の問題は、私たちが血縁度だけでは説明のつかない、思いやりのある行動をとることが多々あるという点だ。多くの人は、だれが血液を受け取るのかを知らなくても献血をする。遺伝子を共有しないまったくの赤の他人を助けることに、はたしてどのようなメリットがあるのだろうか。

一つには、集団としての利益が挙げられる。協力は社会的動物の主要な特徴であり、強みでもある。人間の祖先は協力し合うことで、個々のハンターではなかなか倒せないマンモスのような巨大な獣を狩る方法を学んだ。人間以外の社会的動物も、集団で行う狩りに利点を見出している。群れで行動するオオカミなどの肉食動物は、自分たちより大きな獲物も仲間と協力して捕獲する。ヒトに最も近い種であるチンパンジーは、アカコロブスというサルを狩ってその肉を食べるが、身軽なアカコロブスは敏捷で捕まえるのが難しいため、チンパンジーは何匹かで協力して獲物を追い詰めていく。小型の獲物が大群をなしている場合にも、集団での狩りが有効だ。その好例が、ザトウクジラが集団で行う「バブルネット・フィーディング」というめったに見られない壮観な漁だ。複数のクジラが魚群の周りを円を描いて泳ぎ、噴気孔から空気の泡を噴いて魚を混乱させ、泡でできた円柱の中に閉じこめる。その後、口を開けたまま泡の円柱の中を代わる代わる海面へと上昇しては、集められた魚群を丸のみにするのである。

こうした集団での狩りや漁では、共通の目的を達成するために協調的行動が必要となる。だが動物は、狩りのために協力が欠かせないという理由がなくても、食べ物を仲間と分け合うことがある。南米に生息するナミチスイコウモリの例を見てみよう。ナミチスイコウモリは少なくとも四八時間に一度は他の生物の血を吸わないと餓死するが、なかには吸血に出かけても、獲物にありつけずに帰巣するコウモリもいる。すると同じ群れの他のコウモリが吸った血を吐き戻し、血を分けてやるのである。この行為は、血縁選択説が成り立つだけの血縁度がない個体同士でも行われている。

このような利他行動は一見すると慈善行為のようだが、実際には恩を売るという戦略にほかならない。ナミチスイコウモリは過去に自分を助けてくれた個体を覚えておき、彼らが空腹になった際に優先的に血を分け与えるのである。動物園のコウモリを対象にした研究で、実験者によって意図的に隔離され、飢餓状態に置かれたコウモリの個体を群れに戻したところ、以前仲間に血を分け与えていた個体は空腹時に仲間に助けてもらえたが、利己的なふるまいで知られる個体は、血を欲しがってもだれからも応じてもらえないことが多かった[16]。こうした「互恵的利他行動」は、餌が乏しい時期を乗り切るために進化の過程で獲得された戦略なのである。

人類の歴史においても、互恵的利他行動はおそらく生存に欠かせないメカニズムだったに違いない。進化心理学者マイケル・トマセロの説によれば、人間には協働作業で得た利益を仲間と分かち合う能力《キャパシティー》があり、そこから道徳規範が発達していったのだろうと考えられる[17]。こうした協力態勢は、互いに頼り合う相互依存の関係から生まれる。初期の人類は進化の過程のどこかで、「人手が多ければ仕事が楽になる」ということを実感したのだろう。力を合わせて働くほうが得だということで、人間は相互依存的になった。より大きな恩恵が得られる可能性がある場合には、個人的な目標完遂を先送りにしてでも仲間に協力するほうが、自分も得をするということを学んだのである。

　互恵的利他行動が成り立つためには、恩を返してくれる相手と返さない相手を把握する必要がある。さもないと、集団内でたかり屋が優位に立ってしまうからだ。所有に関してはこの点はとくに重要で、だれが何を所有しているか、また自分に借りがあるのはだれかを覚えておかなければならない。私たちにはルールを破る者にことさら神経質な一面があるが、違反者への怒りや憤りも、そうした情報を記憶する動機となる。このように他者を記憶しておくためには、社会的な関わりを担う脳のはたらき、すなわち社会脳が必要だ。社会脳が顕著に見られる種は、小さな群れの中で協力しながら共同生活を送るが、それだけではなく子育ての期間も長い。幼児期が長いと、助けてくれる相手と信用できない相手を見分ける機会も多くなる。ふたたびナミチスイコウモリを例に出すと、極めて社会性の高い動物であるナミチスイコウモリは、他のコウモリが通常生後一か月で親離れするところ、平均九か月かけて子どもを育てる。永続的な社会的絆を形成する他の種でも子育て期間が長くなっており、その分群れの仲間を選別する方法や、恩返しの仕方を学ぶ機会が増えることになる。社会的動物が互いの毛づくろい《グルーミング》に長い時間をかける理由も、そこにあるのかもしれない。ナミチスイコウモリのグルーミングの時間も長く、他のコウモリの一四倍に及ぶ。[18] グルーミングの相手は無差別に選ばれるわけではなく、過去に助け合ったことのある相手が意図的に選ばれる。ヒトや他の霊長類にも同じことが言える。チンパンジーは以前自分を毛づくろいしてくれたパートナーにはより長く、頻繁にグルーミングを行う。[19]「持ちつ持たれつ」を英語では「こちらの背中をかいてくれたら、きみの背中もかいてあげよう」と言うが、グルーミングはまさに互恵的利他行動の原初の形なのである。

正直な偽善者

幼児が公平さを認識し、他人に公平なふるまいを求める一方で、自らは公平の原則に則った行動をとらなかったならば、それは偽善的に見えるかもしれない。子どもは乳児期から公平さを理解しているが、分かち合いが習慣となる六、七歳の頃までは、分けっこしなさいと大人が言わないとなかなか分かち合おうとしない。だがいろいろな意味で、幼児は年かさの子どもや大人よりも正直だと言える。大人はたいてい自分が公平だと思っているが、実現時の見返りが大きく、不公平な選択をしてもばれないと信じている場合には、私たちの大半はじつは偽善的なふるまいに出るのである。ある実験で、見返りがありそうな仕事とない仕事の二つを成人に提示し、自分用か他人用かを選ばせたところ、匿名で割り振りが可能な場合には、被験者の過半数（七〇ないし八〇％）が実入りのいい仕事を自分用に割り振った。[20]痛みや罰則がある仕事を避けるかどうかの選択でも、同様の結果となった。コイントスで割り振りを決めるのが一番公平なやり方だと聞かされたあとでも、実際にコイントスを選んだのは成人の被験者の約半数にすぎず、残りの半数は変わらずに最もいい仕事は自分に割り振り、電気ショックを受ける仕事は避けるという、自分を優遇するバイアスを示した。さらに驚くべきは、コイントスを行った被験者の九〇％が、結局は最もいい仕事を自分に割り振っていたという事実である。だれしも公平な人間には見られたいが、ばれないと踏んだ場合にはズルをするのだ。

利己的なふるまいが抑制される条件は多々あり、注目を浴びているという状況はとくに影響力が大きい。たとえば自分の姿が鏡に映っているだけで成人には自省の念が起き、テストのカンニングが減ることが実験で証明されている。[21] 鏡によって内なる道徳心が喚起されるというこの効果は、ハロウィンの夜にお菓子の入ったボウルの背後に鏡を置いておくと、子どもたちが取っていくお菓子の数が減るという古典的研究結果とも合致する。[22] 見られていると思うと、人は概して行いを正すのだ。露見を恐れる心が悪事を思いとどまらせるのなら、全能の神を擁する宗教は、つねに神が見ておられると信者が考えるそのこと自体によって、道徳的行為を促すはたらきがあるとも考えられる。[23] 世界の宗教の大半は、教義や実践において、向社会的な行動を奨励している。宗教が親切心や寛容さを育むというのは広く一般に共有されている考えであり、それを端的に示すのがキリスト教の「善きサマリア人《びと》」のたとえだろう。

だが宗教は道徳的だというこうした見方には、一つ問題がある。既成概念とは裏腹に、信仰心に篤い人々が無宗教の人々より寛容だという証拠はほぼないという点だ。[24] 多くの宗教が恵まれない人々を助ける活動に従事しているのは事実だが、そうした組織的な利他行動が信者の日常生活全般に影響を及ぼすとは限らない。独裁者ゲームの実験においても、信心深いプレイヤーと信仰心のないプレイヤーとで気前のよさに違いは見られなかった。ただし、信心深いプレイヤーにそれとなく神を思い起こさせた場合は別だ。たとえば「聖霊」「神聖な」「神」「聖なる」「預言者」などの単語の羅列を正しい文章に直すよう依頼すると、信心深いプレイヤーは気前がよくなるのである。(25)環境的な要因がきっかけとなる場合もある。マラケシュの市場にいるモロッコ人商人は、イスラム教の礼拝を呼びかける放送が聞こえてくると、より積極的に喜捨を行う。(26)だがこうした気前のよさは、信心深い人だけに限ったことではない。事前に「市民の」「陪審員」「裁判所」「警察」「契約」といった単語を聞かされていると、だれでも宗教とは無関係に平等主義の理想を思い出し、気前よくなるのだ。(27)これらの研究によって、私たちは幼児期の利己心の名残を成人後も持ち続けはするものの、ちょっとしたきっかけで向社会的な行動に誘導されうるということがわかる。

ある状況で親切で寛容な人が、状況が変わってもつねにそうであるとは限らない。特定の状況下では道徳的な行いをする人が、その後状況が変わると相反するふるまいに出ることがある。このような偽善は、「モラル・ライセンシング」と呼ばれる。(28)過去によい行いをしたのだから多少不道徳で倫理にもとる問題行動をとっても構わないだろうと思ってしまい、ふだんなら道義に反するのでは、あるいは不道徳と見られるのではと恐れて避けるようなふるまいに出る場合があるのである。貧困層支援のために教会で開かれる募金集めの催しにボランティアを買って出た人が、別のチャリティイベントでは募金をしないことがある。道徳的な人間かという問いに自分は寛大で気前がよいと答えた人の募金額が実際には少なく、自分はひどい人間だと反省の弁を述べた人が多額の金を寄付したりする。(29)

募金や寄付の場合、気前がよい人間だと思われることには社会的な声望が得られるという側面もある。慈善家として名が通ると、必ずその人の名を冠した建物や像、奨学金や助成金、賞などが作られる。匿名で寄付する人もなかにはいるが、慈善事業家の大半（およびその家族）は世間で家名が認知されることに誇りを感じている。ただし、寄付金の出どころが不正に得た金とみなされた場合は話が別だ。近年ではエドワード・コルストンをめぐる論議が記憶に新しい。一七世紀のイギリス、ブリストルの商人および慈善家で、奴隷貿易で巨万の富を築いた人物だ。ブリストル各所にはいまもコルストンの名を冠した教会、学校、ホール、施設などが林立している。だがその状況はまもなく変わるだろう。奴隷商人の名を記念する行為を偽善的と感じる多くのブリストル市民が、施設名を変えてコルストンやその遺産との関わりを断とうとロビー活動を行い、成功を収めつつあるのだ。

資産の出どころと寄付の目的に後ろ暗いところがない場合、資源の共有は社会的絆の形成と強化に役立つまたとない手段である。分かち合うことで、自分は親切で気前のよい、他人に共感できる性格で、いろいろな意味でよい人間だというメッセージを送ることができる。けちん坊や守銭奴が好きな人はいない。宗教の教義や年配者の教えを通して、私たちは強欲さ、欲深さ、妬みなど、物質的豊かさの追求に伴う負の感情にとらわれないよう警告を受ける。全国津々浦々で、親は子に絶えず分かち合うよう教え諭す。分かち合えば人気者になれ、世間に受け入れてもらえるからだ。分かち合いができない者は報復を受け、悪くすれば社会から排斥されかねない。

報復するべきか

公平さを求めるということは、当然ながら裏を返せば、人を食い物にしようとする相手にはすかさず罰を与える構えがあることを意味する。私たちは分かち合いをしない人間を警戒するだけでなく、そうした相手を罰するためには代価を払うことさえ厭わないようだ。仮に以下のような提案をされたらどうするか、考えてみてほしい。何もしなくても無条件で一〇〇ドルもらえるとしたら、あなたは受け取るだろうか。いらないという人はまずいないだろう。では今度は少々条件を変えてみる。私が別のだれかに一〇〇ドル渡し、その金のいくらかをあなたに渡すなら、残金を自分のものにしていいと言ったとする。分け前を決めて提案するのはそのだれかだが、提案を受け入れるかどうかはあなたに委ねられ、あなたが提案を拒否すれば、あなたも提案者も一銭も受け取れない。この筋書きは、あなたが最終的な結果を左右できることから「最後通牒ゲーム」と呼ばれている。さて、そのだれかがあなたに一〇ドル渡し、自分は九〇ドルをせしめるという分け前を提案してきたら、あなたはそれを受け入れるだろうか？

結果はあなたが提案者をけちだと思っているか、またあなたが世界のどの地域の出身かで異なる。世界各地の一五の小規模な社会で最後通牒ゲームを行うという野心的な研究が行われたが、社会によって回答はまちまちだった(30)。見知らぬ西洋人にゲームと称して金銭を提示された参加者は、自身の文化における似たような状況を想定したらしい。贈与の慣習があるメラネシアの社会では、最後通牒ゲームをすると、提案者が平均して半額以上の金を提示した。だがそれほど気前のよい申し出だというのに、ときには応答者が拒絶するケースがあった。メラネシアの社会では、たとえ一方的に贈られたプレゼントであっても、受け取ればお返しをしなければならないという強制的な義務が生じうるからである。つまりは、「何か裏があるのでは？」と勘ぐられたのだろう。逆の意味でやはり極端な反応が見られたのがタンザニアの狩猟採集民ハッザ族で、最後通牒ゲームをやっても提示する金額が少額な上に、拒否される割合も高かった。孤立した社会で暮らしているハッザ族は、外部の者や見知らぬ人と協力したり、資源を分かち合ったり、交換したりする経験がほぼ皆無なのである。

欧米でこのゲームを行うと、成人の大多数が半額近い金額を提示する。そして提示額が二〇ドルより少ない場合は、ほとんどの人が拒絶する。一度限りの申し出にもかかわらず、欧米人は一〇ドルの分け前をあげようと言われても拒否するのだ。なぜだろうか。どちらの筋書きでも、何もせずに一〇ドルもらえることには変わりがない。にもかかわらず、第二の筋書きの場合、提案を受けた人の半数は、総額の二〇%に満たない金額を提示されるのは公平でないと考えるのである。脳機能イメージングを使って調査した結果、これは主に情緒的な反応であることがわかった。提示額が少ないと、嫌悪感を抱くなどのネガティブな経験で活性化する脳領域に反応が見られたのである。(31) 人間は復讐心の虜になると、労せずして得られる金を諦めるという犠牲を払ってでも、相手を罰しようとする生き物なのだ。

もちろん最後通牒ゲームは架空の筋書きだが、人間の本性について深い洞察を与えてくれる実験であることは間違いない。最後通牒ゲームの結果を見ると、私利私欲のない寛大さという概念も、ホモ・エコノミクスという概念も、ともに揺らいでくる。親切な人も、自己利益の極大化を図る人も、どちらも申し出を拒絶するはずがないからだ。利他主義者なら双方が不利益を被る拒絶はせずに、金額の多少にかかわらず提案を受け入れるだろうし、ホモ・エコノミクスなら何ももらえないよりはましということで、やはりいくらだろうともらえる金はもらうだろう。

提案を拒絶するのは経済的な理由からではなく、心理的な理由からだ。コンピュータ相手の最後通牒ゲームだと、参加者はたとえ少額でも提示額を受け取るのである。[32] 私たちは他の人間から提案を受けたときのみ神経質になるらしい。公平の心理学が垣間見えるこのゲームに興味が尽きない理由も、そこにある。さらに面白いのは、応答者に拒否権がなく、提案者がいくらでも好きな金額を自分のものにしてよいというバージョンの最後通牒ゲームを行っても、提案者は金の一部を応答者に提示する傾向がある点だ。これでわかるのは、私たちの行動は公平の原則によって導かれており、私たちはこの原則を他の人間には適用するが機械には適用せず、動物にもめったに適用しないということだ。ヒトに最も近い種であるチンパンジーに最後通牒ゲームの一形態をやらせると、チンパンジーはどのような提案も喜んで受け入れる。[33]

資源を他者と分かち合い、公平性の規範を犯す者を罰しようとする傾向が、互恵性である。なぜ利己的な行動をとる個人が全員の未来を危うくするかを説明した際に言及した、コモンズの悲劇を思い出してほしい。仲間よりも多く共有資源を使う人を脅し、報復と罰への恐怖を与えれば、コモンズの悲劇は解決できるだろうか？　報復はコモンズの悲劇を解決する一般的な方法でもなければ、最善策でもないと、ハーバード大学の数理生物学者マーティン・ノヴァクは考えている。実生活で他人が共有資源を使いすぎていると確信しても、単に距離を置き、協力を拒むことで済ます人が少なくない。ノヴァクの発見したところによれば、コモンズの悲劇の最善の解決策は懲罰を与えることではなく、コミュニケーション、見返り、所有の三つを組み合わせることだという。

コモンズの悲劇で問題なのは、共有資源を濫用する者を私たち自身が罰する機会はめったに訪れないという点である。それどころか、濫用しているのがだれかを特定することさえ容易ではない。濫用は許せないと怒りが湧いたとして、ではその相手はどこのだれなのか？　実際に脱税している人をあなたはご存知だろうか？　追及したところで、やっていますとあっさり認める人はいない。以上のような理由から、人々は共有の利害という動機づけで動いているとノヴァクは論じ、共有の利害意識を促進させる最善の方法は、貢献した者に報奨を与えることと、人々に所有者意識を持たせることだとしている。法の力による違反者の処罰は必要だが、それに加えて、協力してくれる個人に世評という力で見返りを与えることも大切なのである。チームプレイヤーとしての評判が上がると、大多数の人にとってはそれがポジティブな動機づけとなる。それがゆくゆくは（a）他者により好かれることにつながり、（b）自身が違反を犯す可能性も減るのである。ノヴァクは著書『スーパー協力者』[34]で、自動車工場労働者に賃金を支払う場合、生産に遅れが生じた際に罰金を科すよりも、生産性が上がった際にボーナスを出すほうがよいと主張している。協働作業をしようという意欲を高めるさらに強力な動機づけが、所有権の共有である。共通の目的を達するために力を合わせて働いたと感じると、分かち合う確率も高まるのだ。

第1章でポピュリズムの台頭を論じた際にも少し言及したが、選挙というのは有権者が報復の手段を手にする場でもある。私たち一般の人間が特定の他者を罰する機会はそうそう訪れないが、投票ブースでは自らの怒りを表明することができる。[35] 二〇一六年、イェール大学の心理学者モリー・クロケットは、ガーディアン紙に寄稿した記事の中で以下のように述べた。イギリスの最貧困層は、EU離脱で最もマイナスの影響を被るのは彼らだろうと警告されていたにもかかわらず、ブレグジットに賛成票を投じた。最後通牒ゲームのような経済ゲームにおける人間のふるまいを知ると、この謎を解く一助になるかもしれない、というのである。国民投票の実施時には数多くのデマや当てにならない情報が出回っており、有権者が正確な情報に基づいて何が最良の結果かを選択できる状況ではなかった。だがたとえ正確な情報が得られたとしても、多くの人は依然、権力層に打撃を与えるであろう大変革に賛成票を投じる選択をしたのではないかと考えられるのだ。ブレグジットに賛成しても反対しても、彼らが陥っている苦境はさほど変わりそうもない。だが賛成票を投じれば、少なくとも自分たちを抑圧する（と彼らが感じている）政治システムへの怒りを表出する機会が得られる。離脱派のなかにはほかにも、イギリスの進路の決定権が自分たち国民から奪われていると感じる人々や、国家主権や伝統的価値観の喪失（と彼らがみなすもの）に憤りを募らせる人々もいた。どちらのグループの人々も、内にためた怒りの表出を欲したのである。

この自己表現欲求が強いかどうかは、最後通牒ゲームにおけるふるまいから予測可能だ。最後通牒ゲームで提案を拒否する割合が高い人は、「自分の仕事について他人に干渉されたくない」「他人の意見を押しつけられるのは嫌だ」といった、ブレグジット推進派が口にする心情と明らかに同種の響きのある意見に賛同する傾向があった。[36] 興味深いのは、応答者が提案を拒否しても提案者を罰することができず、提案者が分け前を入手できるという、「一方的最後通牒ゲーム」というバージョンをやってもらっても、人は怒りを表出したいという強い欲求に駆られ、提案を拒否するという点だ[37]。つまり一〇ドルを提示され、自分の承諾・拒絶にかかわらず提案者は九〇ドルをせしめられるという状況でも、応答者は不当な申し出に従うことを潔しとせず、提案を拒否するのである。承諾か拒絶かを提案者が知らされない場合でも、結果は同じだ。

　政治に関してこの研究が示唆するのは、無知な層だ、あるいはただの恨み言だと軽視せずにEU離脱派の意見に耳を傾けていれば、鬱積《うっせき》した怒りがこのような形で表出することもなかっただろうということである。またも最後通牒ゲームの例になるが、応答者が提案者に自らの怒りを伝える手段があると、少額の提案でも承諾する率が上がる[38]。また、提案者には伝えられないが、不満や怒りを他者に表明できる機会を持つだけでも、応答者は少額の提案を受け入れやすくなる。自分がおとなしく言いなりになるような人間ではないということを周囲に知ってもらうだけで満足なのだ[39]。たとえ効果がなくとも、不満を訴える機会が与えられるだけでいい。自分が世の中を動かしているというコントロール幻想と、自分には立派な意見があるという感覚を取り戻すことができるからだ。違いによる分断を解決する方法は、報復ではない。重要なのはコミュニケーションである。

　モリー・クロケットはこの記事を厳しい警告で締めくくっている。人間の行動を予測する際には経済学に頼るべきではない。ブレグジット推進派が抱いたのと同様の不公平感が燃料となり、ヨーロッパ全域とアメリカにポピュリズムが台頭している。「有権者とつながりたい政治家は、だれでもいいからだれかに話を聞いてほしいと願う人間の欲求を理解するのが賢明だろう」。アメリカの民主党がクロケットの警告に耳を傾けていれば、と思わざるを得ない。クロケットの記事が掲載されたのは、二〇一六年七月。トランプ政権を誕生させたアメリカ大統領選の四か月前である。

一緒に力を合わせよう

幼児は不平等を敏感に察知し、他人には平等で公平なふるまいを求めるが、自らはそうふるまおうとはせず、物を分かち合うことに消極的だ。だが、子どもの自発的な分かち合いの引き金になるらしい状況が一つだけある。相互利益を得るためには協力して作業しなければならないという状況がそれだ。マイケル・トマセロは、ヒトの向社会性の進化に協力が重要な役割を果たしたとする自身の理論を検証するため、同僚とともに実験を行った(40)。ここに、二本のロープを同時に引き寄せると四個のビー玉が手に入る装置がある。二人の三歳児が協力してロープを引っぱるのだが、この装置にはじつは仕掛けがしてあり、片方の子は三個のビー玉を入手できるのに、もう片方の子は一個しか手に入れられないようになっている。この条件下だと、「幸運な」ほうの子は、入手した三個のビー玉のうち一個を「不運な」子に差し出した。だが協力しなくても棚ぼた式にビー玉が手に入る状況だと、子どもたちはビー玉を分け合おうとしなかったのである。

こうした利己的なバイアスに抗し、何よりも人々を団結させるのが悲劇である。協力し合わなければ乗り越えられないからだ。二〇一七年、イギリスのロンドンとマンチェスターで相次いでテロ事件が起きた。どちらの事件でも、無辜《むこ》の他人を冷酷に苦しめようとする者がいるという人間性の闇があらわになったが、同時に、大勢の人が積極的に被害者の救済に手を差し伸べもした。度重なるテロ事件に対し、一般の人々が生存者と被害者家族への支援という形で行動を起こしたのである。アリアナ・グランデのコンサート会場で発生した自爆テロのあと、マンチェスター各所の献血センターには毎時一〇〇〇件を超える電話が献血希望者から寄せられた[41]。人々は他者の苦境に心動かされ、できる方法で支援を行おうとしたのだ。

こうした人道的な反応を、人間はまず幼児期に発達させる。二〇〇八年、中国四川省にいる研究チームが独裁者ゲームを用いて六歳児と九歳児の分かち合いに関する研究を行っているさなか、マグニチュード8・0の地震が起きた。死者・行方不明者八万七〇〇〇人を出した四川大地震である[42]。研究チームは思いがけなく、実際に人々が苦しんでいる状況下で、子どもたちが利他行動に出るかどうかを調べるチャンスを得たのだ。地震発生前には中国人の子どもと世界の子どものあいだに違いは見られず、独裁者ゲームをしても、九歳児のほうが六歳児より気前がよいという一般的な結果が出るだけだった。だが震災の一か月後に集まってもらった際には、研究対象の子どもたちの大半は家を失い、悲惨な境遇に置かれていた。独裁者ゲームを行ったところ、今度は子どもたちの利他行動に違いが生じた。被災地の六歳児はいっそう利己的になり、震災前に比べて分かち合う量が減ったが、九歳児はそれとは逆の反応を見せ、震災前より多くを分かち合おうとしたのである。四川大地震の三年後には、独裁者ゲームでの分かち合いのパターンは、ふたたび世界中の典型的な六歳児と九歳児のパターンに戻った。この結果から、気前のよさは逆境の影響を受けること、またこの気前のよさは、対処メカニズム〔ストレスの多い状況に対処するための仕組み〕の一種かもしれないことがわかる。八歳から一一歳頃の児童期中期に達する頃には、子どもは幼児期の利己主義を脱し、困っている人に手を差し伸べるようになる。

　富は個人に力を与える。所有によって得られる特権は、時の経過とともに蓄積されていく。最貧困層には得られない数々の有利な条件を手中にできることで、最富裕層の優位性は増加の一途をたどる。そうした有利な条件には、よりよい教育、健康、住居、安定した家庭環境など、成功に必要なあらゆる要素が含まれている。大多数の富裕層は（一部の珍しい例外を除き）こうした優位性を子に譲渡するが、多くは自分の資産を他者と分かち合いもする。それは納税や没収など、政府の介入による間接的な形をとることもあれば、慈善団体への寄付といった直接的な形をとることもある。人間行動の経済的意味、とくに慈善事業への寄付の意味を理解するには、純粋な利他主義モデルでは役に立たない。これに取って代わったのが、「不純な利他主義」である。人々が寄付や寄贈を行うのはもちろん他者を助けるためもあるが、寄付行為から得られる気持ちよさも理由の一端になっている。与える喜びによって、「温かい満足感《ウォーム・グロー》」を味わっているのである。[43]贈与に関する標準的な数理モデルは、人間が本質的に誇り、共感、罪悪感、恥といったあらゆる情動に動機づけられていること、また他者を助けたいと思う理由の根底にはそうした情動があることを考慮に入れていない。

　人間活動のどの領域においても、私たちはできるだけ人助けに伴う好ましい経験を味わおうとし、罪悪感や恥と結びついた経験を避けようとする。ある独創的な研究で、成人の被験者は、実験に参加すれば一〇ドルが手に入るが、実験終了時にはその金を好みの慈善団体に寄付することができると告げられた(44)。ただしここに、重要なルールが一つある。被験者が選んだ慈善団体は、被験者の寄付額がいくらであっても、かっきり一〇ドルを受領することになっているのだ。そのための差額は実験者によって支払われる。つまり、被験者が四ドルを寄付すると決めれば、実験者が残りの六ドルを補って寄付金を一〇ドルにしてくれるし、寄付は行わないと被験者が決めた場合でも、実験者が全額を支払うことで、慈善団体はやはり一〇ドルの寄付金を手にできる。被験者がどうしようと、慈善団体は必ず一〇ドルを手にできる仕組みである。実験の結果は、その必要がなかったにもかかわらず、半数以上の成人（五七％）が平均二ドルの寄付を決めた。被験者の寄付によって慈善団体の受け取る額が増えるわけではない以上、そのような行動をとった唯一の理由は、それが正しい行為だと被験者が思ったからということになる。

私たちは子どもに、ほかの子と物を分かち合いなさいと勧める。なぜなら、それが正しい行為だからだ。一方で、子どもの心には独自に自責の念が育まれていく。二歳から三歳までのあいだに、幼児は自分が間違った行為をしたと気づくと、その違反行為と結びついた負の感情を抱くようになる。これが大人から叱られたり罰せられたりした結果なのかどうかは定かでないが、大半の子どもは次第に悪さをすることを心配するようになる。罪悪感を発達させるのだ。

罪悪感は、人間の行動の動機づけとなる負の感情だ。貧者に施しをするとき、私たちは本当に親切心でそうしているのだろうか。もっと気分がよくなりたい、あるいは嫌な気分を感じずに済ましたいと思う動機のうち、利己心でない真の利他主義はいかほどだろうか。「善いことをすると気分がいい。悪いことをすると気分が悪い。これが私の宗教だ」と語ったエイブラハム・リンカーンの言葉には、ごく常識的な倫理観が反映されている。だからこそ私たちは、冷酷に見える所業をする他者が理解できない。「よくもそんなことができるな」「恥ずかしくないのか」と呆れる。道徳的な高みからものを言うわけだが、ではたして私たちはそれほど立派な人間だろうか。人間の感情システムは、児童期を通じて、社会のルールや期待を徐々に組み入れながら出来上がっていく。その過程で、施しによって得られる温かい満足感から、何度も心に浮かんでは私たちを苦しめる罪悪感まで、ありとあらゆる感情が生み出される。

他者の意見を内在化することで、人間は内側から動機づけされる。私たちは正しい「気がする」から、特定の行動をとるのだ。そのために、秘めた動機がありそうな他者や、外的な動機で動く他者が疑わしく見える。親切な行為に対価を支払うと逆効果になるのも、このためだ。再度献血を取り上げてみよう。献血をする人は見返りを求めてはいない。社会学者リチャード・ティトマスは、アメリカとイギリスの献血制度を比較した著書『贈与関係論』の中で、アメリカのように献血者に対価を支払う制度は、献血をすべきでない人々に動機を与え、不届きな行為や安全上の懸念を生む点で危険であるのに加え、もしイギリスでも対価の支払いが導入された場合、利他主義を行動に表したいという人々の内的な動機が失われ、国民保健サービス（NHS）の基盤をなす一致協力の努力も損なわれると結論づけている[45]。ティトマスの主張を検証しようと、スウェーデンの研究チームが行った実験がある。成人の被験者を、自発的に献血を行うグループ、対価として七ドルを受け取るグループ、受け取った対価を慈善団体に寄付することができるグループの三つに分けて献血率を調べたところ、対価が支払われたときは献血率が大幅に減少したのに対し、対価を寄付できる場合は減少しなかったという、ティトマスの予想に違わない結果が得られた[46]。報酬によって内在的価値が失われ、他者を助けようとする善意がかえって損なわれるこの現象は、「クラウディングアウト」として知られる。道徳的な動機があるはずの行為に金銭の対価を支払うのがさもしいことだとみなされるのは、このためである。前述の独裁者ゲーム、つまり被験者の寄付額が増えても慈善団体が最終的に受け取る寄付金に増減はないという、寄付額決定の独裁者ゲームで献血者と非献血者をテストしたところ、献血者の寄付額は非献血者よりも多かった。温かい満足感が味わえるというそのことだけのために、献血者は多額の寄付を行ったのである[47]。

では、こうしたよい気分や嫌な気分はどこから来るのだろうか。こうした感情が生まれる原因は自分ではなく、周囲の人々にある。グループからの称賛に浴することを想像すれば誇りが湧き上がり、他人にだまされたと感じれば怒りが爆発する。社会化〔特定の社会の文化を身につけ、その社会に適応するまでの学習過程〕がこれほど強力で、これほどあまねく行き渡っているのはそのためである。温かい満足感のようなよい気分を味わうためには、他者がどう思うかを気にかけねばならない。人間はだれしも幼児期には両親から認められることに心を砕き、その後成長して青年期に入ると友人の意見に一喜一憂し、以後は他者に認可されよう、自分の人生を形作った価値観を広めようと努めながら成人期を送る。そうした価値観の中に、モノをどのように手に入れるか、そして入手したモノをどうするかも含まれている。

ホモ・エコノミクスよ、さらば

ホモ・エコノミクスが一度でも人間行動の妥当な説明であったことを示す証拠は皆無に等しい。人間が自己利益の極大化を図らないケースは多々あるからだ。ホモ・エコノミクスの最初期の提唱者の一人と目されているアダム・スミスも、人間がしばしば他者への親切心に基づいて行動することは重々承知だった。以下は、道徳の起源に関するスミスの記述である。

> 人間というものをどれほど利己的とみなすとしても、なおその生まれ持った性質の中には他人のことを心に懸けずにはいられない何らかの働きがあり、他人の幸福を目にする快さ以外に何も得るものがなくとも、その人たちの幸福を自分にとってなくてはならないと感じさせる。他人の不幸を目にしたり、状況を生々しく聞き知ったりしたときに感じる憐憫や同情も、同じ種類のものである。……社会の掟をことごとく犯すような極悪人であっても、悲しみとまったく無縁ということはない。(48)
>
> (『道徳感情論』村井章子・北川知子訳、日経BP社)

言い換えれば、人はだれでも不運な人の苦しみを感じ取れるし、人間には本質的に他者を助けたくなる何かが備わっているということだ。当然ながら、何度も同じ苦境を見聞きしたり、自らが疲弊していたりすると、他者の苦しみに無関心になってしまうこともある。だが困っている人を助けたいという思いに駆られるとき、その憐憫の情には、運よくそうした苦難を免れているという自らの立場が反映されている場合が多い。苦しんでいる人を見ると、その境遇をわが身に置き換え、もし自分がそんな不幸な目に遭ったらと想像してしまうのだ。数百年前に表明されたスミスのこの見解は、今日の神経科学によっても裏付けられている。人間の脳は他者の苦境をなぞり、模倣することができる。私たちは現に痛みを扱う脳領域で他者の苦境を処理し、他者の苦しみの一端を味わっているのだ。[49] この新たな知見に照らしてみると、目の当たりにした他者の苦しみを慈善行為によって和らげようとする行為には、自分自身のつらさを軽減するはたらきもあることがわかる。その意味では、慈善行為は利己心のない利他主義というよりは、むしろ自己利益の追求と言えるかもしれない。

資金や資源が不足する非常時には、人間は競争本能によって普段以上に利己的に行動しそうなものだ。非常時に迂闊な対応をすると、壊滅的な結果につながりかねないからである。だが実際には、逆境は人間の最善の部分を引き出すものらしい。共通の問題に協力して取り組む以上、困難なときに資源を分配するのは当然とも言える。共通の脅威に対しては、自己利益のために行動しがちな没個性化した傍観者としてではなく、グループで一団となって立ち向かうのが最善の解決策なのだろう。武力衝突の発生時に数多くの利他行動が生まれるように見えるのも、おそらくはそのためだ。戦争はいついかなるときも容認できるものではないが、グループの存続を危うくする出来事が集団としての責任感を醸成する理由は理解できる。だが残念ながら私たちは、人類にとって最大の脅威である気候変動が、世界の国々が一丸となって取り組まねばならない差し迫った危機であるとの共通認識を抱くところまでは、まだ到達できていないようだ。とはいえ、豊かな先進工業国が天然資源の開発で何世紀にもわたって利益を享受してきたことを思えば、発展途上国が自分たちももっといい思いをして当然だと考えるのは無理からぬところだろう。どの社会においても、社会の構成員全員が平穏で快適な暮らしをする機会を手にしてこそ、公平というものである。だが問題は、これで十分という限度が存在しないことだ。次章では、本書の核となる問い——「なぜ人は必要以上に欲しがるのか」を取り上げることにする。

第5章　所有と富と幸福

社会的成功の誇示

金持ちが自分の富を自慢するのは、富のおかげで世間の関心が自ずと自分に集まると考えるからであり、……反対に、貧しい人は貧困を恥じる。貧乏のせいで世間から無視されていると感づいているし、仮に世間が自分の存在に気づいても、自分を苦しめているこの惨めな困窮ぶりを思いやってくれることはまずないだろうともわかっている。[1]

アダム・スミス『道徳感情論』（村井章子・北川知子訳、日経BP社）

二〇一〇年、ニューデリーの小麦農家ビシャム・シン・ヤダフは、新郎の息子をわずか二マイル先の結婚式場にヘリコプターで送り届ける費用として、八〇〇〇ドル以上を費やした。この散財は話題を呼び、ついには七三〇〇マイル彼方でニューヨーク・タイムズの紙面を飾るに至った。[2]ビシャムは貧しい生まれだったが、近年のインドの好景気で懐が潤い、湯水のように金を使うようになった、いわゆる成金農家の一人である。直前に三エーカーの農地を一〇万九〇〇〇ドルで売却していたビシャムは、息子のために豪華な結婚式を催してやろうとしたのだ。ビシャムと違って一山当てていない一家であっても、年収に比べて不釣り合いなほどの大金を生活必需品でない贅沢品に費やす人々は世界中にいる。こうした世帯では、貧困の程度が深刻なほど、わずかばかりの収入を不必要な品に費やす割合が大きい(3)。だが、なぜそんなことをするのだろうか。

ビシャムの散財も度を越していた。彼は大金持ちではない。招待客にいいところを見せたいからというだけで、せっかく手にした資産の一〇分の一をヘリコプターのチャーター費に費やす余裕はないはずなのだ。だが、そうした散財をするのはビシャムだけではない。多くの人が、彼同様に周りに対して見栄を張り、自身の地位を誇示するために資産を使う。虚栄心の虜になる必要がないはずの資産家でさえそうだ。ジェニファー・ゲイツは、フロリダ州でドナルド・トランプが開催した馬術ショーで初めてトランプに会ったが、トランプが突然姿を消し、二〇分後にヘリコプターに乗ってふたたび会場に到着したのには驚いたという。トランプは華々しい再登場を演出するため、わざわざ車で会場を去ったに違いないと、ジェニファーの父親、マイクロソフト社創業者のビル・ゲイツは結論づけている(4)。インドの農家だろうとアメリカの億万長者だろうと違いはない。アダム・スミスが看破したように、裕福であることと同じくらい、裕福に見られるということが重要なのである。人間は見せびらかすのが好きだ。その手段の一つが、富を使った方法である。

人間は昔からモノを所有していたが、現在では物欲に歯止めがかからなくなっているように見える。これは家庭での消費が指数関数的に増加していることからも明らかだ。ジェームズ・ウォールマンは、行き過ぎた所有に警鐘を鳴らす著書『モノで窒息する現代の暮らし』[5]において、屋内火災でフラッシュオーバー（燃焼温度がある限界を超えると、家財が爆発的に一気に延焼すること）が発生するまでの時間を紹介している。三〇年前には約二八分だったフラッシュオーバー発生までの時間は、今日ではわずか三、四分と短くなっている。標準的な家財道具の量がそれだけ増えているのだ。とはいえ、家財を増やそうとする情熱はいまに始まったことではない。一六三ページに掲げた写真を見ていただきたい。これは一九世紀ヴィクトリア朝の応接間で、わが家にもほど近いイギリス、サマセット州のある邸宅内の一室を写したものだ。

みなさんはいくつの家財道具を見つけられるだろうか。カーペット、テーブル、椅子、スツール、長椅子、キャビネット、机、テーブルクロス、クッション、カバー、鏡、写真、絵画、素描、本、書棚、ろうそく、ろうそく立て、暖炉、炉格子、ランプ、スイッチ、振り鈴、ペーパーナイフ、皿、鉢、花瓶、植木鉢カバー、水差し、小像、オーナメント、大小さまざまな箱、ありとあらゆる小間物が所狭しと並んでいる。この写真をじっくり調べてみたところ、一室の中だけで一〇〇以上の異なるアイテムを数えることができた。いまでも写真を見るたびに新たな発見がある。遠いアジアやアメリカ大陸からの異国情緒あふれる品々もある。応接間をきらびやかに彩るマホガニーや象牙や絹は、イギリス諸島由来のものではない。この一枚の写真には、海外の島々を所有していたかつての大英帝国の栄華が切り取られているのだ。

これは富裕層の邸宅にあった応接間だが、モノが雑多にあふれかえったこうした部屋は、当時のイギリスの大半の中流家庭にとって、あこがれの基準だった。このレベルの裕福さは、ディケンズが『オリバー・ツイスト』や『リトル・ドリット』、『クリスマス・キャロル』など、社会の不正を扱ったさまざまな小説で鮮やかに描き出してみせた極貧の人々や救貧院とは、著しい対照をなしている。さらにこの写真は、産業革命の証でもある。ここに写る多くの品は、国内の工場で大量生産された製品だ。一九世紀を通じ、工業生産高でイギリスに匹敵する国はなかった。蒸気機関の発明と機械化によって一八世紀に始まった産業革命は、欧米諸国の近代化の端緒となった。産業革命前にはイギリス人のほとんどが田園地帯に住み、土地所有者ではなくとも、比較的自給自足に近いシンプルな暮らしを営んでいた。だがコモンズで放牧する小自作農にとっては、天候の影響を受けやすいために生活は容易ではなく、人生は予測不可能なものだった。田舎の人々は定期的に賃金がもらえる暮らしという保証を求めて大挙して都市に流入し、新設された工場で労働者として働き始める。こうして都市が巨大化するにつれ、人々の所有欲も増大していった。

機械が所有欲を満たしてくれた

歴史学者は昔から、消費主義の台頭を、産業革命と安い量産品の誕生に関連付けてきた。だが人間はそれ以前から多くのモノを、ことに新奇で入手の困難な異国の品々を所有しようとしてきた。歴史学者フランク・トレントマンは、過去五〇〇年間の消費主義を包括的に解説した著書『モノの帝国』[6]で、消費主義は産業革命以前から存在すると論じている。消費に関する懸念は、古代から存

サマセット州北部、ティンツフィールド邸宅内のヴィクトリア朝の応接間。
（著者撮影）

在した（ただし「消費《コンサンプション》」は、かつては資源を使い切ることを意味していた）。ギリシャの哲学者プラトンは非物質的な世界について記し、社会が物質的目的を追求する危険に警鐘を鳴らした。こうした所有への懸念は、何世紀にもわたって大半の宗教や数々の政治思想家によっても表明されており、そのなかにはホッブズ、ルソー、マルクスらも含まれる。彼らの憂慮のまなざしは、見境のない所有に見られる反道徳的な愚かさと社会的不平等はもちろんのこと、外国からの輸入品に大金を消費することの経済的帰結に対しても向けられている。

トレントマンによれば、ここ五〇〇年で消費主義が増大した原因は産業革命ではなく、むしろ貿易の拡大にある。新たな交易路が開拓され、帝国主義が広まったことで、消費者が購入できる品が増えたのだ。貿易が盛んになるに従い、大多数の国では「奢侈《しゃし》禁止令」が制定され、海外製品の購入が禁じられた。外国製品が売れると国内製品を買ってもらえなくなるからというのがその根拠だが、今日でもその懸念は根強く、多くの国が保護貿易主義の一環として国際貿易の規制を導入している。だが奢侈禁止令の制定には、社会的な理由もあった。概して国産品より高額な輸入品は、エリート階級のステータスシンボルとなった。奢侈禁止令を制定したのは、平民が紳士階級に間違えられるのを防ぐためだったのである。イギリスではかつて、平民が絹の服を着たり、牛肉や羊肉を食べたり、一定数以上の客を結婚式に招待するのは禁じられていた。だが一八世紀に産業革命が起きた頃には、奢侈禁止令の大半はすでに廃止されていた。産業革命は、平民のあいだにもとっくに行き渡っていた飽くなき所有欲をただ満たしたにすぎない。わざわざ説得を試みずとも、大衆は生活必需品でないモノも数多く欲しがった。所有欲は人間の基本的な欲求であるらしい。

富裕層はいつの時代も好きなものを購入できたが、産業革命で新たに生まれた消費者層もまた、できるかぎり多くのモノを所有したいと望んだ。一八世紀より前の製品は大部分が手作業で作られており、制作に多大な手間がかかるために高額だった。たとえば繊維産業がオートメーション化される以前は、職人一人が糸車を回し、一度に錘《つむ》一つ分の糸しか紡げなかった。一七六四年にイギリスでジェニー紡績機が発明され、のちに動力として水車が使われるようになると、一度に一〇〇個の糸巻きで糸を紡げるようになった。さらに動力としての蒸気機関の発明と機械化によって、紡績の工程が短縮されただけでなく、必要な工数〔人数かける時間で求められる仕事量〕も減らせるようになった。

生産コストは急落し、生産高は増加した。オーストラリアの工学者シャロン・ビーダーは、消費主義の高まりに関する歴史的分析[7]の中で、一八六〇年から一九二〇年のあいだにアメリカの人口増加は三倍にとどまった一方、製造業生産高は一二倍から一四倍に増加しており、かなり深刻な過剰生産の問題が生じたと指摘している。工業化された欧米各国でも同様の問題が浮上した。生産コストの低減は必要な工数の減少を意味するが、企業のトップは労働者の週間勤務時間を減らすのではなく、賃金を引き上げるほうを選択した。家庭の購買力を高め、商品の需要を維持するためである。

アメリカでは一九一〇年から二九年にかけての好況期に、給与が四〇％増加した。労働者は多くの金を製品の購入に費やし、多額の資金が流入した株式市場は、投機による一時的なバブル景気に沸く。一九二九年、ついにバブルが弾けてウォール街大暴落が起こると、やがて大恐慌が引き起こされ、世界的な景気後退がその後一〇年続くこととなる。第二次世界大戦後、緊縮財政の時代が終わると、労働者が勤務時間短縮より昇給を求めたことで消費は拡大し続け、「どんなものを買えるか」が生活水準を規定する目安となっていく。

「黄金時代《ゴールデンエイジ》」と呼ばれる一九五〇年代から六〇年代にかけての好況期には、各地に保育所が整備されたことで女性の社会進出が進む。この頃から働きがいよりも所有欲の充足が優先されるようになり、労働者はより多くの消耗品を買えるよう、高給の仕事を選ぶようになる。(8) 以前は高品質の製品を生み出すことでやる気を起こしていた労働者が、所有欲を満たすためという動機で働くようになったのである。一九七〇年代と八〇年代の欧米の政治情勢は、この所有欲にさらに拍車をかけた。マーガレット・サッチャーやロナルド・レーガンら首脳は、政府に頼る他力本願な姿勢よりも、自分で自分の人生をコントロールすべきだと一般市民を焚きつけた。一九一四年のイギリスでは持ち家は住宅全体の一〇分の一にすぎなかったが、一〇〇年後には持ち家の比率は全体の三分の二に達している。(9) 私的所有が公営住宅や公共サービスに取って代わり、社会は個人の自立を拡大する方向へとシフトしていった。

欧米諸国では一九八〇年代、「強欲は善だ（グリード・イズ・グッド）」がまかり通り、「ヤッピー」が台頭した。それを象徴する人物が、企業の腐敗を描いたオリヴァー・ストーン監督の大ヒット作『ウォール街』（一九八七年）に登場し、くだんのセリフを吐いた投資家、ゴードン・ゲッコーである。政府は積極的に消費を奨励する政策をとり、まさに大恐慌前夜をなぞるかのように歴史はくり返された。投機ブームの末、二〇〇八年、世界金融危機が起きる。引き金となったのは前年に発生したアメリカのサブプライム住宅ローン危機だが、その直接の原因は、異常な価格上昇を記録していた住宅バブルだった。大衆は住宅価格の高騰に酔いしれ、金融業者は融資の手数料で得られる利益を嬉々として享受した。だれもが賃貸より持ち家を所有したがった。持ち家こそ成功の証だとそそのかされたからである。もっと家を買うために人々はさらに金を借りたが、銀行が債権回収を始めたことで金融システムが瓦解した。好況と不況が交互に訪れる景気の波に拍車をかけたのは、いつの時代も、さほど入り用でないものを次々に所有しようとする人間の強迫観念だった。

クジャクの尾

工業化がもたらした消費主義の急激な高まりには、批判者も現れた。一八九九年、経済学者ソースティン・ヴェブレンは、銀のスプーンとコルセットがエリート層の社会的地位を示す指標となることに着目した。過度な消費主義を批評したヴェブレンの論考で初めて用いられたのが、「見せびらかしの消費（顕示的消費）」という用語である。機能に差がない場合でも、安価な商品より高額な商品を買いたがる消費者の傾向を指す。ヴェブレンいわく、「そのような基準をめざす動機は、対抗心である。比較され差別されることに煽られ、ふだんから自分と同類とみなしている他人を上回りたいという気持ちに火がつくのだ」[10]（『有閑階級の理論』村井章子訳、筑摩書房）。つまり消費者は、周りと比べて自分がいかに裕福かを誇示したくて、贅沢品に大金を費やすのである。なぜそんなことをするのだろう。そのわけは、じつは生物の進化に潜んでいる。

第２章で見たように、動物はみな生存競争を行っている。繁殖を成功させ、自分の遺伝子を子孫に伝えられるかどうかも競争の一端だ。遺伝子が体と脳を形作り、その脳が行動を制御することで、生物は同じ遺伝子を持つ次世代の個体を作る。したがって、生き残るためだけではなく、繁殖するためにも生物は競争せざるを得ない。繁殖の競争に勝つ一つの方法は競争相手を力で撃退することだが、それだと怪我や死のリスクが生じる。そこで代わって生まれたのが、異性に対して自分がいかに優秀かをアピールし、ライバルではなく自分を交尾の相手に選んでもらうという戦略である。

多くの動物は、つがい候補として自分がいかに適切かを伝える何らかの特徴を進化させている。こうしたシグナルは、色とりどりの羽毛や入り組んだ形の角《つの》といった付属器官のこともあれば、大きな鳴き声のような誇示的なふるまいであることも、またアマミホシゾラフグやニワシドリのように、複雑でデリケートな求愛用の建造物作りである場合もある。このような身体的な特徴や時間のかかる求愛行動はかなりの代償《コスト》を伴うが、それだけの価値はあるに違いない。でなければ、このようなコストのかかる適応はとっくに自然選択によって淘汰されているはずだからだ。

このコストリー・シグナリング理論を用いると、一見すると不経済な特徴が、じつはその個体が他の好ましい特性を持っていることを示す信頼に足る指標である理由が説明できる。コストリー・シグナリングの申し子とも言えるのが、オスのクジャクだ。最上の遺伝子の持ち主であるというシグナルをメスに送るため、凝った色合いの扇形の尾を進化させた鳥である。この滑稽なほどけばけばしい尾羽について、チャールズ・ダーウィンは一八六〇年に「クジャクの尾羽を見るたびに、嫌な心持ちになります」と書いている。ダーウィンの嫌悪感の理由は、クジャクの尾が生存のために最適化されていなかったからだ。重すぎ、生やして維持するのにエネルギーがかかりすぎ、クリノリンで膨らませたヴィクトリア朝のドレスさながら邪魔になるうえ、効率的な動きに適した流線型とは程遠いのである。デメリットがこれほどあるのに、クジャクの尾はなぜあのように進化したのだろうか。

重い尾を見せびらかす行為は、それによって生じる危険や不便さを考えれば明らかに不利である。だがそれは同時に、その個体の遺伝子の優秀さを示すシグナルでもある。たとえば、尾の目玉模様の数が多いクジャクは、それだけ免疫力が高い。(11) 病気のクジャクは羽が抜け、羽毛も貧弱になるため、尾が豪華でない個体は病弱とわかる。(12) 大きな尾はコストのかかるディスプレイではあるが、より生存に適応した遺伝子を持っていることと相関しているのだ。

シグナリングにはまた、競争相手との身体的な衝突を減じる効果もある。なわばりをめぐる争いを避ける方法として最初の占有者ルールが進化したのと同様に、動物界の多くのオスは、自分がいかに壮健かを競争相手に警告する手段としてシグナルを使う。特定の体勢をとる、吠える、突進する、水しぶきを立てる、胸を叩くなどはどれも、おれはお前を傷つけることができるぞと示し、実際の身体的衝突を諦めさせようとする行動である。

人間もシグナルに反応する。私たちには、左右対称《シンメトリー》な体やきれいな肌といった、配偶者候補が性的魅力を感じる身体的特徴が備わっている。なかには周りよりもそうした特徴に恵まれている人もおり、彼らは美男美女と呼ばれるが、何をもって魅力的と感じるかには、当然ながら少なからぬ文化的差異や個人的な好みが影響する。もしあなたが絶世の美男美女ではない場合、所有物によって自分は成功者であるというシグナルを送り、配偶者候補として適しているとアピールすることが可能だ。生まれつきの美しさに恵まれずとも、クジャクの尾に倣って物を所有することで、その弱点をカバーできる。ブランド物の服や高価な時計、ヘリコプターに乗っての登場などで成功のシグナルを送れば、自分の評判を高めることが可能なのだ。

配偶者候補の歓心を買う方法として見せびらかしの消費を生物学的に説明したこの理論は、近年の研究によっても裏付けられている。男性被験者に雄性ホルモンのテストステロンか偽薬《プラセボ》を投与したのち、ステータスシンボルとしての価値が異なる時計を評価してもらうという実験だ。(13) テストステロンは、動物界におけるさまざまなオスの繁殖行動や社会行動、とくに競争などの、地位《ステータス》に関連した行動と深く結びついている。実験では成人の男性被験者に、三つのそっくりな時計を評価してもらった。それぞれの時計は、クオリティの高い時計、優れたパワーを持つ時計、ステータスを上げてくれる時計だと説明された。不活性なゲル（プラセボ）を投与された男性は、三つの時計をどれも手に入れたいアイテムとして等しく評価した。だがテステステロン入りのゲルを与えられていた男性は、ステータスを上げてくれると説明された時計を好んだのである。私たちは所有物によって異性を惹きつけ、競争相手を怖気づかせる。こうした見せびらかしの消費は、社会的な見せびらかし行為《ソーシャル・ピーコッキング》の一形態なのだ。

魅せるファッション

世界の高級品市場は推定一兆二〇〇〇億ドル規模で、そのうち個人向け高級品は二八五〇〇億ドルを占める。[14] ブランド名は目に見える形での製品のアイデンティティーであり、高級品には欠かせない構成要素でもある。胸元にシンプルなロゴが一つあるだけで、驚くほどの影響力が発揮される。ある研究によれば、高級ブランド（トミー・ヒルフィガーとラコステ）を身につけていた人々は、地元の古着屋やリサイクル店で購入した服を着ている人より、仕事のオファーを受けやすく、他人から資金を集めやすく、概して要求を呑んでもらいやすかったという。[15]

高級ブランド企業は偽ブランド品や模倣品を作った者を提訴し、精力的にブランド・アイデンティティーを守っている。顧客もまた同様に、ブランドが本物であることを高く評価する。タリア・ガーソウと私はこの点を調べるため、アメリカとインドの八〇〇人以上の成人を被験者とする研究を行った。[16] 被験者にはオリジナルと見分けがつかない精巧なコピー品を作れる複製機を想定してもらい、オリジナルとコピー品それぞれに値段を付けてもらった。どちらの文化に属する成人もコピー品の評価はオリジナルより低かったが、その差はアメリカ人のほうがより顕著だった。高級品を買う人の心理もこれと同じだろう。高級品の購買者はそれがオリジナルであることを想定しており、たとえ実質的に本物と見分けのつかないほどそっくりであっても、真正品でない場合にはだまされたと感じるのである。

また、シグナルとしての効果を発揮するためには、高級品は庶民には手の届きにくい価格でなければならない。そうであってこそ高級感が生まれ、購買者にとっての魅力が生じるのである。高級品の購買者は、自分たちをエリート層たらしめる特権や機会をシグナルとして発信している。私たちはこうしたあらゆるシグナルを集め、相手がどの程度のサラブレッドかを判断している。あなたがもし名門大学の学生なら（大学カラーのマフラーがシグナルだ）、おそらく裕福な家庭の出身か（当たり《チェック》）、優れた頭脳や特技の持ち主だろう（チェック）。あなたは同じような属性を共有する他の社会的成功者と親しみ、そうした人脈を通じた同様の仕組みによって、得をしそうなチャンスを広げていく（チェック、チェック）。経営者もリスク回避のために同様の選考過程を重視するため、成功者に有利になるよう構築された制度がずっと続くことになる（さらに多くのチェック）。他の採用方法をとればより公平ではあるだろうが、リスクが高まるのも事実だ。

もしあなたがそうした機会や特権に恵まれず、有名大学に行けなかったとしても、高額な商品に投資することで、自分は成功者だという偽のシグナルを送ることが可能だ。あるいは実際に成功するまでは、ブランドの模倣品でごまかすこともできる。成功者とみなされることでチャンスが転がりこみ、その後成功する確率が高まるからだ。成功者のふりをする必要がない人でも、偽のシグナルを送りたくなるものらしい。俳優のチャーリー・シーンによると、レストランでのディナー中にたまたま会ったドナルド・トランプが、結婚を間近に控えたシーンへのお祝いとして、身につけていたプラチナとダイヤモンドのカフスボタンを外し、贈ってくれた[17]。ところが数か月後、なんとそのカフスボタンは安価な模造品であることがわかったというのだ。あいにく偽物ではあったものの、トランプがその場の思いつきで贈り物をしたのが、権力を誇示するシグナルとしての行為であったのは間違いない。シーンはトランプ大統領候補の情けない性格を示す証拠としてこの話を全国放送のテレビ番組で暴露したが、ステータスシンボルが持つ魅力に弱いという意味では、私たちだれもが責めを負うべきではないだろうか。

私たちは何かと感銘を受けやすく、表面的な証拠に基づいて判断を下しがちだが、ときには高級品を身につけることで自信が高まり、心身がより健やかになる場合もある。デザイナーズブランドの服を着ることで自分自身に満足し、それが自己強化につながるのだ。高級ブランド服を着ていると特別な存在になったような気がし、それに応じたふるまいをするようになる。高級品は人間の脳の快楽中枢を刺激する。まったく同じワインを飲んでいても、高級ワインだと信じている場合には、安物を飲んでいると思っていたときに比べてワインの味がおいしく感じられるだけでなく、快い体験に関連した脳の評価システムがより活性化するのである[18]。ここで重要なのは、実際に高級品かどうかではなく、高級品だと信じているかどうかだ。ハーバード・ビジネス・スクール教授フランチェスカ・ジーノの研究によって、クロエの模倣品だと信じているサングラス（実際には本物）をかけている人は自分が詐欺師になったような気分になり、テストでカンニングをする率も上がることがわかった[19]。「成功するまでは成功者のふりをしろ」という格言は実行可能かもしれない。だが実行した場合、多くの人は、心の奥底ではペテン師になったような気分を味わうのである。

高級品の所有は豊かさのシグナルとなるが、好んで安っぽい格好をするのも（皮肉なことに）最富裕層であることが多い。ことさら努力する必要がないという点をことさら努力してアピールする行為を、「カウンターシグナリング」と言う。シリコンバレーではいまや高価な服やスーツを着ずにジーンズとスニーカーで済ますのが常識で、そうしないと体面にかかわるのではと危ぶまれるほどだ。そうすることで、「私はステータスよりテックに関心があるんですよ」というシグナルを送っているのである。こうしたカジュアルな装いは、どこにでもパーカや普段着で登場するフェイスブックのマーク・ザッカーバーグの影響と見て間違いないだろう。ジーノの研究により、典型的ではない服を着るカウンターシグナリングの行為が、それ相応の状況下においては、むしろ周囲の尊敬を集めることがわかっている。ある実験で、ジーノはミラノの最高級ブランド店で働く店員たちに、買い物客二人の格付けをしてもらった。[20] ジム用のトレーニングウェアを着た客と、ドレスに毛皮のコートを羽織った客の二人である。店員は一般の人よりもはるかに高い割合で、ジムウェアの客のほうが多くの金を落とし、店の最も高い商品を買うこともできると予想した。彼らは経験上、金持ちはあえて安っぽい格好をしてカウンターシグナリングをすることが多いと知っているのである。

カウンターシグナリングが意味を持つのは、権威への挑戦や自信を示すために意図的に規範に背く場合だけだ。複数の研究によれば、一流大学ではひげをきれいに剃った身なりのよい教授よりも、Tシャツ姿でひげを生やした教授のほうが学生の尊敬を集めるが、大学が一流でない場合にはその反対の現象が起きる。[21] ジーノはこのカウンターシグナリングを「レッドスニーカー効果」と呼ぶ。あるセミナーにビジネススーツに赤いスニーカーという格好で出たところ、経営者や重役たちから実際より高い講師料をとり、実際より多くの顧客を抱えた人物だと思われたために、つけた名だという。一九八五年のエミー賞授賞式では、トップスターのシビル・シェパードがドレスにオレンジ色のリーボックのスニーカーを合わせて話題を呼んだ。シェパードは「そのほうが楽だったからよ」と理由を説明したが、これはレッドスニーカー効果の実行例でもある。それほど有名でなくステータスの低い女優であれば、自分は一流なのだから格式高い場に好きな靴を履いていっても大丈夫だなどと考えることはせず、黙ってハイヒールの痛みに耐えていただろう。

高級ブランド企業にとってネックなのは、できるだけ多くの製品を売りたい一方で、だれもが自社製品を手にしてしまったら、あこがれの対象であるステータスシンボルとはみなされなくなる点である。イギリスの高級ファッションブランドのバーバリーは、二〇〇〇年代初頭の一時期、イギリス国内の売上が急激に減少した。キャメル地にチェック柄というトレードマークのデザインが、「チャブ」のあいだで流行したからである。チャブとは、ブランド物と安物のアクセサリーとサッカーに目がない、年収が低い社会集団を指す侮蔑的な呼称だ。チャブとの連想がはたらいたことでブランド価値を損なわれたバーバリーは、高所得層向けに路線を切り替え、製品価格を上げる必要に迫られた。[22]

高級品のシグナリングにおけるもう一つの問題は、模倣や一時的な入手が容易にできる点である。高級ファッションや高級車を一日だけレンタルすれば、ねらいすましたシグナルを送ることが可能だ。高級ブランドの見せびらかしシグナリングの価値は価格とともに上昇していくが、それもある段階で頭打ちとなる。そのレベルを超えた真に裕福な人々は、ブランドの所有者であると気づかれるのを厭うようになるのだ。高級品市場では、ブランド名を誇示しない高品質な商品に大金を出したがる富裕層が増え、ヴェブレンの概念「見せびらかしの消費」が皮肉にも裏返しとなった、「見せびらかさない消費」とも言える新たな現象が起きている。こうしたエリート層向け製品はブランド名を前面に押し出さないデザインへと方針転換しており、ルイ・ヴィトンがお決まりのあの「LV」のロゴを高所得層向けのバッグから取り去ったのもその一例である。大成功を収め、富豪となった人々は、もはや大衆と競い合う必要はない。後述するが、こうした超富裕層は一般人の妬みを買わないように気を遣う。その一方で、真のエリート層だけが入手でき、見てそれとわかるさりげないシグナルをこっそり発信する楽しみを諦めてはいない。だからこそ最上級のハイエンドブランドでは、大量販売が不可欠な一般向けの高級ブランドに比べ、ロゴを目立たせないデザインを増やしているのだ[23]。

人は財政状態だけでなく、美徳や性格上の特徴も他者に伝えようとする。慈善行為を目にすると、私たちの心には、どのような動機で他人を助けようと思ったのだろうという興味が湧く。冷笑的な人は、こうした自己犠牲を伴う親切な行為は必ずしも善意から生じているのではなく、「美徳シグナリング」によって好ましい性質をアピールするという利己的な理由に基づいているか、自分は善人だと他者に知らしめようとしているだけだと考える。気前のよさをアピールする現象は世界中の文化で見受けられる。文化人類学者エリック・スミスとレベッカ・ブライジ・バードは、オーストラリア北部のメリアム族のウミガメ狩りを通して、この種の気前のよさについて研究している[24]。メリアム族は採取または狩りによってウミガメを入手する。産卵期のウミガメをビーチで採取することはだれにでもできるが、海中でウミガメを狩るのは最高の戦士でなければなしえない至難の業だ。だがハンターは捕ったウミガメの肉を自分のものにはせず、近所に分けたり、宴席に供したりする。仲間に血を分けるナミチスイコウモリとは違い、これは互恵的利他行動ではない。後日お返しに肉をもらうことを期待しているわけではなく、自分の美徳やステータスをシグナルとして発信する行為なのである。ウミガメ狩りは熟練の腕を要するため、それだけでシグナリングの価値は高まる。

ハンターの気前のよさに計算高さが垣間見えると、集落の者は眉をひそめる。だれもがこれは気前よく見せるためのシグナルにすぎないと知っているにもかかわらず、ハンターは無条件の気前のよさを備えていると見せかけなければならない。そうして初めて、ハンターは好ましい評判を立ててもらえるのである。

相対性という基本原理

見せびらかす消費とシグナリングは、どちらも他者と競争する手段にすぎない。人はステータスのシグナルとして高級品を買うが、それによって高級品フィーバーの問題が生ずる。他人より少しでもいいものを手に入れようと、どんどん多くの金を使うようになるのだ[25]。それはやがて相手より一歩でも先んじようという終わりなき戦いへと発展する。自分より裕福な人間はつねにどこかにいるため、戦いが終わることはない。たとえ自分が一番裕福だったとしても、私たちにはなかなかそうは思えない。第2章で見たように、自分は正当な給与をもらっていない、ほかの同期の社員のほうが多くもらっていると感じる場合が多いからだ。生産性を上げて稼ぎを増やし、ライバルをしのぐことができるのなら、この競争にも建設的な意味があると思えるかもしれない。だが、つねに自分より裕福な富裕層が存在するとしたらどうだろう。勝ち目のない競争にすべての努力をつぎこんでしまえば、結局は負けて気落ちする危険があるだけでなく、すでに手中に収めたものに幸せや楽しみを見出すこともできなくなるのではないだろうか。

私たちは優先すべきでないものを優先し、そこに心をとらわれている。所有物や富を絶え間なく追い求めるのではなく、いま自分が手にしているものをじっくりと時間をかけて顧みるべきだ。

「ティナ」と「マギー」という二人の人間がいるとしよう。あなたは二人のうち、どちらによく似ているだろうか（性別が気になるようであれば、ティナの代わりに「トム」、マギーの代わりに「マイケル」と置き換えていただいても構わない）。

ティナは金銭より時間のほうが大切だと思っている。時間を手に入れるためには、金銭を犠牲にしても構わない。たとえばティナは、長時間働いて収入を増やすよりは、就業時間を減らして収入を減らすほうを選ぶ。

マギーは時間より金銭のほうが大切だと思っている。金銭を手に入れるためには、時間を犠牲にしても構わない。たとえばマギーは、就業時間を減らして時間を手に入れるよりは、長時間働いて収入を増やすほうを選ぶ。

四五〇〇人以上の成人を対象にした研究によると、ティナまたはトムに共感し、金銭より時間のほうが大切だと答えた人は、「マギーやマイケルに共感する人より自分たちはずっと幸せだ」と述べた[26]。この結果は、一見すると奇妙に思える。アンケート調査で選択肢を選んでもらうと、時間より金銭のほうが大切だと答える人が多いからだ。だがこれは、二〇世紀を通じて消費主義が拡大していった流れと矛盾しない。だれでももっとお金が欲しいと考えているが、通勤中の労働者にどちらが大切ですかと聞けば、もっと時間があるほうがいいと答えるだろう。[27]おそらく日々の通勤のつらさを苦々しく思ってはいるが、経済的な見返りがあるのだからと自分に言い聞かせ、より幸福になれると信じて耐えているのだ。収入が多ければ贅沢品がもっと買えるから幸せになれると私たちは考えるが、真に価値を置くべきなのは時間という贅沢である。

私たちの多くは金銭こそ幸せへの近道だと確信し、社会に出たらできるだけ多くの金を稼ごうとする。一九七〇年代に約一万三〇〇〇人の大学一年生にインタビューを行い、なぜ大学に通うのか尋ねたところ、最も一般的な理由は「お金を儲けるため」だった。だが自分自身を物質主義的だと評した学生は、二〇年後には概して人生に不満を感じ、精神疾患の発症率が高かった。これは相関研究であり、最も裕福になった人が必ずしも最も不幸だったわけではない。しかし経済的に成功すれば幸福になれるだろうというありがちな予測を立てても、実際にはそうはならないのは確かだ。[28]

なぜ人は富によって幸福になれないのか。なぜすでに手中にしたものをありがたがることをせず、もっと欲しがってしまうのだろう。それを理解するためには、ひとまず幸福という複雑なものから目をそらし、最も単純なレベルの脳の構成要素で、意思決定がどのように行われているのかを知る必要がある。人間は生きる上での決断をいくつかの基本原理に基づいて下しているが、それはどのような原理なのかを考えてみることにしよう。基本原理の一つは、相対性だ。アインシュタインが相対性理論で述べたように、相対性は宇宙における時間と空間の基本的な物理法則だが、それだけではなく、地球上の生命の根幹をなす原理の一つでもある。生き物はみな、相対比較の基本原理に則って活動している。人間の脳の最も単純な構成要素すら、相対的な機構である。

脳は、複雑な処理システムだ。脳内に入ってきた情報は電気活動のパターンへと変換され、そのパターンが神経細胞《ニューロン》のネットワークに伝えられる。こうして世界が解釈され、人間のあらゆる思考や行動が生み出されていくのだ。ニューロンの電位が一気に上がることを「発火」と言うが、情報はニューロンの発火率が変化することで処理される。私たちの身体が世界と複雑な相互作用を行うことができるのも、脳に電気活動を伝えるネットワークがあるおかげだ。個々のニューロンの電気活動を音としてスピーカーから出力すると、放射線測定器《ガイガーカウンター》のような小さなカタカタする音が聞こえる。音は時折大きくなってはまた収まるが、やがてマシンガンのような連続音がやかましく鳴り始める。被験者が受け取ったばかりの新しい情報に興味を引かれたために、ニューロンが盛んに発火し始めたのだ。

こうして情報は処理され、電気活動の分布パターンとして脳内に貯蔵される。だがこうしたニューロンの発火が起きる閾値は、時間が経つにつれ、また活動がくり返されることで、変化していく。一連の同じシグナルが何度も入ってくると、ニューロンのネットワークはやがて順応し、発火の閾値が上がる。言い換えれば、学習するのである。順応したネットワークがふたたび反応するためには、ニューロンのより大きな活性化が必要になる。このように、同じ出来事を何度もくり返し経験すると、やがて慣れや飽きが生じ、人は新たに好奇心をそそられる目新しいものを自然と選好するようになる。つまり私たちがありとあらゆる新しい体験を探し求めようとするのは、脳が退屈しているからなのだ。新しい体験とは、ニューロンを刺激する単純な興奮から、多種多様な人間活動まで多岐にわたるが、買い物という複雑な行為もそうした体験の一端である。体験の種類は問わない。人間はつねに、何か新しいことはないかと目を光らせている動物なのだ。

消費者につねに新商品を買い求めてもらう動機づけ因子の一つが、新奇さである。人が最先端のクールなものを欲しがるのは、いま持っているものに飽きてしまい、違うものが欲しくなるからだ。(29) 製品が「新しい」か「改良されて生まれ変わって」おり、これまでにない違った体験ができるという点を広告主があの手この手で強調するのは、偶然ではない。新たな見返りが見込めると、それによって脳の注意機構が刺激され、渇望や欲望が生じる。だがたいていの体験がそうであるように、人は喜びに慣れるものだ。欲しいものが手に入ると、また別の一番いいものはないかと辺りを見回し始め、こうして終わりなき悪循環にはまる。これを「快楽順応」と言う。

最高に刺激的な体験すら、退屈なものになりうる。交尾をくり返すと性的関心が薄れる種は多く、とくにオスにその傾向が顕著だ。だが新奇さが加わると、「クーリッジ効果」と呼ばれる現象が起きる。新たな性交渉の相手が現れると、関心と交尾能力の再活性化が起きるのである。ポルノがこれほど人気なのも一つにはそのためだ。性的欲求を満たす新奇なイメージを、ポルノはあたかも無限に供給してくれるように思えるからである。クーリッジ効果という名称は、アメリカのクーリッジ大統領夫妻が政府直営農場を訪れた際の逸話に由来する。雄鶏が頻繁に交尾をくり返すのを目にし、行為の回数が一日数十回に及ぶと案内の者に説明された大統領夫人は、一説によるとこう言った。「主人が来たら、いまのお話をしてやってちょうだい」。その後夫人の言葉を耳にした大統領は、「相手は毎回同じ雌鶏なのか？」と聞いた。「いいえ、まさか、大統領。毎回違う雌鶏です」。それを聞くと、クーリッジ大統領は言葉少なに答えた。「妻にその話をしてやってくれ」

望ましい池の選び方

ニューロンのレベルで真なことは、ネットワークの上位に行っても真である。複雑な行動におけるあらゆる局面には順応が生じる。景色、音、味、匂いなどの感覚の体験は、つねに相対的なものだ。言い換えれば、判断はすべて比較に基づいて下されている。あなたは目覚めているあいだずっと、相対的な体験を続けているのだ。あなたの人生は、絶え間ない相対比較の実践にほかならない。眠いか頭が冴えているか、小腹が空いているか死ぬほど空腹か、退屈か興味深いか、嬉しいか悲しいか、すべては比較の問題である。そして基本的な体験で真なことは、自己評価と人生の価値基準においても真である。

経済学者ロバート・H・フランクが指摘したように、相対性は、人間の経済行動における基本原理の一つでもある。フランクは著書『望ましい池の選び方』[30]で、人間の経済的意思決定はステータスによって誘導されているが、ステータスとは実のところ相対的な尺度であると論じている。隣人がみな五〇〇〇平方フィートのマンションに住んでいる地域で四〇〇〇平方フィートのマンションに住むよりは、それより床面積が小さくても、隣人がみな二〇〇〇平方フィートのマンションに住んでいる地域で三〇〇〇平方フィートのマンションに住みたいと思う人が多いのは、そのためだ。同様に、同僚がみな年収二五万ドルを稼いでいる会社で一〇万ドルもらうよりは、同僚が二万五〇

○○ドルを得ている会社で五万ドルもらうほうを好む人が多い理由も、相対性で説明できる[31]。絶対的な年収が少なくても、周りより多くもらえていればそれでいいのだ。私たちは社会的成功を、他者との比較で評価する。そのじつに驚くべき実例が、オリンピックのメダル獲得に対する情動反応の分析で紹介されている[32]。オリンピックに出場できること自体が並外れた業績とみなされるべきであるにもかかわらず、銀メダルを獲得したオリンピック選手は失望感を味わう場合のあることが、分析によりわかっている。銀メダリストが満足できないのは、自分を勝者である金メダリストと比べているからだ。対照的に、銅メダリストはメダル獲得を逃した競技者全員と自分を比べ、自分のほうがいい結果を残せたと考え、満足する。自らの成果や業績の見定め方も、相対的なものなのである。大きな池に棲む大きな魚でいるよりは、小さな池に棲む大きな魚でいるほうが気持ちがいいものなのだ。

人間のとるあらゆる行動は、他者との競争になりうる。食事の仕方からランニング大会に至るまで、あらゆる分野において、他者がそばにいるだけでパフォーマンスが向上することが知られており、これを「社会的促進」と言う[33]。自分は足の速いランナーだと思っている人がいるかもしれないが、その能力はじつは他人がどれだけ速く走れるかにかかっているのだ。セレンゲティ国立公園でライオンから逃げようとする二人のランナーのジョークを紹介したが、その話でもわかるように、自分について考えるときに最も重要な尺度は、絶対値ではなく相対比較なのである。

それを示す典型的な例が、車の所有だ。多くの人は、運転する車の価値によってステータスを示そうとする。高級車は概して馬力が高く、良質な作りで、最新ガジェットもすべて備わっているが、大多数の人が感心するのはその価格だ。信号が青になっても前の車が動かないというとき、その車が高級スポーツカーだと、オンボロ車に比べてクラクションを鳴らす人が少ない(34)。こうした高級アイテムは、「地位財」と呼ばれる。持ち主を、社会的地位の序列である「社会のはしご」のどこに位置づけるかを決めるはたらきをするからだ。地位財の価値は絶対的ではなく、相対的なものだ。地位財を買う理由はステータスとみなされるものを強化するためかもしれないが、実際には高級アイテムは所有者のステータスそのものではなく、所有者に対する他者の〝見方〟を変えるものだ。これは、ステータスのシグナルを送る欲求が住宅や肩書、学歴などでは満たされず、個人で持ち歩ける高級な所持品が必要とされる社会集団に属する人々にとっては、極めて重要な問題となる。

私たちがステータスシンボルに弱いのは、承認されたいという強い欲求があるからだが、これは自衛の手段でもある。人間は互いに依存する生き物となったことで、孤立への脆弱性が生じ、孤立すると精神の健やかさだけでなく身体の健康も損なうようになった。最近になってわかってきたことだが、社会的孤立は、早期死亡の可能性をなんと約三〇%も増加させるのである(35)。これは死亡リスク因子としては、孤立が肥満や中程度の喫煙よりも危険であることを意味する。気づいてもらうためには、シグナルを発さなければならない。他者に評価され、価値を認めてもらわなければならないのだ。見せびらかしの消費が大多数の人にとって極めて強力なシグナルである理由の一端は、そこにある。私たちが他者に感銘を与えたいと欲するのは、それによって社会のはしごの上段に据えられ、社会集団内での地位を確保できるからだが、それに加えて、社会的に排斥されやすい恵まれない人々のいる、はしごの最下段を避けるためでもある。

他者との比較による評価、また他者から下される評価に敏感なのは、人間心理の基本要素だ。人間がつねに自他を比較するということの点を明快に示したのが、心理学者レオン・フェスティンガーの提唱した社会的比較理論である。フェスティンガーは多大な影響を与えた一九五四年の論文で、人間の資質に関する評価基準の大半が自己をだれと比較するかに左右される以上、自己の客観的評価というものは存在しないと述べた(36)。個人の属性においても真なことは、所有に関しても真である。私たちは絶えず自分の所有物を他人の所有物と比較するが、相手はだれでもいいわけではない。ビル・ゲイツやマーク・ザッカーバーグ級の世界の大富豪と比べても自分が裕福だと思える人は、ごくわずかだろう。だから普通は彼らとの比較は行わないし、スラムや貧民街で極貧にあえぐ無数の人々と自分を比べることもない。そうではなく、最も関係の深い比較対象である隣人や同僚と比べることで、自己を評価する。そして自他の差異を正確に把握できないがために、人生という表彰台において、心理的にはつねに銀メダルの位置に終わるのである。

ブリンブリン・カルチャー

ヒップホップのミュージックビデオを見ると、派手で目立つゴールドの装飾品、高級車、美男美女、シャンパンが、ひっきりなしに画面や歌詞に登場することに嫌でも気づかされる。こうした派手な装飾品や生活スタイルは一般に「ブリンブリン」と呼ばれる。驚いたことに、本来こうした贅沢品を買う余裕のない人々も、成功者に張り合うかのように、なけなしの金をはたいて人気のブランド品を購入している。二〇〇七年に経済学者グループが発表した、アメリカにおける見せびらかしの消費と人種に関する研究によると、アフリカ系アメリカ人とヒスパニックは、可処分所得のうち、宝石、車、身だしなみを整えるためのパーソナルケア商品、衣服に費やす費用が、同じ所得層の白人に比べて二五％多い(37)。なぜそうなるのだろうか。

わかりやすい例として、ヒップホップスタイルのトレードマークであるスニーカーを見てみよう。スニーカーは一九世紀後半に「運動靴」として産声を上げた。普段履き用の多目的ゴム底靴として、クロッケーの試合や海辺の散歩などのアクティビティ向けにデザインされたのが最初だが、その後一九八〇年代には有名バスケットボール選手のシグネチャーモデルが人気を集め、空前のスニーカーブームが起きる。一九八五年にナイキが発売した、シカゴ・ブルズの伝説的選手マイケル・ジョーダンにちなんだ初代「エアジョーダン」の最高級モデルは、現在一〇〇〇ドル強の価格で売られている。ナイキの別のシリーズ「エアマグ」は現在最も高額なスニーカーで、販売価格は九〇〇〇ドル弱である。

ナイキのシューズをめぐっては、路上強盗や殺人も何件か起きている。なぜ靴にそれほどの大金を払う人がいるのだろう？　しかも高級シューズを買う余裕はなかったり、買うことで命を危険にさらすおそれもあるというのに。第一の理由としては、こうしたスニーカーはストリート・クレディビリティ〔ストリート・カルチャーの最新流行を取り入れているという評価〕を確立しているため、ステータスシンボルとして非常に魅力的なアイテムである点が挙げられる。第二に、高級品の所有は幸福感をもたらしてくれるからだ。インド人農家ビシャムがそうであったように、最貧困層は裕福な人よりも、高級品や贅沢なサービスのために金を使うことでより大きな満足感を得られる。これは、インドの三万四〇〇〇世帯以上を分析した近年の研究でも裏付けられている。研究では、見せびらかしの消費によって主観的な幸福度は高くなる傾向があり、その効果は最貧困層で最も顕著に現れることがわかった[38]。

だがブリンブリン・カルチャーに関しては、人種的ステレオタイプの説明もされねばならない。なぜアフリカ系アメリカ人や米国内のヒスパニックは、同程度の収入がある白人よりも、生活必需品ではないものに金をつぎこむのだろう？　そうした傾向があるかどうかはじつは住んでいる場所によって左右されるが、その背後には、やはり社会的比較の問題が潜んでいる。ある経済学の研究グループがアメリカの裕福な地域に住む黒人を調べたところ、見せびらかしの消費に費やす費用が貧しい地域の黒人に比べて少ないことがわかった[39]。つまり、人種的マイノリティーに属する人々が高級品に多くの金をかけていたのは、最貧困地域に住んでいるからだったのだ。なぜだろうか。

所属するエスニック・グループが概ね貧しい場合、ライバルの多さから競争が激化する状況が生まれ、見せびらかしの消費によって目立たねばならないというプレッシャーが生じる。だが裕福な地域に暮らしていると、同じエスニック・グループの構成員との直接的な競争はあまり生じず、仲間に感銘を与えねばならないという必要性は霧消する。黒人とヒスパニックは、富裕な白人の隣人と競わねばならないという必要性は感じない。自分たちと関係の深い比較対象ではないからだ。ところで、このパターンは他の集団にも当てはまるのだろうか。アメリカほど裕福でない国ではどうだろう。貧しい国では、見せびらかしの消費に金を費やすと、保健医療サービスなど、生存に不可欠な出費に充てる可処分所得がより深刻な影響を被るはずである。じつのところ、そうした国でもこのパターンは当てはまる。南アフリカの社会は、社会集団内、また社会集団間に大きな相違があることで知られる。一九九五年から二〇〇五年までの南アフリカの七万七〇〇〇世帯以上を調査し、社会集団ごとの出費を同様に比較分析したところ、有色人種および黒人は、見せびらかしの消費に当たる商品やサービスに費やす金額が、同程度の収入がある白人に比べ、三〇ないし五〇％多かった。[40] しかも最貧困層の世帯において、その傾向がより顕著に見られたという。こうした悲惨な状況にある貧困層では、生存のための必須要件を満たす必要性よりも、シグナリングの欲求が勝っているのである。

所有物を見せびらかしたいというこの欲望は、悪循環を生み出しかねない。収入を贅沢品に費やすことで、社会的不平等を緩和するのに役立つ手段、たとえば教育などへの投資ができなくなるからである。だがそうした主張は、アメリカにおける人種的不平等の実際の深刻さを十分に勘案していない。経済政策研究所の二〇一六年の報告書によると、黒人と白人の賃金格差は、一九七九年以降、年々拡大の一途をたどっている。[41] この賃金格差は、大学教育を受けていたとしても解消できない。大卒の白人男性との賃金格差が最大なのは、大卒の黒人男性なのだ。さらに悪いことに、過去数十年のあいだに経済成長によって生じた恩恵はことごとく高給取りの労働者（その大部分は白人男性）によって享受されており、そのために、これまでマイノリティーの成功を阻んできた格差がいっそう拡大する結果となっている。

緑の目をした怪物と、背の高いケシ

強欲は七つの大罪の一つであり、『聖書』の「十戒」でも、避けるべきものとして明記されている。「隣人の家を欲してはならない。隣人の妻、男女の奴隷、牛とろばなど、隣人のものを一切欲してはならない」。ユダヤ教の聖典『タルムード』やイスラム教の聖典『コーラン』も、他者の所有物を欲しがる危険性について警告している。大量生産がまだなく、だれもが互いに知り合いだった古代においては、財が全員に行き渡らないことも多かったため、強欲は必然的に競争を呼び、競争に負ければあとは他者の物を欲するしかなかった。

人間はモノを欲し、人を妬む。だが妬みからは、他者の優位性と感じられるものに恨みや執着心を抱くという、負の感情が生じかねない。そうした負の感情が昂じると、人はたとえ自分の所持金を減らしてでも、妬んでいる競争相手の賞金を減額させようとする。[42] やがては他人の不幸は蜜の味という、ドイツ語で「シャーデンフロイデ」と呼ばれる感情が湧く。妬みは明らかに非論理的であり、一般的な経済行動の方針に反しているうえ、悪意に満ちたふるまいや見解の原因となる。妬みが生じると、感情を司る脳の回路に、他者のことを考えると活性化する特定の記憶回路が作られる。[43] 人間が他人を妬むのは、前述した相対性の基本原理があるからである。私たちは身近な他者を妬むが、彼らの幸運が自分にも容易につかめそうなものである場合には、より嫉妬心が湧きやすくなる。

だが場合によっては、自己を他者と比べる行為がかえって励みとなり、向上心が生じるケースもある。羨望には二種類あると最初に区別したのは、アリストテレスだ。他者の成功を妬む悪性の羨望と、他者を称賛し、自分も同じような成功にあやかりたいと願う良性の羨望である。外国語のなかには、良性と悪性の羨望を区別し、それぞれ別の単語を設けている言語もある。英語とイタリア語には羨望を表す言葉は「envy/invidia」の一語しかないが、ポーランド語とオランダ語には二語存在する。オランダ語では悪性の羨望が「afgunst」、良性の羨望が「benijden」である。どちらの羨望の場合も、自他を比べた際に不均衡のあることは知覚されている。だが悪性の羨望はシャーデンフロイデに通ずるが、良性の羨望にはそのような感情はない。[44] さらに、不均衡が動機となって導き出される対処戦略も、羨望の種類によって違う。悪性の羨望では、他者の成功を帳消しにすることによって、すなわち「他者の引き下げ」によって不均衡を是正しようとする。一方の良性の羨望では、他者が持っているものを自分も手にすることで、すなわち「自己の引き上げ」によって対等な立場に立とうとする。[45] 言うまでもなく、悪性の羨望の行き着くところは、だれも得をしないゼロサムゲームだ。対照的に、良性の羨望があると、いい意味での競争が起きて各自の能力が上がり、だれにとっても状況が好転する。昔は隣人のものを欲してはならず、自分のものを見せびらかすのもよくないとされたものだが、現代の私たちは必死に他人から良性の羨望を得ようとする。妬まれることなく、称賛されたいと願うのだ。

良性の羨望は、広告主の目指すゴールである。消費者を刺激し、「自分も商品を入手して、みんなと同じようになりたい」と思わせるのがねらいだ。良性の羨望を起こさせるにあたっては、憧れの存在を見習おうとする人が多いことから、「セレブによるおすすめ」の手法が使われる。あるスマートフォン購入実験では、被験者の学生は以下のような設定を想像するように言われた。[46] アルバイトで一緒になった数人の学生のうちの一人が、買ったばかりのアップル社iPhoneの新機能をその場で披露したため、被験者はそのiPhoneが欲しくなる——という設定である。被験者には同時に、所有者の学生について、実験グループごとに異なる情報も明かされた。第一のグループでは、所有者はiPhoneを持つにはふさわしくない人物だとされた。被験者に悪性の羨望を起こさせるためである。第二のグループでは、所有者はiPhoneを持つのにぴったりの人物だとされた。被験者に良性の羨望を起こさせるためである。第三のグループは所有者に関する情報を知らされず、ただそのiPhoneがどれほど消費者の欲しがるアイテムかを考えるようにという指示が出た。実験の結果、良性の羨望を感じた被験者は、悪性の羨望を惹起させられた被験者に比べ、同じようなiPhoneの購入に平均で一〇〇ドル以上多く払ってもよいと回答した。だが悪性の羨望を感じた被験者は、なんとそれ以上の金額を、アップル社製ではない機種（ブラックベリー）に支払う用意があると答えた。多額の金を払ってでも、iPhone所有者としてふさわしくないとされた人物と自分は違うということを示したかったのである。この実験結果を見ると、アップルユーザーと非アップルユーザーがなぜブランド部族主義《トライバリズム》によって分断されているのか、その理由の一端が見えてくる。その背後にあるのが製品自体の客観的な価値ではなく、むしろ集団的アイデンティティーの獲得であることが、おぼろげながらも見えてくるのだ(47)。

高級品を成功の証として見せびらかす人物に嫉妬心が湧くこともあるが、社会的比較に関しておそらく最も火種となりやすいのは、給与の問題だ。二〇一七年、イギリスのトップ企業一〇〇社のCEOと従業員の平均給与の比率は、一二九対一だった。言い換えれば、平社員は経営者の給与の一％にも満たない額しか稼いでいないことになる。[48] アメリカではその格差はさらに激しい。二〇一四年のデータによれば、アメリカにおけるCEOと労働者それぞれの平均給与の比率は、三五四対一だ[49]。一部の経営幹部の年収は、平均的な労働者が一生かけて稼ぐ生涯賃金と同等である。USAトゥデイ紙によると、二〇一六年のCEOの平均年収は一一〇〇万ドルだった[50]。これほど肥え太った金持ち《ファットキャット》に不運やスキャンダルなどの天罰が下るのを大衆が見たいと思ったとしても、なんら不思議はないだろう。「太った猫《ファットキャット》」という造語を一九二〇年代に作ったのは、ボルティモア・サン紙の記者フランク・ケントで、本来は名士という世評を得るため、多額の政治献金を行う金満家を指す言葉だった。スキャンダルで新聞が売れるのは、醜聞自体がぞくぞくするほど刺激的だからというだけでなく、大衆が社会のはしごの最上段にいる人物の転落を目にし、自分の人生も捨てたものではないと思わせてくれるからでもある。「当然の報いだ」という購読者の感情を煽れば、新聞が売れる。だから新聞はスキャンダルを記事にし続けるのだ[51]。

　高い地位に上った人を周囲と同じところまで引きずり下ろそうとする衝動は、「トールポピー症候群」と呼ばれる。リウィウスの『ローマ建国史』に登場する、王政ローマ最後の王タルクイニウス・スペルブスにまつわる逸話が名前の由来だ。権力維持の方法を問われたタルクイニウスは、無言で杖を取ると、庭のケシの花のうち、背の高いものの花冠を杖で打って落としていった。有力な市民は粛清すればよいということを暗に示したのだ。今日のイギリスでは、人気の出すぎた著名人をこき下ろし、身の程を思い知らせようとする役目をメディアが担っている。

　トールポピー症候群は、オーストラリアとニュージーランドにも根付いている。オーストラリア人は自虐的なユーモアで知られるが、これは人から妬まれないよう、自分の功績をあまり声高に自慢すまいとするところからくる。オーストラリアでは成功者のことも「トールポピー」と呼び、成功者を悪しざまに批判することを「トールポピーする」と言う。オーストラリアで人気急上昇中だったテレビ女優ルビー・ローズは、二〇一七年にセス・マイヤーズが司会を務めるアメリカのトークショーに出演した際、彼女を「有名人」と呼んだマイヤーズをすかさずなじった。「有名人なんて呼ばれたら、大変なことになるわ……オーストラリア人は、みんなその言葉が嫌いなのよ……あなたのせいでわたし、袋叩きに遭っちゃうわ」[52]。成功者の多くは悪性の羨望の対象となることを恐れ、潜在的な批判を避けるために、あえて戦略として自虐的にふるまう。また、自分を妬みかねない相手に対し、ことさら寛容さを示す場合もある。ポリネシアには、魚が何も獲れない日に一人だけ釣果《ちょうか》のあった漁師は、釣った魚をすべてほかの漁師に譲るという伝統がある。そうしないと、村に帰ってから他の漁師に悪口を言われてしまうのである。

財産自慢は成功のシグナルにはなるかもしれないが、悪性の羨望を発生させるおそれもある。だとすれば、格差がだれの目にも明らかな状態のときは、裕福な人はより罪悪感を覚え、ポリネシアの漁師のように格差を解消しようとすると思うかもしれない。ところが現実はその逆だ。隣人より自分の暮らし向きがよいと知った富裕層は、かえって格差を減らすまいとする。この直観に反する意外な結果に最初に気づいたのは、イェール大学の心理学者ニコラス・クリスタキスだ。クリスタキスのチームは、オンライン上に仮想世界である二つの異なる「国」を作り上げ、被験者をその国民とした[53]。どちらの国の国民も、ランダムに富裕層か貧困層に割り当てられた。二国はそれぞれ、ジニ係数が異なる三つの社会から成り立っている。ジニ係数とは、所得格差を測る指標だ。ジニ係数がゼロのときは所得格差がまったくない社会、一のときは所得格差が極めて高い不平等な社会を意味する。世界の最貧国のなかにはジニ係数が極めて高い国があり、たとえば中央アフリカ共和国のジニ係数は〇・六一である。一方で、富裕国のなかにはジニ係数が極めて低い国があり、たとえばデンマークのジニ係数は〇・二九である。興味深いことにデンマークには、平均的であることの徳を説き、他人より自分が優れていると思うなと諌める、「ヤンテの掟」というトールポピー的な行動規範がある（デンマークには「ヒュッゲ」という概念もある。家族や友人と過ごす、シンプルな暮らしの楽しさや満足感を表す言葉だ。北欧諸国が幸福度ランキングで上位を占めるのも、一つにはヒュッゲのおかげかもしれない。数年前には北欧以外の地域でヒュッゲ・ブームが起き、数々のベストセラーが生まれたほか、靴下とろうそくの売上が格段に伸びた。約束された幸せを求めて、多くの人がヒュッゲを実践したのである）。スウェーデン語で「多すぎず少なすぎず、ちょうどよい」を意味する「ラーゴム」という言葉も、過度の消費やこれ見よがしな行為を避けたがる北欧の人々の好みをよく言い表している。

クリスタキスの仮想世界の話に戻ると、二国それぞれを構成する三つの社会のうち、一つ目はジニ係数が〇、二つ目は〇・二（北欧諸国の値に近い）、三つ目は〇・四（アメリカの値と合致する）に設定された。さらに、片方の国の三社会では隣人の財産が互いに「見える」のに対し、もう一方の国の三社会では互いの財産がわからない状態とした。実験では、国民役の被験者に、既出のコモンズの悲劇に似た協力ゲームを何度かくり返しプレイしてもらった。協力ゲームでは、「国民」はグループの公共財の保護に貢献するか、あるいはグループを裏切って公共財を濫用するかを選ぶことができる。実験の結果、ゲームの結果を左右する主な要因は、社会に格差があるかどうかの不平等度ではなく、互いの財産が見えるかどうかであることがわかった。富が可視化されていない国では、富裕層も貧困層もより平等主義的になり、ジニ係数が〇・一六付近の値になった。ジニ係数〇・一六はかなり協力的な社会で、その典型が北欧諸国だ（これは北欧特有のバイアスを反映しているのかもしれない）。すでに見たように、実験で富の配分を表す三つのグラフを提示して選ばせると、アメリカ人がスウェーデンに住みたがる理由も、ここにある。しかし富が可視化されている国では、国民の協力率、友好度、豊かさはどれも五〇％も減少した。もともとの不平等度にかかわりなく、半減したのである。しかも富が可視化されている国では、富裕層は貧困層に属する隣人を搾取した。もちろんポリネシアの漁師とは違い、これは仮想世界での実験にすぎず、隣人を裏切ったり搾取したりしても、実生活で悪影響が生じるわけではない。とはいえ、こと経済的不平等に関しては、互いの富の状態は知らぬが仏と言えそうである。こうした実験結果からわかるのは、富のシグナリングはかえって裏目に出る場合があるということだ。豊かさを過剰に誇示すると、良性の羨望を集めて憧れの対象となるよりは、むしろ妬みという悪性の羨望を生み、反感の炎を掻き立てるおそれがあるのである。

諸国民の富

第二次世界大戦後、アメリカをはじめとするいくつかの国の経済は際立った富の増大を経験した。それでいて、経済学者リチャード・イースタリンが指摘したように、報告された幸福度はさしたる上昇を見せなかった。(54) 富が増大しても幸福度は一定のまま頭打ちになるというこの現象を、「イースタリンのパラドックス」という。一九七〇年代に初めて確認されて以来、世界中の国々で幅広く検証されてきた現象だが、検証実験の結果は国によってまちまちである。イギリスとアメリカはどちらも、所得の増加が幸福に結びつかないというこの説に概ね当てはまっている。というよりむしろ、精神の健やかさを示す多くの指標が、所得の増加で幸福度が下がるという結果を示している。

イギリスの経済学者アンドリュー・オズワルドは二〇〇六年のフィナンシャル・タイムズ紙の寄稿記事で、このイースタリンのパラドックスを引き合いに出し、経済成長を推進する財務大臣ゴードン・ブラウンを批判した。(55) 当時、アメリカとイギリスの富は増大していたが、うつ病発症率、職場のストレスレベル、自殺率もまた両国ともに増加していたのだ。これに伴い、経済政策が不幸を助長しているのではとの懸念から、数々の高名な学者が連名で「主観的幸福と不幸の国家的指標に関するガイドライン」という声明を発表し、経済成長よりもメンタルヘルスを優先することの重要性を改めて確認している。(56)

データの解釈に関して専門家の意見は割れており、イースタリンのパラドックスの当否は現在もまだ結論を見ていない。どちらの陣営にも持論を裏付ける証拠があるのだ。国々には多くの面でさまざまな違いがあり、経済と心の健やかさを単純に結びつけようとするのは問題である。人間が複雑な生き物である以上、富と幸福とのあいだに関連性を見出す作業は困難を伴う。そもそも、幸福とは何かを定義すること自体が難しいのだ。二〇一〇年、心理学者ダニエル・カーネマンと同僚の経済学者アンガス・ディートンは、アメリカの成人四五万人のサンプルをもとに、主観的幸福と年収の関連を分析した論文を発表した[57]。調査では、ポジティブな感情があるか、憂鬱でないか、ストレスを感じない日が何日あるかといった質問を通して、回答者の幸福度を割り出した。さらに回答者には、成功の度合いという観点から自分の人生を評価し、〇点から一〇点までの点数をつけてもらった。〇点なら「自分にとって考えうる最悪の人生」、一〇点なら「自分にとって考えうる最高の人生」を意味する（一九九ページのグラフを参照）。

この分析には二つの発見があった。まずわかったのは、人は年収が上がるほど幸福を感じるが、年収七万五〇〇〇ドルあたりを境に幸福度は頭打ちになり、以後は年収が増えても幸福度は変わらないということだ。だが二つ目の発見も重要で、成功に基づく人生の評価点は幸福度のように横ばいにはならず、年収が増えるに従い、上がり続けるのである。富によって幸福になれるのは明らかにある一定の程度までで、それを超えるといくら資産があっても幸福度にはさほど影響しない。貧しい人は裕福な人ほど人生に満足していないが、カーネマンとディートンが結論づけたように、高所得によって人生の満足は買うことはできても、幸福は買えないことになる。つまり収入が増えれば人生の評価点は上がるが、必ずしもより幸福になるとは限らないのだ。にもかかわらず、いまも私たちの大半は、大きな金銭的成功を収めなければと日々駆り立てられている。幸せになれる保証がないにもかかわらず、人生の成功、失敗はどこまで出世できるかで決まると信じて疑わないのである。

　お金で幸せが買えないのは、間違ったものに使っているからかもしれない。現在では相当数に上る研究が、所有物ではなく体験に金銭を費やしたほうが大きな満足感が得られると示唆している。「持つこと」ではなく、「生きること」に金をかけるのだ。心理学者トム・ギロビッチの研究によれば、旅行、コンサート、外食といったコト消費から得られる恩恵は、ブランド服や宝石、家電製品といった高級品を所持するモノ消費の恩恵よりも、長続きする傾向がある。[58] コト消費では、体験前の期待の段階だけでなく、事後の回想時にも満足感が得られるのだ。

　なぜコト消費の恩恵は長続きするのか。単純な理由の一つは、脳内の順応と同じく、ここでも慣れによって当初の刺激が薄れるという馴化《じゅんか》が起きるからだ。購入品は部屋に収まればあとは埃をかぶるだけということが多いが、記憶は何度も再解釈され、頭の中で金メッキを施される。私たちは最近買ったモノのことより、体験したことについて話したがる。購入品についてはアラばかり見えてしまうのに対し、体験したことは好意的に思い返す傾向がある。追想の中では旅先の思い出はどれもバラ色に変わり、実際にどれほど大変で苦労したかは思い出しもしない。ディズニーランド――「地球上で一番ハッピーな場所」――を訪れた親の記憶に関するある研究では、長蛇の列に並び、子どもはグズり、暑さは耐えがたいなど、実際の平均的な体験は「魔法のよう」と言うには程遠かった。だが後日思い返した際には来園は楽しい思い出に変わり、家族の絆を深めるいい機会だったとふり返られている。[59] 前述のとおり、「古き良き時代」なるものはお粗末な記憶力の産物に

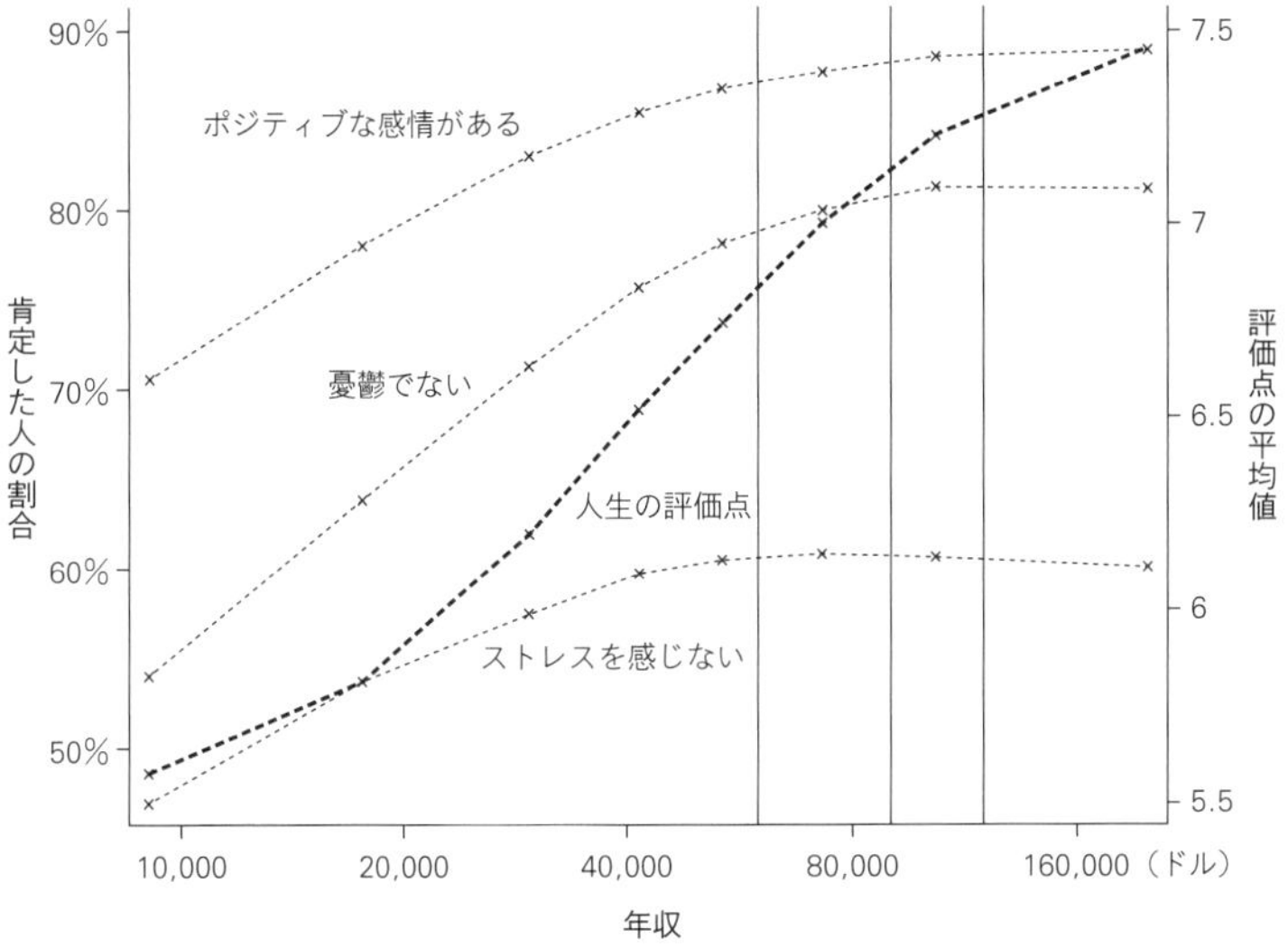

幸福度や人生の評価点と年収の関連性

出典：Kahneman, D. and Deaton, A.（2010）, ‘High income improves evaluation of life but not emotional well-being’, *Proceedings of the National Academy of Sciences*.

すぎないのである。

　人間がこれほど偽の記憶を信じこみやすいのは、記憶が不変なものではなく、思い出が語られるたびに再構築されるものだからだ。心理学者エリザベス・ロフタスの研究によって、人間の記憶は時間が経てばたやすく修正されるものであること、また記憶は想起（検索）のたびに少しずつ書き換えられ、しまいには記憶の主にも現実と空想の区別がつかなくなることがわかっている。[60] こんなことが起きるのは、記憶が動的な神経ネットワークに貯蔵されているからだ。そうしたネットワークは、さまざまな体験を記銘（符号化）し、その内容を時間の経過や新たな出来事に応じて調整しているのである。さらに、他人に強い印象を与えようとして起きた出来事を語り直すと、人は「ポリアンナの原理」の影響を受ける。[61] 名称の由来は、エレナ・ポーターが一九一三年に刊行した小説の主人公、ポリアンナだ。この少女は、どんな状況下でも物事の一番いい面だけを見つける「嬉しいこと探しゲーム」を行う。記憶を肯定的に修正するというこの傾向は、今日ならポジティビティ・バイアスと呼ばれるだろう。こうした傾向があると、他人の逸話を上回る話をしようとして、記憶にポジティブな潤色を加えてしまうことがよくあるのだ。ディナーの席で、マウントを取り合いながら体験談を披露している人たちの会話を小耳に挟んだことのある人も、多いのではないだろうか。「言っとくけど、マチュピチュは絶対見に行ったほうがいいわよ。もう、圧倒されるから！いままでで最高の旅だったわ」

　かつては一部の人にしか入手できないという点が高級品の証だったが、体験に関しても同じ理屈が成り立つ。他人に語り直すことで体験はアイデンティティーの一部となり、社会関係資本《ソーシャル・キャピタル》（人間関係を通して蓄積される信頼やネットワーク）が向上する。個人的な事柄になりがちなモノ消費に比べ、体験は本質的に、他者を巻きこむ社会的な事象となりやすい。フェイスブックやインスタグラムといったソーシャルメディアのプラットフォームを通じて、私たちは自分の体験がどれほどすばらしかったかを誇示できる。ＳＮＳへの投稿は体験をシェアしているだけだと思うかもしれないが、できるだけいい写真を投稿することで、私たちはここでも社会的な見せびらかし《ソーシャル・ピーコッキング》行為を行い、他者の羨望を誘発しているのである。その羨望が良性か悪性かは、友人やフォロワーが「投稿主はその体験にふさわしい」と思ってくれるかどうかにかかっている。

　幸福になりたいなら、ひたすら体験にお金をかければいいと言ってしまっては、一般化のしすぎだろう。消費者が真の幸福感を得るのは、自分の性格のタイプに合った体験を買えたときに限られるからだ。外向型の人は、パーティーやレストランでの外食に気が進まない内向型の人よりも、そうした体験に金銭を費やすことを楽しめる。[62] 七万六〇〇〇件の銀行取引を分析した研究によって、内向型の人はバーを訪れるよりも本を買うことでより幸福感を得られることが明らかになったが、それも同じ理由からだ。[63] 自分が欲するものを正しく選び取るためには、個人的な価値観が何かを見極める必要がある。

　体験の追求と聞くと、物欲がなく、住宅ローンや扶養家族のためにあくせく働く必要のない人が享楽的生活を送っているのだろう、というように思うかもしれない。だが実際には、体験にこだわる人は裕福であることが多い。ボヘミアン生活を楽しめ、必要に応じて他人に必需品を調達してもらうだけの財力がある場合が多いのだ。だれもが真似できる類の生き方ではない。近年実施された、金銭で買える幸福に関する大規模な分析によれば、富裕層がモノ消費よりもコト消費を享受する一方で、それほど裕福でない人々はコト消費よりモノ消費に入れこんでいることがわかった。[64] 豊富な資産がある人だけが、自分磨きに没頭するだけの余裕を持てるのである。

さらに言えば、コト消費はモノ消費より環境に優しいという考え方も、安易に信じるのは危険だ。その一例が旅行者の増加である。イギリスではここ五年間、イギリス諸島を往来する旅行者数（海外旅行者の訪英と居住者の海外旅行の合計）が、毎年対前年比で五％から一〇％増加している。[65] 民泊のオンラインプラットフォーム、エアビーアンドビーの登場で、旅行者数は減少することなく増加に転じ、それに伴い、旅行関連の温室効果ガス排出量（カーボンフットプリント）も増加している。近年ますます多くの欧米のミレニアル世代が、住宅ローンを支払えずに頻繁に引っ越しをくり返しているが、そのことが体験にかける出費増加の原因であるとも言われている。フォーブス誌によれば、物品よりも体験にお金をかけたいと答えた人は、ベビーブーム世代では五九％にとどまったのに対し、ミレニアル世代では七八％に上っている。[66] 家がモノであふれかえっていれば引っ越しは億劫だが、そうでなければ引っ越しも苦にならないのだろう。だが体験の比重が増えたところで、必ずしも消費が減ずるわけではない。ホテルでの宿泊が、いかに無駄が多く非能率的かを考えてみればわかる。自宅にいるときと違い、旅行中のホテルでは、毎日の清掃、シーツやタオルの交換、アメニティーの使い捨て、フードロス、つけっぱなしのエアコンといった贅沢が当然のこととされている。アメリカのホテルでは、旅行者が何度か使っただけの石鹸が毎日二〇〇万個廃棄されている。ホスピタリティ産業におけるごみの五〇％は食品廃棄物であり、食品廃棄にかかる年間コスト

は二一八〇億ドルに上る。(67)

世界の観光は一兆二〇〇〇億ドル規模の産業で、年々成長している。以前は、観光産業のカーボンフットプリントは世界の二酸化炭素総排出量の二・五ないし三％を占めると推定されていた。だが一六〇か国の観光を調査した近年の研究によると、観光のカーボンフットプリントは二〇〇九年から二〇一三年にかけて、それまでの推定値の四倍に増加し、世界の温室効果ガス排出量の約八％に達したという。(68) 旅行中に二酸化炭素が排出される最大の要因は移動、買い物、食事の三つで、観光のカーボンフットプリントの大半は最富裕国によって排出されている。論文が結論づけたように、観光産業の脱炭素化に向けて数値目標が設定されているが、観光の需要が急増したせいで、結果的に二酸化炭素排出量が目標値を上回ってしまっているのだ。

私たちはよりよい余暇の過ごし方を見つけ、限られた資源をもっと賢く使わなければならない。多くのモノを所有すれば満ち足りた人生が送れると思えるかもしれないが、人生の満足感と幸福度に関する研究によって、ほどほどの年収に達したあとは、所有物が増えてもそれ以上幸せにはならないことがわかっている。モノ消費であれコト消費であれ、自分は人とは違うということを必死に示そうとしていることには変わりがない。どちらの消費も、自らのステータスをシグナルとして発信し、自分が何者かを伝えようとする行為にほかならないのだ。

第6章　私のものとは私である

拡張自己

ナスラット・ドゥラーニはロックスターのような見た目をしている。二〇一七年に会った際、ナスラットはMTVのシニア・エグゼクティブだったが、たとえそれを知らない人でも、ひと目見ればおそらく彼がメディア業界の人間であることは推測できるだろう。痩身にたいていは黒かレザーのデザイナーズブランドを着こなし、豊かな漆黒の長髪をなびかせ、薄い色のサングラスをかけたところは、さながらインドのジョーイ・ラモーンだ。会ったのはヴェネツィアで開催されたキナーネットという集まりだが、ファッショニスタ、未来予測家《フューチャリスト》、ベンチャーキャピタリスト、起業家《アントレプレナー》といった華やかな面々のなかでも、ナスラットがスーパークールな存在であることは明らかだった。

ただし私が会ったときのナスラットは、冷静《クール》とは程遠い状態だった。

前夜滞在していたローマで、レストランで食事中に、出来心を起こしたこそ泥たちに身の回り品が入ったバッグを盗まれていたのだ。失業率が約四〇%にもなるローマでは、観光客をねらった軽犯罪や窃盗が貧困層の主な収入源となっている。多少の不便さは生じたが、ナスラットは比較的裕福な男である。世界を旅する時間と金の余裕にも恵まれている。身の回り品はすぐ買い換えられるものばかりだ。最初はバッグを盗まれても鷹揚に構え、外面的には落ちついた冷静な態度を保っていた。だがその後数日間のキナーネット開催中、ナスラットは次第に苛立ちを募らせていった。人生における思いがけない災難がたいていそうであるように、盗難の被害に遭っても当初はうろたえるだけだが、やがて激しい怒りが湧いてくるものなのである。

ナスラットの反応は珍しくない。どれほど裕福でも、あるいはどれほど冷静沈着であろうとしても、盗難の被害に遭うと人はしばしば意外なほど動揺する。これは、所有物が自己の延長であるからだ。所有物を許可なく持ち去られるのは、自分という人間に危害を加えられたに等しいのである。なかでも苦痛の種となるのが、空き巣などの侵入窃盗だ。盗みに加え、常日頃ほかの場所より安全だと感じている自分のテリトリーに侵入されてしまうからである。イギリスで侵入窃盗被害に遭った人の三分の二近くは極度に気が動転し、事件後かなりの時間が経過したあとでも、吐き気、不安、啼泣《ていきゅう》、震え、抑うつ的反芻などのさまざまな症状を経験している。保険会社の報告によれば、ふたたび安全を感じられるまでには約八か月の時間がかかり、八人に一人は精神的に二度と立ち直れない状態に陥るという。(1) 盗難による被害は、金銭的な損失ばかりではない。むしろ、権利を侵害されたという強烈な感覚に苛まれるのだ。招かれざる者が私たちの世界に侵入し、そこをコントロールしていた私たちの力を蝕んだのである。

手放したくない所有物を放棄しなければならないときも、精神的な打撃を受ける場合がある。このモノを手放したがらないという思い切りの悪さは、人間というもの、また人間と所有物の関係を赤裸々に物語る特徴の一つだ。戦後二十数年間の消費主義を経て、一九六〇年代末から人気が出始めたトランクルーム業を考えてみよう。年々より多くの人が、持ち物を処分せずにトランクルームに保管するようになっている。現在、アメリカではマクドナルドの支店数よりもトランクルーム施設のほうが数が多く、利用者の六五%は自宅にガレージがあるにもかかわらず、トランクルームを借りているという。[2] いまや多くのガレージに車の姿はなく、家に収まりきらなかった所有物があふれんばかりに詰めこまれている。なぜ私たちはモノをなかなか手放せず、たいして価値のない持ち物をトランクルームをいっぱいにしてまで所有しようとするのか。所有物へのこのような風変わりな情緒的依存は、なぜ生じるのだろう?

そのわけは、「私のもの」が「私」だからである。一八九〇年、北アメリカにおける心理学の父ウィリアム・ジェームズは、人の自己は所有権を主張できるものによって定義されると書いた。

しかし考えうる最も広義な解釈をとれば、人間の自己は、自分のものと呼びうるものすべての総和である。おのれの身体と精神の力だけでなく、服も家も、妻子も、祖先も友人も、名声も仕事も、所有する土地も、ヨットや銀行口座にいたるまで、あらゆるものの総和が自己となるのだ。これらはすべて、人に同じ情動を起こさせる。殖えて栄えれば誇らしく、減ってなくなれば落胆を感じる。気持ちの浮き沈みはどれに対しても同程度というわけではないが、感じ方はほぼ同じと言っていい(3)。

ジェームズはここで、心理学で「自己観」と呼ばれるもの、つまり人が自分というものをどのようにとらえているかについて説明している。また所有物を失うと気持ちが落ちこむが、そうした所有物の喪失に伴う感情的帰結からも、所有物と人間との特別な関係がうかがえるとジェームズは述べている。自分の心身を自己の一部と考えるのは、さして驚くようなことではない。結局のところ、自分の体や心の所有権をほかのだれが主張するというのか？　しかしここに挙げられた物体の多くは、その人固有のものではなく、他者が所有することも可能なものだ。家や土地、ヨットなどは、その人が入手した所有物にすぎない。だとすれば、こうした所有物を失うことで心に深刻な影響を被るのは不思議なことにも思える。

これまで多くの思想家が、人間が物的所有物と結ぶ内在的な絆について考察している。よく知られているように、プラトンは物質的世界に重きをおかず、人間はより高次の非物質的な概念であるイデアを希求すべきだと考えた。プラトンは公共の利益の追求を推進するため、また不平等や窃盗の温床となる私有財産による社会的分裂を避けるためには、共同所有が必要だとした。絶えず師に異論を唱える弟子のアリストテレスはもう少し現実主義的で、物質的世界を研究する重要性を強調している。アリストテレスは、私的所有によって倹約と責任感が養われる一方で、所有が原因で他者をうらやみ、嫉妬する状態になりやすいと考察した。二〇〇〇年ののち、フランスの哲学者ジャン＝ポール・サルトルは、人間が所有したがる唯一の理由は自己意識を強化するためであり、人間は——あたかも、所有物を通して自己を外在化せずにはいられない存在であるかのように——自分の所有物を観察するという方法によってのみ、自分が何者かを知りうるのだとした。入手したものは、手に触れられる成功の標識だ。アメリカでの富の研究が示していたように、年収が七万五〇〇〇ドルに到達したあとはそれ以上幸福にはなれないかもしれないが、所有物を目にできれば、自分は成功者だと自信を持つことはできる。私たちは所有物を通して自己のシグナルを他者に発信しているが、所有物はまた、自分は何者かというシグナルを私たち自身に発信し返すものでもあるのである。

サルトルは『存在と無』の中で、人間がいかに所有するものによって定義されるかに着目している。「私の所有物の全体は、私の存在の全体を反映する。私は、私が持つところのものである。……「私のもの」とは、……「私」である」[4]（松浪信三郎訳、筑摩書房）。サルトルは、所有物と所有者のあいだにこのような関係が生じる状況をいくつか挙げている。第一に、自分だけが排他的にコントロールする力を行使することで、人は対象物を自分のものだと主張する。すでに見たように、乳児が行う方法だ。第二に、ジョン・ロックの思想とも重なるが、一から創り上げたものは、その人の所有物となる。第三に、所有物は所有への情熱を呼び起こすとサルトルは言う。

所有への情熱を表す一つの方法が、モノの蓄積だ。やはりフランス人だった哲学者ドゥニ・ディドロは、一七六九年発表のエッセイで、人間のふるまいがときに所有物に影響されることを示す逸話を披露した。新品の高級ドレッシングガウンを友人から贈られたディドロは、当然この幸せな気分が続くものと思っていた。だが自分でも驚いたことに、このガウンのせいでディドロは惨めな気分を味わい、それまでとは一変した生活を送るはめになったのである。暮らしに彩りを添えてくれると思われた高級ガウンは、すでに所有していた他のみすぼらしい調度品や家具の中ではひどく浮いて見えた。ディドロはいつしか、上質なガウンに合わせて、家具や調度品を新調するようになった。だがディドロは決して裕福ではなく、余計な出費が増えたことでさらに気分はむしゃくしゃした。古いドレッシングガウンなら着たまま気軽に家の掃除もできたが、高級ガウンでは家事もままならない。「古いドレッシングガウンに対しては私は完全なる主人だったが、新しいドレッシングガウンに対しては奴隷に成り下がってしまった」とディドロは書いている。このように個別の品に感化され、それに調和するよう他の品々を購入してしまうという心理的な影響力を、「ディドロ効果」という。人類学者グラント・マクラッケンの作った造語だ。[5] たとえば高級品を一つ買うと、別段入り用でないのに同様の高級品をもっと揃えたくなるが、これがディドロ効果だ。多くの小売業者はディドロ効果を利用し、消費者に対して、当初の購入品を補完するような品々の広告を打ってくる。アップル製品の魅力も、一つにはこの効果に基づいている。マクラッケンによれば、ｉＰｈｏｎｅは多くのユーザーにとっての「ディパーチャー・グッズ」だ。「アップル社の製品は自分のアイデンティティーを反映している。ならば他のアップル製品も買ったほうがよい」という新たなプレッシャーが、ｉＰｈｏｎｅを出発点《ディパーチャー》に生じるからである。アップル社以外の製品にもおそらく機能や価格で優れたものはあるのだが、アイデンティティーに関して似つかわしくないシグナルを発信するような品であれば、アップルユーザーに購入してもらうのは難しくなる。

　対象物への情緒的愛着が最も極端な形で発揮されるのが、コレクションの収集だろう。コレクターは自らのコレクションに、感情的にのめりこんでいる。単にコレクションの金銭的価値が高いからというよりは、収集に多大な努力を費やし、望みのものを一心に探し求めた過程がそうさせるのだ。ときには、コレクションを失うという見通しが耐えがたい苦痛をもたらすこともある。二〇一二年、ドイツ当局は、ミュンヘンで隠遁生活を送るコルネリウス・グルリットが推定総額約一〇億ドルもの膨大な数の名画を収集していたことを突き止めた。ナチスがユダヤ人所有者たちから押収し、戦時中にコルネリウスの父に破格の安値で売りさばいたものだった。コルネリウスは、収集した名画を保護するのが自分に課せられた個人的責務だと考えるようになっていた。貴重なコレクションが警察に押収されるのを目の当たりにしたコルネリウスは、両親の死よりも、数か月前にがんで亡くなった姉の死よりも大きな衝撃を受けたと語っている。コルネリウスが当局に明かしたところでは、コレクションの保護を自らの責務と信じるあまり、「思いつめ、病みつきになり、孤立し、次第に現実離れしていった」という[6]。

自己観に関するジェームズの主張を検証する研究のうち最初期のものが、一九五九年にイェール大学の精神分析学教授アーンスト・プレリンガーが行った実験だ[7]。プレリンガーは成人の被験者に、一六〇種類のアイテムを「非自己」から「自己」までのスケール上に並べるよう頼んだ。すると、所有物は心と体ほど自己意識と密接に関わっているわけではないが、他者よりは自己との関わりが深いことがわかった（ただし、このあと言及するが、これは非常に西洋的なものの見方である）。同じアイテムを子どもたちに並べてもらった際も成人とほぼ同じパターンが見られたが、年齢が上がるにつれ、他者との人間関係が反映された所有物を重要視する度合いが増えていった。人間が成長すると他者と共生する生き物であることを思えば、当然の結果と言えるだろう。[8]

マーケティング界の教祖的存在であるカナダ人ラッセル・ベルクも、大きな影響力を及ぼした一連の論文で、自己と所有物との関係について論じている。その際にベルクが主張したのが、「拡張自己」として知られる概念だ。[9] ジェームズとサルトルの研究業績を踏まえ、ベルクは拡張自己の出現における四つの発達段階を提案した。第一段階で、乳幼児は自己を環境と区別する。第二段階で、子どもは自己を他者と区別する。第三段階で、青年と成人は所有物に助けられながらアイデンティティーを維持し、第四段階で、老人は所有物の手を借りて自己の連続性の感覚を手に入れ、死に備える。歳をとるにつれ、人は形見の品、家宝、写真といった、家族や友人との長年の関係を思い出すよすがとなる所有物を高く評価するようになる。家が火事になったら持ち出したいものとして、よく口にされる類の品々だ。ときには、実際に火事場から持ち出した所有物が大切な品になる場合もある。伝説のブルース・ミュージシャン、B・B・キングは、どこに行くにも「ルシール」と名付けた愛用のギターを持ち歩くことで有名だった。命名の由来は、一九四九年に遡る。キングがアーカンソー州のギグに出演していた際、二人の男が喧嘩を始め、蹴り倒されたヒーターからホールに火が燃え移り、全員が避難する火事となった。いったん外に出たキングは三〇ドルのギターをステージ上に置き忘れたことに気づき、燃えさかるホール内に取りに戻った。翌日、男たちの喧嘩の原因がルシールという名の女性だったことを知ったキングは、もう二度と燃えさかる建物内にギターを取りに戻ることはせず、決して女性をめぐって他の男と争うことはすまいという戒めをこめて、そのギターをルシールと命名した。以後、キングの所有するギターはどれもみなルシールと呼ばれるようになったという。

商品の物神崇拝

所有物は自己の延長である。だが新たなテクノロジーの発達により、いまや多くの物的所有物はデジタル形式に取って代わられ、私たちと所有物との物理的なつながりは消え失せようとしている。現像された写真や手書きの手紙は、インスタグラムやeメール全盛の現在では目にすることも稀になった。面白いことに、数年前には近々消滅するだろうと予測されていたアナログレコードと紙の本は、実際に手に触れられる味わいを愛するファンにより、人気が復調傾向にある。「触れられる音楽」への回帰によって、二〇一七年にはイギリス国内のレコードの売上が過去二五年間で最高を記録した。(10)同様の傾向は、紙書籍への根強い支持により、電子書籍の売上が落ちていることからも明らかだ。

このような回帰現象が起きているのは、一つには非物質的な所有物に情緒的愛着を覚えるのが難しいからである。実際にモノを手に取り、触れていたいと思う欲求は、一種のフェティシズムだ。「フェティッシュ」という言葉（語源は「呪符・魔術」を意味するポルトガル語の「feitiço」）を最初に使いだしたのは、アフリカを訪れたヨーロッパの旅行者たちだった。物体に超自然的な力が宿ると信じて崇拝するアフリカの風習を、物神崇拝《フェティシズム》と呼んだのである。以来フェティシズムという語は、無生物から得られる感情的な充足感を指すようになり、極端な場合には、身体の一部やさまざまな服装などを性的対象として愛好する性的フェティシズムを意味するようになった。

どのような物体にも、フェティシズムを引き起こす可能性がある。カール・マルクスは資本主義を批評した『資本論』の序章で、人々が商品に対して抱く心理的なつながりを「商品の物神崇拝《コモディティ・フェティシズム》」と書いた。[11] 私たちがモノに見出す価値は、人々がそのモノに支払ってもよいと思う金額に基づいている。たとえ機能的な価値がないモノでも、私たちが価値を見出せば、それがモノに移行して固有の特性となる。人類史の大半を通じて金と銀が珍重されてきたのは、金銀にもとから高い価値が備わっていたからではない（現代になって、電子工学において非常に有益だと判明しはしたが）。そうではなく、採掘量が少なく、貨幣として使いやすかったことで、金銀に高い価値が付されるようになったのである。市場が商品に何らかの価値を見出せば、消費者はすぐにその商品に情緒的な反応をするようになるのだ。

貴重品は、手に取る者にフェティッシュな思いを起こさせることがある。金の現物にじかに触れて、ぞくぞくするような興奮を覚えない人がはたしているだろうか。金を毎日扱っている金細工職人は何の感慨も抱かないかもしれないが、それ以外の人にとっては金はいつの時代も特別な存在だった。ミダス王の神話しかり、触れれば不思議なことが起きる魔法の金属として、世界中の民間伝承やお伽噺にも登場している。あなたがもし、モノにじかに触れることで何かが得られる――まぎれもないつながりができる――と考えているのなら、物神崇拝《フェティシズム》は腑に落ちるだろう。呪術的思考の研究分野では、これは「ポジティブな伝染」として知られている。触れることでポジティブな特性が自分に移行すると信じ、そのモノに触れようとするのである。[12] 私はケンブリッジ大学トリニティ・カレッジで特別研究員《フェロー》用の上級談話室に案内してもらったことがあるが、マントルピースに純金のノーベル賞のメダルがむき出しで飾ってあるのを見ると、その場にいた見学者全員がメダルに手を触れたがった。また、紙製の銀行券そのものに価値はないとわかっている現代の私たちでも、札束を手にしたときには特別な感慨を覚えるものだ。

ただの迷信とばかりも片付けられない。ポジティブな伝染を信じることが、現実世界での結果を左右する場合があるのだ。二〇〇三年の全英オープン覇者であるアメリカ人プロゴルファー、ベン・カーティスの所持品だと聞かされたパターでパットをした成人の被験者は、何も聞かされなかった被験者に比べ、はるかに優れた成績を収めることができた。[13] パットがより正確になっただけでなく、ホールカップのサイズが実際よりも大きく見え、自信を持ってねらいを定められたと報告している。幸運のお守りとされるものの効能は、こうした心理的な後押しで説明できる。幸運のお守りを持って試験に臨んだ学生は、記憶力テストとアナグラムの解読において、幸運のお守りを試験中に取り上げられた学生よりも格段によい成績を収めた。[14] いずれの例においても、幸運をもたらすとされるモノとの物理的接触がポジティブな心理状態をもたらしている。

金銭に触れるだけでも私たちの思考や行動は変化するが、受ける影響は必ずしもよいとは言えないようだ。貨幣の心理学を研究する行動経済学者キャスリーン・ヴォースによれば、現金を手にすると、子どもも大人も向社会的でなくなり、相互の関わり合いが減り、より利己的になる。[15] トールキンの『ホビットの冒険』と『指輪物語』には、愛しい指輪に執着するあさましくグロテスクな生き物ゴクリ〔映画版ではゴラム〕が登場するが、まさにゴクリさながら、所有物に心奪われてしまう所有者もいる。『オリバー・ツイスト』の守銭奴フェイギンから『ブレイキング・バッド』の麻薬王ウォルター・ホワイトに至るまで、ためこんだコインや札束を前にほくそ笑む人物は、通常、利己的な強欲の持ち主として描かれる。

ラッセル・ベルクもまた、個人的な所有物を自己観の一部とみなすのは、呪術的思考の領域に属す行為だと考えている。

人が自己の一部であるとみなす所有物は、魔法めいた魅力を宿すとみなされる対象物である場合が多い。たとえば香水、宝石、衣服、食べ物、移行対象、自宅、乗り物、ペット、宗教的な偶像、ドラッグ、贈り物、家宝、アンティーク、写真、土産、コレクションなどである。[16]

さらにベルクは近年になって、ますます高まるデジタル世界への依存と相関関係、また過去二〇年間に起きた急速な変化を取り入れ、拡張自己の概念をアップデートしている。[17] 人々はソーシャルメディアという新たなテクノロジーを用いて、オンラインでの自己観を他者にアピールしたいものへと作り変えている。SNSの重大な懸念の一つは、人々が不正確なプロフィールを創作し、ネット上に広めようとする点だ。自分に関する情報を一部だけ強調したり、あれこれ手を加えたり、でっち上げたりして、他人に感銘を与えそうな情報に変えたがるのである。なぜそれが問題かと言えば、こうしたネット上の自己宣伝は、自分以外のだれもがみな幸せな成功者なのだという非現実的な憶測を生み、傷つきやすい人々が自己不全感を抱く原因となるからである。[18] 人間は他者と交流する際の状況に応じて、異なる自己観をいくつも作り出す。唯一の自我というのが幻想にすぎないことは、だれしも実感しているだろう。時間の経過や状況の変遷にも影響されず、つねに変わらぬ真実の自己が維持されているわけではない[19]。

だがデジタル・プラットフォームの登場で、以前なら品がなく自慢げで、恥とさえ考えられていた類の個人情報を見境なくシェアすることも可能になった。むしろ、そうするようプラットフォームに焚きつけられているとさえ言える。ネット上で社会的な見せびらかし《ソーシャル・ピーコッキング》行為を行いたいという誘惑はかつてなく強いが、デジタルテクノロジーによって自己観への脅威が生じているのもまた事実である。いまや記憶や体験はデジタル形式で保存され、自然に消えることがないばかりか、たやすく回収して検証できるものになった。雇用者側が求人応募者のネット上のアカウントを調べて素行調査を行うのは、すでに当たり前の慣行となっている。私の研究室でも、求人募集をする際には、応募書類だけではわからない人柄や性格を知るためにＳＮＳのアカウントを調べるのが通例だが、本人にそう告げると、応募してきた世間知らずな学生の多くはショックを受ける。

ＳＮＳ上のデジタル記憶があるために、満足感の点で所有物よりも体験を好むという近年高まっている風潮までが弱まるおそれもある。ご記憶だろうか。所有より体験が好ましく思えるのは、私たちが出来事の記憶を実際よりも楽しいものへと絶えず改変しているからだ。だがデジタル時代がこのまま進展すれば、追憶の中で思い出を甘美にしていたバラ色のフィルターが、いずれは取り除かれることになるのかもしれない。出来事のリアルな実相や自分のありのままの姿をつねに突きつけられるからである。

それ以上に懸念されるのが、今後は死後もネット上でデジタルライフを送るようになるだろうという見通しだ。人々はオンラインで故人の誕生日を祝い続けている。フェイスブックの「死者」アカウントは、アメリカだけで毎年約一七〇万人ずつ増加していると考えられている。[20] フェイスブックには追悼アカウントの制度があり、故人のアカウントは遺族などの管理人が維持管理するよう設定できる。だがデジタルの分身がいれば、死すら多少の不都合以上のものではない。マサチューセッツ工科大学（MIT）の起業家養成プログラムで生まれたスタートアップ、エターニ・ミーをはじめとする企業は、故人再生アルゴリズムを開発し、死者の好みや癖をそっくり模倣したバーチャル・アバターを作る事業を行っている。死後もアバターが故人に代わってSNSに投稿を続けてくれるため、遺族や友人は故人と交流できるというわけだ。そうしたサービスに費用を払う気がない場合でも、両親が残した家財をなかなか処分できない私の妻のように、悲しみに打ちひしがれた遺族にとっては、愛する故人のオンラインアカウントを削除するのは心情的に容易ではない。

ネット上に残された無数のデジタルデータを保存しようとすれば、保管コストは年々かさんでいく。したがってこうしたファイルをアクティブに保つためには、どうしても何らかの財務モデルが必要になる。デジタル・アフターライフ事業は奇妙な産業に思えるだろうが、これは死とオンライン上の分身をめぐる避けがたい現実だ。デジタル・アフターライフ業界の規制に関するガイドラインが、オックスフォード大学の倫理学者たちによって提案されている。[21] デジタル革命は、自らの死後も命なき分身が末永く存在し続けるという状況を現実のものとしてしまったのだ。

特殊《ウィアード》な人々

所有物によって規定される拡張自己の概念は、じつは欧米人に特徴的な現象である。心理学への主要な批判の一つが、被験者に偏りのある研究に多くを負ってきたという点だ。心理学では過去六〇年にわたって、単位取得のためという動機で実験に参加した、アメリカの白人大学生を被験者としてきた。俗に「ＷＥＩＲＤ（ウィアード）」と呼称されるタイプの人々だ。欧米人で（Western）、高等教育を受けた（Educated）、先進工業国の（Industrialized）、裕福で（Rich）、民主的な（Democratic）人々である。主要六大ジャーナルに発表された数々の研究を分析したところ、ＷＥＩＲＤと同じ人口統計学的《デモグラフィック》属性を持つ人々は世界人口の約一二％しか占めていないにもかかわらず、実験の被験者はほぼ全員がＷＥＩＲＤであったという[22]。

自己観と所有概念についても、文化的な違いが見られる。心理学者リチャード・ニスベットは、著書『木を見る西洋人　森を見る東洋人』で、政治的イデオロギーを抜きにして考えると、異なる文化には本来異なる自己観が存在し、西洋と東洋の自己観にはかなりの隔たりがあると論じた[23]。西洋の自己は東洋に比べて個人主義的であるのに対し、東アジアの社会における自己観は他者と相互協調的であり、集団主義的である。西洋の価値観は、「独立独歩の人」といった、相互独立した自己観を強調する。個人所有物、個人の業績、他者との違いを高く評価する点などは、いずれも自己を中心とする《エゴセントリック》西洋的な観点の一環である。

それに対し、自己を滅し、集団を重視する道教や仏教の伝統を長らく守ってきた東アジアの社会では、幼少期から子どもに、自己よりも集団を尊重するよう教える。現に農村の集団主義文化に育った子どもは、欧米の先進工業国の子どもよりも、より公平に、気前よく分かち合いをする傾向がある。[24] 家族や共同体に属することが重要視され、核家族以外の親戚と同居することも珍しくない。東洋の家族は西洋の家族よりも、相互の物理的な関わり合いが深い場合が多い。一部の社会においては、多世代にわたる大家族（祖父母、おじ・おば、いとこ）が一つ屋根の下で暮らす場合もある。

こうした差異は、自分自身の描写の仕方にも反映される。たとえば集団主義社会で育った人は、自己を他者との関係性にからめて描写することが多い。私の指導院生サンドラ・ウェルツィエンは、先頃、インドのプネー出身の七歳と八歳の就学児を被験者とする研究を行った。サンドラが子どもたちに、「あなたのどんなところがすごいのか教えて」と頼むと、子どもたちのほぼ全員が、家族や友人と関係付けて自らの功績を口にした。典型的な回答は、「ぼくは数を数えるのが得意で、お母さんの自慢です」といったものだった。それに対し、イギリスのブリストルに住む同年齢の子どもたちは、自分がどれほどすごいかを他者への言及なしにすらすらと述べることに長けていた。[25] なかには、こうした相互の関わり合いの相手が、先祖にまで遡る文化もある。ニュージーランドのマオリ族を研究する民族誌学者エルスドン・ベストの論文によれば、マオリ族は自分の部族に言及する際、しばしば一人称を用いるという。一〇〇年前に起きた戦闘を描写しながら、「私はその地で敵を打ち負かした」と言うのである。[26]

こうした大まかなステレオタイプは、総じて正確なのだろうか。それとも、これもまた私たちが外国人を分類するのに使う、十把一絡げの一般化にすぎないのだろうか。驚くべきことに、東洋と西洋のあいだに歴然たる差異があることは、多様な実験に基づく証拠によって立証されている。分析的処理を必要とする（個人主義的な）課題と、全体的処理を必要とする（集団主義的な）課題を解いてもらうと、被験者がどちらの文化圏に属するかによって、異なるパフォーマンス分析結果が生じるのである。世界の見え方さえ、文化的な遺産によって決まる。複数の魚と岩礁、海草からなる複雑な水中世界のアニメーションを見せられると、日本人学生とアメリカ人学生では目にとめるものが異なる。[27] アニメーションに何が登場していたかを問う実験で、アメリカ人学生は主要な大型の魚ばかり目にとめる傾向があったのに対し、日本人学生は魚をとりまく背景的な要素にもしっかり気づいていた。日本人は見たものを「池のようなところでした」と表現することが多かった一方で、アメリカ人は中心的なものへの言及、たとえば「大きな魚がいました。それが左に向かって泳いでいきました」などと述べる割合が三倍も高かった。日本人は、背景となる状況と、登場するものの関係性により敏感だったわけだ。この解釈を裏付けるシンプルな実証実験がある。二二三ページに掲げる図を見てほしい。

私が右側の二つの正方形を、上辺から下に伸びる線が書かれていない状態でみなさんに示し、「左側の正方形に倣って線を書き入れてください」と頼んだとしよう。線の書き方は二つある。まったく同じ長さの線を書くか（絶対課題）、枠のサイズに比例した長さの線を書くかだ（相対課題）。実験でこれらの課題を解いてもらったところ、日本人の被験者は絶対課題よりも相対課題をより正確にこなしたが、アメリカ人の被験者は正反対の結果を示した。[28] これでわかるのは、人間が世界を処理する方法にも文化的差異が存在するということだ。自己観が個人主義的か集団主義的かによって、世界を見るレンズも、部分的か全体的かに分かれるのである。

さらに驚くべきことに、被験者が個人主義文化の出身か集団主義文化の出身かによって、さまざまな課題をこなす際の脳活動にも差が出ることがわかった。課題には、複雑な光景の視覚処理、[29]注意の集中、[30]暗算、[31]内省、[32]他人がどう思っているかに関する推論[33]などが含まれる。こうした証拠はどれも脳に根本的な違いがあることを示唆しているが、この違いは変更不能なわけでも、遺伝子に組みこまれているわけでもない。むしろ、プライミング効果〔先行する刺激によって後続の刺激の処理が無意識に影響されること〕を用いた課題を使えば、一時的に人々の考え方を変えることもできる。この場合のプライミング課題とは、たとえば被験者に個人主義または集団主義を強調した筋立ての物語を読んでもらったり、原稿に出てくる「私」あるいは「あなた・彼ら」という代名詞を丸で囲ってもらうといった課題を指す。[34]単に自己か他者のどちらか一方に注意を促すだけで、自己観を変化させることが可能なのだ。現に、日本に数か月住んだアメリカ人は、絶対性のバイアスがかかった状態から相対性のバイアスがかかった状態へと変化するのに対し、アメリカに留学中の日本人学生にはそれとは正反対の変化が起きる。[35]

ちょっとした操作をするだけで人をより自己中心的にしたり、そうでなくしたりできるわけだが、こうした変化は、自己志向的な思考をするか他者志向的な思考をするかで、活性化する脳領域が変わる現象に酷似している。[36]人間の脳は、つねに周囲の微細な文化的コンテクストに反応し、それに合わせて変化している。改めて考えてみると、脳が文化によって物理的に変化する生物文化的な器官だという知見は、極めて気味が悪い。私たちの大多数は、たとえば欧米人であれば、異なる文化

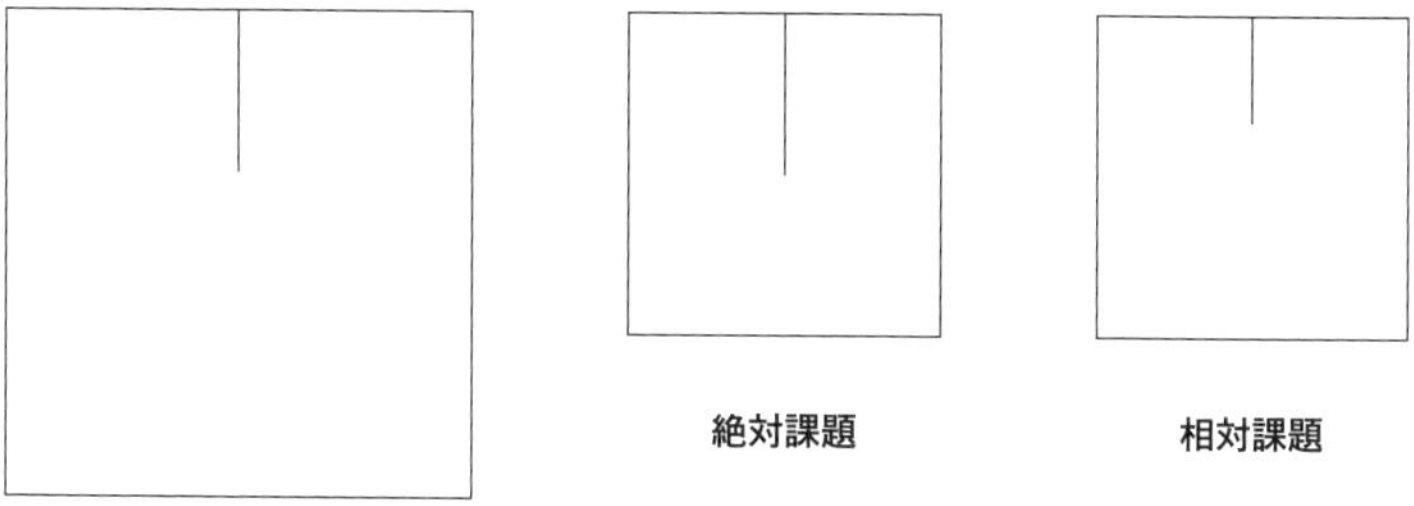

被験者はすでに線が印刷された左側の正方形を示され、右側にある小型の正方形の枠に、まったく同じ長さの（絶対的な）線か、正方形に対する比率が同じ（相対的な）線を書くよう依頼される。欧米人の被験者はまったく同じ長さの線をより正確に書いたのに対し、アジア人の被験者は正方形との比率が同じ線をより正確に書いた。

を訪れる際には自分は欧米の脳を携え、欧米の目で異文化を観察していると考えている。だが生物文化的適応に関する研究結果が示唆するのは、異文化の中で長期間過ごすと人の脳は変化し、その文化の人々と同じように世界を見るようになるという事実だ。実際に西洋においても、数百年のあいだに、文化的な自己観は変化している。たとえば「self」という接頭辞がつく語（「自尊心（self-regard)」、「叩き上げの（self-made)」など）は、個人主義的な思想であるピューリタニズムが一七世紀に興隆するまでは、英語では使われていなかった。[37] このような自己観の変化が起きたのは、一つには人々が結びつきの強い村落共同体を離れ、人口密度が高く競争の激しい、新たに工業化された都市へと移り住んだからである[38]。

歴史上の出来事も、文化的差異を生じさせるのに一役買っている。アメリカで独立心や個人主義が盛んに奨励されるのは、アメリカが、よりよい人生を求めて海を渡った移民が中心となって築いた国であるからだとよく言われる。アメリカの社会階層と価値観は、能力主義《メリトクラシー》に基づいている。一七七六年のアメリカ独立宣言に以下のように記されていることからも、それは明らかだ。「われわれは、以下の事実を自明のこととみなす。すなわち、すべての人間は平等につくられている。創造主によって、生存、自由、および幸福の追求を含む侵すべからざる権利を与えられている」。この政治思想によって推進されたのが、すべての人には成功する可能性と権利があるという考え方だ。それは移民たちの多くが逃れてきた、ヨーロッパ全土にはびこる階級制度とは、著しい対照をなしていた。ヨーロッパでは、特権階級に生まれるかどうかでその後の人生が決まり、出自による格差を自力で変える術はほぼなかった。それどころか、生まれよりも上の社会階層に出世することは、身分をわきまえない不埒な行為として眉をひそめられたのである。だが植民地だった新興国では、運命は自分の手で決められるという考え方が徐々に広まり、やがてそれは一代で成功者となるアメリカン・ドリームへと結実する。

だがアメリカ国内においても、歴史的背景の違いを反映して、州ごとに異なる自己観が存在する。歴史学者フレデリック・ジャクソン・ターナーは一九二〇年代に、西部への進出と探検が「フロンティア精神」を育んだと論じた。[39] 開拓者が自らの生存をかけて辺境の自然と格闘し、他の開拓者としのぎを削るなかで、自立心旺盛な独立独歩の気風《エートス》が醸成されたというのである。このロマンあふれる学説を、研究結果も裏付けている。集団主義の傾向はアメリカの深南部《ディープサウス》で最も顕著なのに対し、個人主義の傾向はロッキー山脈地帯《マウンテンウエスト》と大草原地帯《グレートプレーンズ》で最も顕著に見られる。[40] 辺鄙な中西部《ミッドウエスト》出身のアメリカ人は、人口の密集した東海岸・西海岸出身者に比べ、個人主義を測る尺度ではるかに高いスコアを記録する。アメリカの大統領選において、自己中心的な個人主義の極致とも言えるドナルド・トランプのような人物が、世界主義的《コスモポリタン》な他の地域に比べ、かつての辺境地帯で絶大な人気を誇ったのも、おそらく偶然ではないだろう。

個人主義的自己観はフロンティア精神から生まれるとするこの仮説を裏付ける証拠として、おそらく最も説得力を持つのが、日本の北部に位置する島、北海道の住民を対象とした研究だろう。[41] 一九世紀半ばまで、北海道は先住民らわずかな住民のみが暮らす広大な未開の地だった。だが一九世紀後半に江戸幕府が倒れて明治維新が起きると、本州から大勢の日本人が北海道に移住するようになった。アメリカの西部開拓者と同様に、新たな人生を始めようとする開拓者の第一波が北海道に押し寄せたのである。北海道以外の日本本土では、伝統的に相互協調的で集団主義的な価値観が主流をなしてきたが、北海道の初期開拓者の子孫は、いまも独立性と自己注目度を測る尺度で他地域の日本人を大きく上回る高いスコアを上げており、他の日本人よりも欧米人に近似している。自己観の差異を生むのは単なる地理的な位置関係ではなく、その共同体がどのように成立したかという歴史的な起源なのである。

とはいえ、状況は変化している。過去五〇年間にわたって七八か国を調査した近年の研究によると、経済発展の拡大に伴い、個人主義レベルは世界的な上昇傾向にある[42]（集団主義文化においても、「私」「私の」という代名詞の使用が増加している[43]）。だが、それには別の側面もある。裕福になるにつれ、他人への依存度は減る。そのため、経済的独立を達成する人が増えると、それに連動して離婚率が上昇し、狭い家で一人暮らしをする人や、両親や祖父母の老後を見ない人が増加する[44]。思い通りに生きるためには、かなりの精神的代償を払わねばならないようだ。個人主義が世界規模で拡大しているとすれば、人間がどのように所有物を自己の構成要素とし、重視するのかもまた、それによって影響を被ることになる。物質主義と個人主義を完全に切り離すのが難しい以上、私たちが留意すべきは、今後ますます多くの人が、社会的地位を確立する手段として私的所有に向かうことが予想される点だ。その見通しが現実のものとなれば、過剰消費からさらなる諸問題が派生するのを防ぐ手立てが必要となるだろう。

わがままな私

ときには、持ち物を人に譲る行為が、自分が何者かを示す指標となることもある。自己観と所有に密接な関わりがあると言えるのは、どのような自己観を抱いているかによって、所有物をめぐる考え方だけではなく、所有物の扱い方にも違いが出るからである。所有権があれば、資産を他者と分かち合える。所有していないものや他者の所有しているものは、分かち合えない。所有物は自己観の一部をなすという説が正しいなら、世界各地で分かち合い行為に違いが見られる点についても、物事の処理の仕方が個人主義的か集団主義的かという文化的差異で説明できるはずだ。自己注目度の高い人は、周囲への気遣いが大きい人に比べて、他者への気前のよさも低いと考えられる。

親ならばだれしも実感していることだが、子どもは絶えず促されないかぎり、なかなか分かち合いをしようとしない。人間はみな、幼少期にはかなり自分本位なのである。ジャン・ピアジェは幼児の心的世界を自己中心性の概念で説明し、空間的視点取得能力〔他者の目を通した対象の見え方を予想する能力〕を問う課題によってそれを実証してみせた。いまや古典となった研究の一つが、三つの山問題である。[45] 幼い子ども数人をテーブルの前に座らせる。テーブルを挟んだ子どもたちの真向かいには、大人が腰かけている。テーブルには張り子の三つの山の模型が設置してあるが、三つの山はそれぞれ色や高さが異なり、容易に識別できるようになっている。うち二つの山頂には、家と十字架という目立つ建造物が建っている。子どもたちは異なるアングルから撮られた山々の写真を見せられ、最初に自分の見ている景色と同じ写真を選ぶよう言われたのち、真向かいの大人が見ている景色と同じ写真を選ぶよう指示されるという課題である。四歳以下の幼児は通常、大人がどこに腰かけているかに関係なく、自分の見える景色と一致した写真を選んでしまう。ピアジェはこれを、幼児は自己中心性が強いために、他者の視点をとるのが容易でないからだと論じた。この年齢の子どもに自発的な分かち合い行為が稀なのも、一つにはそのためである。だが東洋の子どもたちは、幼いときから自己中心的なふるまいを控えるよう奨励されることで、西洋の子どもたちよりも分かち合いをするようになる。集団主義的な養育を受けたことが気前のよさとなって表れているのだ。

驚くべきことに、人間の自己中心性は成長しても消えることがない。子どもも大人も、人に見られていないときは慈善団体へ寄付する金額が減るが、そのことは、人間が内心では自己中心的な動機を保ち続けていることを示している。[46] 大人が物惜しみする行動をとるのを見ると、アメリカの都市部の子どももインドの田舎の子どもも、一様に分かち合いの量を減らす。だが、手本となる人物が気前のよいふるまいを見せたときに分かち合いの量を増やすのは、インドの子どもだけである。理由の一端は、東洋の集団主義社会が世間での評判に重きを置いているのに対し、個人主義社会の子どもにとって評判はさほど重要ではないためだ。[47] だがこうした反応も、容易に操作することが可能だ。インドとイギリスの子どもを対象としたサンドラ・ウェルツィエンの研究では、分かち合いの直前に実験者が「自分のことを話して」と頼むだけで、どちらのグループの子どもも利己的にふるまうようになることが示された。ここでも、プライミング効果によって、所有物の扱い方が変わる場合があるのがわかる。どの程度分かち合いをするかは一定ではなく、状況や文化的コンテクストによって変わるが、他者の存在を意識する状況下では、周囲が寄せる期待に大きく影響されるのだ。

人が所有物を分け合いたがらない理由の一端は、他者を気にかけていないからというよりは、自分の持ち物を気にかけすぎているからだ。自分について考えるとき、人は自分に関係のある目の前のものに特別な注意を払う。タスクフォーカスの状態にある。スーパーマーケットを舞台にした買い物クイズ番組を模したある実験では、[48]二人の被験者の前に赤と青の買い物かごが置かれ、自分の前のかごに入れられた商品は、自分のものだと考えてよいと説明された。続けて被験者は、食料品や日用品の写真を記載したカードを提示され、そこに貼られた赤か青のシールの色に応じて、カードを二つの買い物かごに分類するよう指示された。分類が終わると、カードの商品のうち何枚を覚えているかがテストされた。結果は、四歳から六歳の子どもと成人のどちらも、隣の買い物かごに入った商品よりも、自分が獲得する商品のほうをはるかに多く記憶していた。[49]これは「自己参照効果」として知られる現象で、自己と関連付けて覚えた情報は、他者と関連付けて覚えた類似の情報よりも、その後長く記憶に残る傾向があることを示している。[50]

自己と関連付けられた情報（自己参照情報という）の処理で生じる優位性は、内側《ないそく》前頭前皮質（こめかみ部分）の活動として脳に記録される。だが所有に関連付けられた場合には、同様の活性化が外側《がいそく》頭頂皮質（もっと後頭部寄りの、耳のすぐ上）でも起きる。ここは、通常は物体処理で活性化する領域だ。[51]言い換えれば、自己と関連付けられた物体の情報が処理される際には、物体情報に所有者タグが追加され、それが自己に関する思考で活性化する脳領域に記録されるのだ。そのために、こうした自己参照情報と物体情報を処理する神経ネットワークは、アジア人被験者よりも欧米人被験者の脳でより強力に活性化される。[52] 対照的に、他者に関する思考の場合には、アジア人被験者の脳のほうが、人間関係を考えたときに反応する領域がより強力に活性化する。

もし東洋人が世界を集団主義的にとらえているとすれば、東洋人は社会的地位への執着が薄く、ステータスシンボルを追い求めることもあまりしないのだろうかという疑問が湧く。だがその予想とは裏腹に、アジアは高級品市場が極めて盛況な地域の一つである。見せびらかしの消費によって成功者とみなされようとする競争と、伝統的に集団的アイデンティティーを重視する集団主義的な価値観とは、どうしたら齟齬を来さずに済むのだろうか。インドの社会が一般に言われるように集団主義的で他者志向的だとしたら、なぜヘリコプターに乗るために多額の散財をするインド人農家が現れるのだろう？

この一見矛盾する様相を説明するためには、個人主義的か集団主義的かという観点に加え、垂直的か水平的かという切り口から文化をとらえるのが重要だと、マーケティングの専門家シャロン・シャヴィットは論じている。[53] アメリカ、イギリス、フランスなどが該当する垂直的な個人主義文化では、人々は競争、成果、権力などを通じて他から抜きん出ようとし、「勝つことがすべてだ」「ほかの人より優れた仕事をすることが重要だ」といった意見を支持する傾向がある。だがスウェーデン、デンマーク、ノルウェー、オーストラリアなどが該当する水平的な個人主義文化では、人々は自分を他者と対等な立場にある自立した存在と見ており、「他人よりは自分自身を頼みにしたい」「他者から独立した私個人のアイデンティティーが、私にとっては非常に重要だ」といった意見を支持する割合が高い。対照的に、日本、インド、韓国などが該当する垂直的な集団主義文化では、人々は個人的な目標達成を犠牲にしてでも権威に従おうとし、排他的な内集団の団結とステータス向上に力を傾注する。人々は、「たとえ自分の望みを諦めてでも、家族の面倒を見ることが私の義務だ」「所属する集団が決めたことを尊重するのが、私にとっては重要だ」といった発言を行いやすい。ブラジルをはじめとする南米諸国が該当する水平的な集団主義文化は、社交性と、一応の平等を実現する平等主義的な取り決めが特徴的だ。ここでは、「私にとって、ほかの人と一緒に過ごすのは楽しみだ」「同僚の幸せは私にとって重要だ」といった意見が支持されやすい。

　垂直的構造を持つ文化では、構成員は本人の自己観が個人主義的か集団主義的かにかかわらず、見せびらかしの消費によって社会的地位を上げようとする。水平的構造を持つ文化では、構成員は自慢や誇示、見せびらかしの消費により大きな嫌悪感を抱き、つつましさを奨励し、成功者批判《トールポピー》を行う傾向がある。なぜ異なる国ではそれぞれの文化構造を考慮したマーケティングを行うべきかという理由も、この垂直的文化・水平的文化という切り口で説明できる。デンマークでは個人のアイデンティティーや自己表現に訴えかける広告が多いが、同様の個人主義社会でありながら垂直的構造を持つアメリカでは、ステータスや名声を強調した広告が流される傾向がある。[54]

　生まれたときには人間の脳は互いに似通っているが、脳科学研究で徐々に明らかになってきたところによれば、やがて文化的な自己観が、脳の活性化の違いという形で表れてくる。そうした違いは、歴史的、政治的、あるいは哲学的見地の違いを反映している。つまり、人間の脳は進化で組み上がった固定されたものではなく、発達の過程で生物文化的な影響によって徐々に形作られるものなのだ。所有が自己観の主要な構成要素であるとすれば、親が子をどのように育てるかで、その子の所有に関する態度が決まってくることになる。

損失の見通し

物を入手したり手放したりする際に人が所有物に付加する価値は、本来であれば、経済における合理的な選択の反映であるはずだ。経済学では、数百年にわたり、アダム・スミスやジョン・スチュアート・ミルらの提唱する需要と供給の数理モデルが権勢を振るってきた。だが慈善事業への寄付の節で論じたように、数理的アプローチによる市場取引の理解には、人間のふるまいを考慮に入れていないという瑕疵《かし》があった。こと売買に関しては、人は理性的な行動をとらない。目端の利く商売人たちには、数千年前からとうに知られていたことだ。抜け目のない商売人は、客の見せる情緒的反応から買ってくれそうな客を見分けられるだけでなく、客の感情に巧みに訴えかけて（「お召しになられましたら、さぞお似合いですよ！」）、商品を買わせることもできる。客になりそうな相手の情緒的な弱さにつけこむ強引な販売方法は、昔からある。にもかかわらず、スミスをはじめとする多くの学者は、経済がどうはたらくかの説明として、合理的行動と利益の極大化に基づくモデルを提示し続けた。その流れを根底から覆したのが、イスラエルの二人の心理学者、ダニエル・カーネマンとエイモス・トヴェルスキーである。二人は古《いにしえ》を偲ばせるエルサレムの通りをそぞろ歩きながら、人間がじつはどのように意思決定しているのかを熟考した。

カーネマンは別の研究で紹介済みだが、ノーベル経済学賞を受賞したカーネマンの研究の大半は、友人で同僚だった故エイモス・トヴェルスキーとの共同研究である。その画期的でクリエイティブな業績によって、二人は「心理学界のレノンとマッカートニー」とも呼ばれている[55]。ともにラビを祖父に持つカーネマンとトヴェルスキーは、構造化された議論の体系である聖典タルムードの伝統に倣い、「コイントスをして表が出たら一〇〇ドルもらえるのと、確実に四六ドルもらえるのと、どちらがいいか?」といった問いかけをしては議論を重ねた。まずは任意の疑問を議論の俎上に載せ、それに対する自分たちの直感的な答えを糸口に、人間心理に切りこんでいくというプロセスを、何度となくくり返したのである。自分たちに自明の理と思えるような意思決定は、他の人々にとっても自明の理に違いないと推論してのことだった。

自らの内面を観察するこの方法論的アプローチを「内観」といい、その発端は科学としての心理学の起源にまで遡る。エルンスト・ヴェーバーやグスタフ・フェヒナーといった実験心理学の父祖が、知覚の主観的閾値を体系立てて研究するようになったのが始まりだ。彼らは、光が見えるようになるにはどれだけの明るさが必要なのか、音がどれだけ強くなると音の大きさが二倍になったと感じられるのか、といった疑問の答えを探したのである。ヴェーバーやフェヒナーをはじめとする知覚研究の先駆者は、数式によって知覚経験の測定を試みるという、いわば物理学者のようなアプローチで疑問の解明に取り組んだ。人間の精神という非物質的な領域を測定した彼らは、精神物理学者と呼ばれる。

カーネマンとトヴェルスキーも、リスクやギャンブル、金融取引などにおける人間の態度を解明するのに、同様の内観的手法を用いた。初期のドイツ人精神物理学者たちは人間の知覚に関する数々の発見をしたが、カーネマンとトヴェルスキーもまた、損失と利得に対する人間の態度には体系的な認知の歪み《バイアス》が生じていることを発見した。バイアスの一例を見るために、まったく同一の仕事をし、生活態度も人生の目標もまったく等しいふたごの兄弟を想定してみよう。彼らは寸分違わぬ瓜二つの兄弟である。ある日上司がやってきて、どちらか片方には一万ドルの昇給を、もう一方には一二日間の有給休暇を与えよう、と朗報を告げる。公平な考え方をする二人は、昇給と休暇の割り振りをコイントスで決めることにした。コイントスの結果には、二人とも同じくらい満足していた。だが一年後にまた上司がやってきて、昇給と休暇を交換するよう告げたとする。給与が一万ドルカットされて有休が増えるのを、あるいは有休が減って昇給するのを、それぞれの兄弟はどのように感じるだろうか。

カーネマンとトヴェルスキーは、昇給と有休増加に同等の価値があるとしても、ふたごの兄弟はどちらも交換を渋るだろうと指摘した。カーネマンとトヴェルスキーはこれを「損失回避」と名付け、こうした状況下で標準的な経済モデルが成り立たない理由がそこにあるとした(56)。価値が等しい二つの資源は、本来であればたやすく交換可能なはずである。だが一度確定したり、所有した資源を、人間は同等のものとして扱わないのだ。経済的意思決定を正しく推論するには、人間の心に存在するバイアスを考慮に入れる必要があるのである。なぜ人間の論理的思考はこれほど当てにならないものなのだろうか。

カーネマンはベストセラーとなった著書『ファスト&スロー(57)』で、人間の頭は意思決定の際、二つの経路をたどってはたらくと論じた。情緒的な「勘」に頼ることの多い、速くて直感的な思考経路が「システム1」、論理的思考と推論によって時間をかけて意思決定に至る、遅くてまだるっこしい思考経路が「システム2」である。人間は双方の経路を用いてものを考えているが、解決策に関しては両者が異なる結論を導き出すことも多い。標準的な経済モデルは、冷静に理詰めで考えるシステム2の思考経路に基づいて組み立てられているが、人間はシステム1の速くて直感的なバイアスに抗えないことが多い。そのために、情緒的な反応を考慮せずに見ると、人間がときに理屈に合わない意思決定をするように思えるのである。これら二つのシステムの違いを理解すれば、一見非合理的な所有の側面が納得のいくものに見えてくる。次節ではそれについて見ていくことにする。

未練がましい敗者

以下のような賭けを想定してみてほしい。私が通常の硬貨でコイントスをし、表が出たらあなたの負けで、あなたが一〇ドル払うとする。このとき、裏が出たら何ドルもらえると聞けば、あなたは賭けを受けてくれるだろうか。一〇ドルより少ない額では賭けをする意味がないから、一〇ドル以上ではあるだろう。だが、勝った場合に何ドルもらえるという条件なら、あなたは賭けに応じるだろうか。

大半の人は、最低約二〇ドルもらえるのでないと賭けに乗らない。じつは、負けて支払う金額が一〇ドルでも一万ドルでも変わりはない。ほとんどの人は、少なくとも支払いの二倍の金額をもらえるのでないと、賭けに応じてくれないのだ。なぜだろうか。人間は、得をするかもしれないという見通しよりも、損をするかもしれないという見通しのほうを重く受け止めるのである。ここでもまた、システム1の思考が誤った判断を下しているのだ。勝った場合の獲得額が支払い額を大幅に上回っている場合には、この損失回避の法則はねじ曲げられる。一般大衆の多くが参加する賭け、つまり宝くじの場合がそれだ。宝くじに当たる確率は勝率が五〇%のコイントスよりはるかに低いが、くじを買うのに費用がかかるというデメリットは、巨額の賞金への期待の前に完全に黙殺されている。大多数の人の頭の中では、億万長者になるというまずありそうもない可能性が、毎週くじの購入費用がかかるというほぼ確実に起きる事態を帳消しにしているのだ。私たちは経済的リスクについて論理的に考えるのがあまり得意ではないらしい。宝くじが「愚か者の払う税金」と呼ばれてきたのも、そのためだ。

だがこれは愚かさではなく、システム1がはたらいた結果である。人は金持ちになることを夢見るのが好きだ。ギャンブルをするのも一つにはそのためである。そして多くの人は、ギャンブルで一山当てれば人生は必ず好転し、幸せが訪れると考えている。言うまでもなく貧困はよいものでも望ましいものでもないが、富が手に入ったからといって、私たちの期待する幸せが訪れるとは限らない。いまや古典となった富と幸福に関する一九七八年の研究で、研究チームは、五万ドルから一〇〇万ドルの宝くじに当たった当選者二二人に聞き取り調査を行った。[58] 宝くじの当選は、人々が比較的ランダムに大金を手にできる手段であるため、勤勉や努力といった因子を考慮せずに、大金が幸福度の増大にどの程度貢献するかを調べるには、妥当な例なのである。当選者は、当選前にはどれくらい幸福だったか、現在どれくらい幸福か、将来どれくらい幸福になると思うかを質問された。また、友人と話す、テレビを見る、褒め言葉を聞く、服を買いに行くといった、日々の活動から受ける喜びの度合いについても尋ねられた。比較のため、宝くじに当たらなかった当選者の隣人たちにも同じ質問を行った。負け組というわけではないが、勝ち組でもない人々である。結果は、当選者は濡れ手に粟の大金を手にしたにもかかわらず、その幸福度は隣人と大差なかった。むしろ、当選者が申告した日々の活動から得られる喜びは、隣人より大幅に少なかったのである。

この宝くじ当選者に関する聞き取り調査はすでに四〇年以上前の研究だが、非常に影響力が大きく、また直感とは相容れない意外な結果でもあるため、いまだに追加の研究が行われ、論議の的となっている。相当額の宝くじに当選したスウェーデン人三〇〇〇人以上を対象とした最近の研究では（二〇一八年発表）、金銭では幸福度は上がらないとする元の論文の結論に矛盾するような結果が得られている[59]。当選から五年以上経った段階で人生の満足度を聞かれた当選者は、当選しなかった人々に比べ、全体的な満足度にかなり高いスコアをつけたのだ。主な理由は、経済的な不安が解消されたからだった。だが昇給に関するカーネマンの研究ですでに見たように、満足度と幸福度は同じものではない。幸福度とメンタルヘルスに関しては、大金を手にしたからといって、さほどの好転は見られないのである。

選択がからむ所有に関しては、ギャンブルもまた興味深い知見をもたらしてくれる。自分で意思決定を行った場合、人は心変わりをしたがらない。競馬で言えば、賭けた直後の人は、賭ける直前よりも、自分の馬の選択により大きな自信を抱く[60]。人は、自分で選択したという事実によって「コントロール幻想」[61]〔自分では制御できない事象に影響を与えられると思いこむこと〕に陥る。自分で宝くじを選んだ被験者は、ただくじを配られた被験者に比べ、なかなか交換に応じようとしなかった。自分で選んだのだから、それだけ当たりやすいだろうと信じているかのような態度である。宝くじを交換すれば謝礼金が手に入るという条件下でも、被験者は交換に応じなかった。[62] 別段、摩訶不思議な力でツキに恵まれていると考えたわけではない。被験者の報告によれば、自分の選択を守り抜いて宝くじに外れたら諦めもつくが、くじの交換に応じて外れたらひどく気分が落ちこむだろうと考えたからだという。[63] ここでも、感情が意思決定を左右しているのだ。

私たちの大半は、リスクを負うのが好きではない。損をするのが怖いからだ。リスク回避を行うのは、人間ばかりではない。失うものが大きい場合、非常に単純な生物でも、リスクを避ける戦略を立てる。進化の歴史のはるか昔から、生物は危ない橋を渡るまいとするバイアスを発達させてきた。「藪の中の二羽より手中の一羽」という諺にあるとおり、大半の動物にとって、手中の一羽は藪の中の二羽よりも価値が高いのである。とはいえ、あらゆるリスクを避けることもまたよい戦略とは言えない。既出の経済ゲームでそうだったように、リスクと、獲得したときにもたらされる利益との、ちょうどよいバランスを保つ必要があるのだ。そのためには、戦略もまた、生存に有利な適応として次世代に伝えていけるだけの十分な柔軟性を備えたものへと進化しなければならない。

コンピュータシミュレーションを用いて、リスクの高い行動がもたらす繁殖成功度を一〇〇〇世代以上に渡ってモデル化したところ、リスク回避を選好する進化は少人数の集団でのみ発生し、とくに人口が一五〇人以下の集団で顕著なことがわかった。[64] 進化心理学の本の読者にとっては、馴染み深い数字だろう。進化心理学者ロビン・ダンバーにちなむ、ダンバー数と同じだからである。ダンバーは、人間が社会生活を送るのに最適な集団の人数は、一五〇人だと算出した。[65] ちなみに、数理モデルから導き出される損失回避バイアスのサイズ（藪の中に最低何羽の鳥がいれば、手中の一羽を手放すか）は、二・二と判明している。一〇ドルの損失を被るかもしれない賭けに応じるためには、たいていの人が二〇ドルの利得を要求するが、モデルの数値はそれに非常に近い値だ。

なかには、リスク回避を行わない人もいる。最大三万人の一卵性双生児と二卵性双生児（同じ家で育った者も、別々に育った者もいる）を比較したスウェーデンの研究では、人間の行動がどの程度環境や幼児期の経験で形作られ、どの程度遺伝子で予測可能なのかが明らかになっている。[66] 株式市場への投資など、リスクがある財務上の意思決定については、リスクを回避しないさまざまな行動のうち、およそ三分の一（三〇％）が生物学的要因と関係があることがわかっている。遺伝の占める割合がそれほど高いのかと思われる向きもあるかもしれないが、同時にこれは、リスクの高い行動を引き起こす主な要因（残りの七〇％）は、遺伝子の影響を受けないことも意味する。生物学的要因と相互に作用しつつも、人生経験が及ぼす影響力が大きいのだ。

所有に関する重要な選択においては、頭の中で冷静に計算する数式のようなシステム2の思考だけでなく、脳の感情中枢を活性化させるシステム1の思考もはたらいている。[67] 意思決定を行う際、人間の脳は損失と利得の可能性を天秤にかけるが、この二つは同じコインの裏表でありながら、異なる神経回路で処理されている。ときに宙高くこぶしを突き上げ、勝利がもたらす歓喜と高揚を味わうことがあるにしても、吐き気を催すような鬱々たる損失の痛みはそれとは比べ物にならないほど深刻で、持続期間も長いように思える。それも当然で、後悔の念は喜びよりも強い情動なのだ。バーゲンセールでお買い得品を買えると期待すると、その他のポジティブな体験を予期したときと同様に、脳の奥深い領域にある報酬中枢（腹側線条体と呼ばれる領域）が発火する。[68] だが株取引で損失が出そうだという事態に直面したときには、つらい体験に関連することが多い、罰や痛みに関わる回路（島皮質や扁桃体など）が刺激される。

いちいち売り物に情緒的な結びつきを感じていては仕事にならないプロの商売人を除き、私たちが下す意思決定は、獲得可能性の喜びをとるか、代償を支払う痛みをとるかという、脳内の神経回路におけるトレードオフにほかならない。だとすると、鎮痛剤を服用することでつらさが和らぎ、所有物を低価格で売却するようになるのも不思議はない。[69] 脳内活動を画像化できる脳機能イメージングを用いれば、利益が得られそうなときよりも損をしそうなときのほうが神経反応の大きかった人は、損失回避性が高いと予測することもできる。[70] このような感情的な葛藤こそ、相手がとくに欲しがっていない商品を客に売りつけようとする際に、商売人が頼りにする足がかりである。理性に訴えかけるよりも感情に訴えかけたほうが物が売れるということを、商売人はよく承知しているのだ。

欲しがることとは、必要とすることとは違う。欲しがることはむしろ、「所有する可能性があるもの」を通して心理的充足感を得ようとする行為である。だが意思決定においては、どうやら「失う可能性があるもの」が最大の影響力を発揮するらしい。そして「すでに所有しているもの」となると、損失はさらに強大な影響力を及ぼす。所有物は所有者の人となりを物語るものであるからだ。

第7章　手放すということ

手中の一羽

一九七〇年代前半に経済学部の若き院生であったリチャード・セイラーは、ワインの目利きである教授が、二つのルールに基づいてワインの売買を行っていることに気づいた。第一に、ワインを買うときは一瓶三五ドルまでにする。第二に、ワインを売るときは一瓶一〇〇ドル以上でないと売却しない、というのである。この戦略に従えば教授はつねに利益を上げられるが、これは非合理的なルールでもある。配送やインフレなど、ワインの価値を下げうる要因が多々あることを考えれば、三五ドルで買ったワインは、三五ドルを上回る値段ならいくらであろうと売るべきなのだ。だがセイラーの研究で何度も観察されたように、人々が自分の所有物に付ける価値は、他人が支払ってもよいと思う金額を大幅に上回っている。わかりきった事実に思えるかもしれないが、セイラーのこの考察は、行動経済学という新たな分野の幕開けを告げるものとなった。セイラーはその後二〇一七年に、行動経済学における貢献によってノーベル賞を授与されている。

行動経済学は、心理的なバイアスを経済的意思決定に応用した学問だ。意思決定の際に予測のつかない行動をとる人間のふるまいを導入することによって、標準的な経済モデルを根底から覆したのが行動経済学である。なかでもカーネマンとトヴェルスキーが提唱した「プロスペクト理論」は、意思決定の際の考え方のもととなる一連の心理的法則を、明快に解き明かしてみせた(1)。自他の社会的地位を見定めるのに失敗したり、買い物で得られる一時的な喜びを永続的なものと勘違いするのと同様に、意思決定においても、人間の脳にはバイアスが生じるのである。第一の法則は、すでに論じたように、状況の変化に対する評価は、ある特定の時点と比較した相対的なものになるということだ。得をするか損をするかは、過去に何をどれだけ持っていたかで決まる。飲み物の甘さから、同じ芝居を何度となく観るつまらなさに至るまで、私たちの経験は過去の出来事によって形作られる。人間だれしもが免れえない、快楽順応を思い出してほしい。私たちはあらゆる体験を、過去の体験と比べているのだ。カーネマンとトヴェルスキーが挙げた第二の法則は、どの変化も、現在の価値との比較になるという点だ。つまり過去の体験だけでなく、現在の立ち位置も関係してくるのである。空腹で死にそうな人は、たとえ過去にどれほど裕福だったとしても、どのような施しも喜んで受け取るだろう。最後に、最も重要な第三の法則は、損失の見通し《プロスペクト》は、利得の見通しよりも心に重くのしかかるという点だ。手中の一羽を手放すためには、人は藪の中に少なくとも二羽の鳥がいることを望む。

プロスペクト理論の論文を読んだセイラーには、人間の大半の経済行動がにわかに腑に落ちた。

所有に関しては、人間は合理的ではないのだ。生まれついてのバイアスによって自身の所有物を過大評価するのが人間であり、その理由は（プロスペクト理論が予見したように）損失回避で説明できる。コイントスのようなシンプルな賭けであっても、所有物や所持金を手放して賭けに応じるためには、損失の二倍の利得がなくてはならない[2]。これは、ビジネスの観点からは理にかなっているようにも思える。売り手と買い手がともに、取引における利潤極大化を図っているからだ。だが背後にあるのは所有の問題であり、二倍の利得が必要なのは売り手が個人的な損失を過度に恐れた結果なのである。

所有したとたんに、私たちはその所有物を買いかぶる。「授かり効果[3]」と呼ばれるこのバイアスは、行動経済学の扱うなかでも最も頑強な現象の一つだ。端的に言えば、獲得する前に支払ってもよいと思う金額よりも、所有後の売却時に値付けする価格のほうが高くなるという傾向だ。売り手と買い手が想定する金額のあいだにはつねに不均衡が生じるものだが、販売する品が個人的な所有物だと、その不均衡はさらに大きくなる。

授かり効果は、さまざまな操作によって引き起こすことができる。オークションでまだ手に入れていない品に入札すると、入札を続けるはめに陥りやすい。大半のオークションハウスが心得ているこの駆け引きが、やがては半狂乱の入札合戦を生む[4]。授かり効果を引き起こすには、購入可能な品を手に取らせたり、触れさせたりするだけでいい[5]。客にスーツの試着や車の試乗を勧める販売員は、授かり効果を当てにしている。所有の片鱗を味わえるこうした経験で、購入に踏み切るまでの最大の障壁を乗り越えさせようとしているのだ。

授かり効果はよく見られる現象とはいえ、世界共通ではない。異なる社会や文化について調査し始めた研究者たちは、驚くべき発見をした。個人主義か集団主義かの違いは、授かり効果の大小にも影響を与えていたのである。社会心理学者ウィリアム・マダックスと国際的な共同研究チームは、西洋的あるいは東洋的なバックグラウンドを持つ、アメリカ、カナダ、中国、日本の大学生を比較する、注目すべき比較文化研究を行った。[6] 被験者の学生はまず、「買い手」か「売り手」のどちらかに割り当てられる。売り手は自分の大学のロゴの入ったマグカップを渡され、あなたはこのマグカップを所有しており、〇ドルから一〇ドルまでの好きな価格で売ってよいと告げられる。買い手は、同じマグカップをいくらなら買うかと尋ねられる。結果は、売り手の言い値の平均は四・八三ドルで、買い手の付け値の平均二・三四ドルの約二倍だった。ここまでは予想通りだったが、研究チームが文化的背景によって学生を分けてみたところ、西洋的バックグラウンドを持つ学生は、買い手の付け値の平均（一・七八ドル）に比べ、売り手の言い値（五・〇二ドル）がかなり高額だった。対照的に、東洋的バックグラウンドを持つ学生は、売り手の言い値（四・六八ドル）と買い手の付け値（三・〇八ドル）の差があまり生じなかった。

次に、中国の大学に通う東洋人の学生に対して、自己観を操作したのちに取引を行ってもらう実験が行われた。学生被験者はマグカップの取引の前に、友情と仲間意識に関する短いレポートか、または自分だけの個性やスキル、他人と比べて優秀な点に関するレポートを書くよう指示された。その結果、友人について書いた学生では授かり効果が薄れたのに対し、自分について書いた学生では授かり効果が強まった。最後に研究チームは、所有者とマグカップとの関係性を操作する実験を行った。日本人および欧米出身の学生被験者に、マグカップが自分にとってどれほど重要か、あるいはどれほど重要でないかに関するレポートを書くよう指示したのである。結果は、欧米出身の学生ではこの意図的な操作によって授かり効果が増大したのに対し、日本人学生では授かり効果が減少した。つまり、所有物に意識を向けさせられると、西洋の学生はその所有物の価値をより高く評価したが、東洋の学生は比較的低めに評価したのである。明らかに、授かり効果はだれにでも必ず生じるものではなく、自己観を反映した、所有物に対する各人の考え方によって変化するものなのだ。そしてその考え方は、個人主義的か集団主義的かという文化的規範によって形作られるのである。

授かり効果が文化によって形作られるとしたら、いまだ文化に染まっていない幼児に授かり効果の萌芽を見出すことは可能だろうか。私たち研究チームは、幼児における授かり効果の発現について調べてみることにした。実験では、自己や他者を強調するプライミング課題を用いて、幼児におもちゃの価値をランク付けしてもらった。通常、欧米の子どもに授かり効果が観察されるのは、およそ五歳か六歳以降であるため、(7)対象は三歳から四歳の幼児とした。この年頃の幼児には、価値という概念は理解が難しい。そこでスマイリーマークを用いた表情評価スケールを使うことにした。すなわち、幼児があるおもちゃを笑顔の上に置き、別のおもちゃを渋面の上に置けば、笑顔の上のおもちゃのほうを気に入っている、つまり一種の相対評価を下していると判断した。

サンドラ・ウェルツィエンと私は、まず被験者の幼児に異なるおもちゃを表情評価スケールの上に置いてもらい、幼児がゲームのルールを理解しているかを確かめた。次に、そっくりなこまを二

未就学児におもちゃの相対評価をしてもらう際に使用した、表情評価スケール。

つ、幼児に渡した。幼児が二つのこまを同じ表情の上に置けば、その子は二つのこまの価値は等しいと考えていることになる。サンドラは続けて、片方のこまだけを幼児に渡し、グループごとに幼児自身、幼児の友人、または農場の風景の絵を描いてもらった。それが終わると、ふたたび幼児に、二つのこまを含むいろいろなおもちゃをランク付けするよう頼んだ。その結果、成人を対象にしたマダックスらの実験と同じく、自画像を描いた幼児は、渡されたこまの価値を、渡されなかったこまの価値よりも高く評価することがわかった。つまりこの実験で私たちは、自己に注目するよう誘導することで、通常は授かり効果が観察されないような低年齢の幼児にも、授かり効果を引き起こすことができたわけである[8]。

近年、自閉症がある人には授かり効果が生じないことがわかったが、所有物を過大評価するバイアスが自己観に関係しているのなら、それもうなずける[9]。自閉症がある人の自己観の表出は、典型的な個人のそれとは異なっている。高機能自閉スペクトラム症の人は、言語機能障害がないにもかかわらず、「私は（I）」「私に、私を（me）」という一人称代名詞の使用に困難を感じ[10]、自伝的記憶が弱い[11]。こうした心理的な自己認識の違いが、大半の人が行う所有物の過大評価を、自閉スペクトラム症の人が行わない理由なのかもしれない。

文化の相違による授かり効果の大小も、個人主義的か集団主義的かという自己観の違いで説明できる。現存する最後の狩猟採集社会の一つである、タンザニア北部のハッザ族をふたたび取り上げてみよう。これまでに見てきたように、狩猟採集民は個人の所有物をほとんど持たず、要求による分配を行う。つまり部族の集落にある物は、使われていなければ、必要に応じて構成員が自由に持っていけるのである。だとすれば、文化的に適切な品を用いて取引の実験を行っても、ハッザ族の多くが授かり効果を示さなかったのも不思議はない。[12] だが、なぜ授かり効果が生じないのだろう？

一つには、狩猟採集民は遊動生活を維持するのに必要不可欠なもの以外、ほとんど所有物を持たないからだ。持ち歩ける品数には限りがあるため、所有物は狩猟採集民にとって優先順位の高いものではない。部族内で携行しなければならない所持品や資源の量を最適化する方法として、要求による分配の慣行を生み出したのもそのためだ。しかし、ここに興味深い例外がある。西洋文化の影響にさらされたハッザ族の人々だ。文化人類学者たちがこのサブグループを研究したところ、観光客と頻繁に交流していたり、市場で商取引を行ったことがある人々には、授かり効果のバイアスを示す証拠が見つかったという。欧米人と取引するよう強要されたハッザ族にも、同様のバイアスが生じた。

利にさとい商売人は、授かり効果にとらわれすぎると仕事が成り立たないことを知っている。顧客が喜んで支払う金額の二倍の値段をつねに付けていては、じきに何も売れなくなる。経験を積んだ商売人には授かり効果があまり見られず、言い値も顧客の付け値に近くなるのはそのためだ。[13] 脳機能イメージングを使って調べたところ、商売人の場合は損失の痛みも少ないことが示された。経験豊富な商売人は、島皮質にあるネガティブな損失を司る中枢の活性化が少ない一方で、経験の浅い商売人は、商品の販売をいまだに損失の一種ととらえていた[14]。とはいえ、商取引の経験を何年も積んでいくうちに授かり効果が小さくなるのか、それとももともと所有物への執着が薄い人が商売人として成功しやすいのかは、不明なままだ。授かり効果は損失を回避しようとするシステム1のバイアスと考えられるが、所有物の価値を決める文化的コンテクストによって、また利益を出すという商売上の目的によっても、その効果は薄れる場合があると言えるだろう。

追い求めるスリル

そもそも、私たちは何に駆り立てられて、モノを獲得せずにいられなくなるのだろうか。買い物中毒を自称する人がいるのはなぜだろう？　獲得自体に満足を覚えているのだと思うかもしれないが、筋金入りの買い物好きの多くが証言するように、抗いがたい魅力があるのは購買そのものではなく、購買の期待なのだ。それが昂じて狂乱状態に陥る人々もいる。ふだんは法を守る善良な市民が手に負えない暴徒と化す場合があることは、感謝祭翌日のブラックフライデーの現象でも観察できる。近年ますますヒートアップしているブラックフライデーのバーゲンセールでは、獲得の期待に煽られ、しばしば買い物客同士の争いが起きる。特売品を求めて殺到した買い物客のせいで、死者も出ているほどだ[15]。

ジャン＝ポール・サルトルは、ウィリアム・ジェームズの言葉「人間の自己は、自分のものと呼びうるもののすべての総和である」をもじって、こう書いた。「人間はすでに持っているものの総和ではなく、むしろまだ持たざるもの、今後持ちうるものの総和である」。サルトルにとっては、獲得よりも目的の追求こそが、人間が何者であるかを定義づけるものなのだ。サルトルの眼識は、動機づけに関する脳科学の知見とも一致している。脳内では、モノを所有しているか、あるいはモノの所有を欲しているかによって、異なるメカニズムがはたらく。[16] すでに自己の延長とみなされている対象物は、自己意識を生み出す神経ネットワークに組み入れられる。対照的に、所有したいと欲する対象物は、自己意識にアピールする場合もあるものの、むしろ新奇性や、追い求めるスリルに反応する脳のシステムを刺激する。もしあなたがアップル信者なら、最新のアップル製品を見ると「絶対に買わなければ」という気持ちに駆られるはずだが、これはそのためだ。私は数年前の一時期、往年の映画ポスターの収集熱に浮かされていたことがあった。イーベイでオークションに参加し、落札後に購入するのだが、買ったものが実際に郵便受けに届く瞬間より、期待して待っているときのほうがワクワクした。ゆうに五〇枚を超すポスターを集めたのち、私はようやくそれらをすべて飾るのは不可能なことにはたと気づき、同時に追い求める興奮も冷めていった。

考えてみればわかることだが、私たちは楽しむことより、楽しみを追い求めることにはるかに長い時間を費やしている。たいていの楽しい体験に共通しているのは、新奇性だ。クーリッジ効果を思い出してみてほしい。スタンフォード大学の神経科学者ブライアン・クヌートソンが指摘するように、大洋横断から最高峰登頂、月面着陸に至るまで、飽くなき探検を続けてきた人類の長き伝統を見れば、新奇性が強力な動機となっていることはおのずから明らかである。[17] 何かを成し遂げた最初の一人になることは、その栄誉をわがものにできるという意味で、所有の一形態でもある。だからこそ人は、冒険家や登山家や宇宙飛行士の偉業を称え、その名を記憶に刻むのだ。目標を容易に達成できてしまうと、膨大な時間と労力をかけて業績を上げた場合に比べ、あまり達成感を感じることがない。なぜだろうか。

理由の一端は、脳内の異なる二つのシステムで、それぞれ目標達成の動機づけが行われているからだ。脳幹は生命維持に欠かせないさまざまな機能を支える、脳内でも最も古い部位だが、その脳幹にある中脳の奥深くに、腹側被蓋野《ふくそくひがいや》と呼ばれる領域がある。腹側被蓋野にはドーパミン神経細胞があり、新奇性や報酬に対して反応する、脳の動機づけシステムを活性化するはたらきがある。一方、脳幹の上部には線条体という領域があり、いくつかのシステムが結びついて、罰と報酬に関係した人間の行動をコントロールしている。一九五四年、カナダのマギル大学の心理学者ジェームズ・オールズとピーター・ミルナーは、ラットの脳に電極を埋めこみ、異なる領域を刺激するという方法で、ラットの脳の学習メカニズムに関する研究を行っていた[18]。その過程で、二人はたまたま文字通り「刺激的な」発見をしたのである。中隔（人間で言う線条体）に電極を埋めこまれたラットは、飲食も忘れ、自分の脳に直接短い電気ショックを送るレバーを何度も押し続けた。ラットは電気ショックの快感に興奮するあまり、自己刺激の中毒になってしまったのだ。腹側被蓋野のドーパミン神経細胞は、最終的な意思決定を下す領域である前頭前皮質にも投射している。ここから、モノを追い求めようとする情熱が生まれる。腹側被蓋野、線条体、前頭前皮質の三つが連携して動機づけ回路を構成し、まずは目標を定め、それから目標の追求を開始するのである。

こうしてオールズとミルナーは脳の快楽中枢を発見したが、その後の研究によって、腹側被蓋野のドーパミン神経細胞は、セックス、ドラッグ、ロックンロールなど、依存性のあるさまざまな営みを追求することによって活性化することが裏付けられた[19]。このリストに、買い物も付け加えることができる。ある研究によると、パーキンソン病の治療のため患者にドーパミンの作用を増大させる薬を投与したところ、ギャンブル依存、セックス依存、買い物依存が増大するという副作用が出たという[20]。これらはどれも、快楽の予測に関連した依存症だ。映画『ロッキー・ホラー・ショー』で、フランクン・フルター博士が「震えているね、何が起こるかという期……待に」と歌って視聴者をじらすのを見てもわかるように、愉悦をもたらすのは獲得そのものではなく、獲得の期待なのだ。買い物の場合、安売りが予期されると腹側被蓋野が活性化される一方で、高額な商品や金銭的損失があると島皮質の嫌悪中枢に反応の出ることが、クヌートソンの研究チームによって明らかになっている[21]。

私たちはつい、消費主義は獲得の喜びによって動機づけられていると考えがちだが、実際に私たちを絶えず駆り立て、人生をモノであふれさせているのは、獲得したいと追い求める心なのである。獲得しようという動機づけがなされると、目標ができたことでやる気が生じる。目標が達成できない場合には失望感や挫折感を味わう可能性があるが、じつは目標が達成できた場合にも、私たちは不満を感じる。獲得が成功したからといって、期待したほどの喜びを味わえることは稀だからだ。たとえ獲得によって期待どおりの喜びを味わえたとしても、人はすぐにその感情に慣れてしまい、次の「マストなモノ」を求めて探し回るようになる。

実際に所有する前から、人間の脳はすでに所有の甘い期待感を味わっている。一度所有したものは自己の延長となり、授かり効果によって過大に評価される。問題は、たいていの人はすぐに自分の所有物に飽きてしまい、新たな獲得を目指して渉猟するようになる点だ。こうした情動的な動因は強力で、いくら所有をしても容易には満たされることがない。なかには、ただひたすら休みなく獲得を続け、ついにはモノの獲得に人生を乗っ取られてしまい、あふれる所有物に文字通り窒息しかねない状態に陥る人もいる。

手放せない人々

所有の最もアブノーマルな形とも言えるのが、ためこみ症だ。世間の関心がとくに高い障害で、アメリカのケーブルテレビ局A&Eの番組『ホーダーズ（ためこむ人々）』は、驚異的な視聴者数を稼ぎ出している。あまりの人気に、『ホーダーズSOS』『隣のホーダー』『イギリス最凶のホーダーズ』『ホーディング――生き埋めになって』など、数々のスピンオフ番組も誕生した。ためこむ人々を取り上げた番組を見ることに、多くの視聴者はのぞき趣味にも似た楽しみを見出しているようだ。機能不全に陥った他人の人生を知り、驚きの目をみはりたがる人が多いのかもしれない。

ためこみ症の根は深い。多くの動物がためこみ行動を行っており、食料の貯蔵行動は昆虫や鳥、哺乳類で見られる。ためこみ症は、正常な採食行動が収拾のつかなくなったものと言えるかもしれない。毎年、クリスマスや新年にスーパーマーケットが二日間休業すると聞いただけで人々は恐慌状態に陥り、年末年始に食べ物が足りなくなっては大変と、スーパーの棚が空になるまで食料を買いあさる。食料がなくなる心配のない平時でさえ、どの家にも冷蔵庫には食材がためこまれ、食料貯蔵庫には缶詰が並んでいる。まさかの時の備えに備蓄しておくのは生物としては優れた戦略だが、人間が特殊なのは、ときにそのもの自体に価値のない、健康的な生活を阻害するような品までためこむ人々がいる点だ。

ためこみ症は、病的な収集を行う障害だ。モノを捨てられないために家がごみ屋敷と化し、自由に動き回れないほどになる。ためこみ症を患う人の家は、害虫が発生しやすく、火災の危険性も高いため、しばしば地元当局にマークされる。熱心なコレクターは特定のアイテムを収集するが、ためこみ症の人はそれとは異なり、ほぼあらゆるものを見境なく集める。最も一般的なのは新聞や雑誌だが、筋金入りのためこみ症の人はめったに物を捨てない。

一般市民の約五〇人に一人はためこみ問題を抱えており、あまりに多くの品々を集めたせいで、通常の日常生活が送れなくなっている。症状が出始めるのは幼少期の場合もあるが、ためこみは加齢とともに悪化し、五年経つごとにためこむ所有物が二〇％増加していく。[22] 大量のごみは健康を脅かす危険があり、稀ではあるがためこんだものが崩落し、その下敷きになって死亡した例もある。[23] 防災の観点から、オーストラリア、メルボルンのメトロポリタン消防団は、五〇代以上の火災関連の死者のうち、ぎうる事例の四分の一はためこみによるものと推定している。[24]

ためこみ症はさまざまな要因で発症するが、代々発病しやすい家系だという遺伝的要素もその一つである。[25] 発症に関連した危険因子は数多くあり、不安障害、うつ病、人生におけるネガティブな出来事、混乱した幼少期、衝動の抑制や思考の制御に関連したさまざまな認知機能障害などがある。ためこむ人は所有物がいずれ役に立つかもしれないとよく語るが、ためこみ症につねに共通しているのは、失うことへの恐怖である。ためこむ人は、ためこんでいるモノには価値または潜在的価値があり、再利用できるはずだとか、自分のアイデンティティーの一部だと主張して、ためこみ行為を正当化する場合が多い。いずれのケースでも、ためこみ行為は癒しや親しみの感覚を与えてくれるようだ[26]。

ためこみ症はかつては強迫性障害のサブタイプと考えられていたが、現在では独立した精神障害とみなされている。ためこみ行為によって、特定の脳領域が活性化することを示す証拠も見つかっている。ためこみ症の患者とそれ以外の強迫性障害の患者の目の前で、自分宛ての郵便物（ダイレクトメールや新聞）、または他人宛ての郵便物をシュレッダーにかけ、脳をスキャンする実験が行われた[27]。自分宛ての郵便物を手もとに残すかシュレッダーにかけるかを決めなければならないとき、ためこみ症の患者は強迫性障害の患者に比べ、より大きな不安、逡巡、悲しみ、後悔を感じた。これらの情動は、脳の前頭部にある神経回路と関わりが深い。前頭部は通常、抑制や危機的状況の評価に関連する部位である[28]。さらには、ためこみ症の重症度と、患者が所有物を捨てると考えたときに味わった自己申告による不快感の度合いは、脳活動の程度と相関していた。ためこみ症の患者は、持ち物を失うと考えただけで、実際に気分が悪くなったのである。

だとすれば、この脳領域が、授かり効果（自己の所有物を過大評価すること）によって活性化する部位であるのも、偶然ではないだろう[29]。ためこみ症を発症するのはモノを所有したときのみであることを考えると、ためこみ症はある意味で、拡張自己が極端な形で表れたものとも言える。あらゆる所有物は、ほかのだれでもない「私のもの」として脳内に記録される。だが大半の人は、自己の延長であるモノであっても容易にアップデートし、差し替え、更新し、廃棄しうるのに対し、ためこむ人は自己喪失の恐怖からモノを手放すことができない。本人たちは将来に備えているのだとしてためこみを正当化するかもしれないが、心身の健康が脅かされ、人間関係が損なわれるという代償を支払うことを考えると、どう見ても帳尻が合わない。

所有物のなかには私的な色合いが濃く、自分の一部という感覚がほかより強い物もある。大多数の人にとって、自宅はおそらく明白な自己の延長だろう。アイデンティティーは、ほとんどの時間を過ごす場所と分かちがたく結びついているからである。物や人を指して「家庭的な」と言うとき、その言葉が示しているのは、居心地がよく、安全で、安心感があるという一連の性質である。「ホームメイドの」「自家製の」といった表現には、人間味が感じられる。私たちはまるで家が命ある存在だと思っているかのように、ぬくもりのある家とか、個性のある家といった言い方をする。人は家に関連したモノに強い愛着を覚える場合があり、だからこそ自宅を所有し続ける権利を是が非でも守ろうとするのである。

不動産を失いそうになると、自分の所有物とみなすものを簡単には取られまいとして、過激な手段で抵抗する人が出てくる。ときには、わざと家屋を破壊する場合もある。どの不動産業者も、決まってぞっとするような経験を一度はしているものらしい[30]。家を抵当に取られて立ち退きを迫られた人の一部は、糞尿を撒き散らしたり、罠を仕掛けたり、家を破壊したりする。だが最も悪辣なのは、不動産の破壊ではなく、人間を所有物とみなして暴力を振るうケースである。

世界の再生産年齢女性の主要な死因の一つが、現在または過去のパートナーによる殺人だ。[31] 多くの事例において、女性との別離や、女性を失うかもしれないという恐れから、男性は暴力に及んでいる。そうした喪失に直面した男性が、究極の自己破壊行為を行うことがある。狂気に取り憑かれたパートナー（たいていは犯罪歴のない男性）が家族全員を殺し、資産を破壊したのちに自殺するという、一家無理心中である。[32] 歪んだ自己意識と所有者意識があるからこそ、これほどの破壊行為に及ぶのだと言えるだろう。

欧米文化における一家無理心中と表裏をなす類似の犯罪が、アジア文化におけるいわゆる「名誉殺人」である。家族に恥をかかせたとされる娘や妻を殺すのが、典型的なケースだ。中東や南アジアの国々で主に見られる犯罪だが、発生場所は世界各地に及ぶ。一家無理心中と名誉殺人、どちらの悲劇においても、アイデンティティーの完全性――それが欧米文化の個人であれ、アジア文化の家族であれ――が侵害されたと判断された際に、事件が発生している。こうした身の毛もよだつ犯罪は、所有に関するごく普通の考え方とみなされているものが歪んだ形で表出したものだ。私たちは当然のごとく、配偶者や家族を自己の延長とみなす。人はみな愛する者の死を経験するが、英語のお悔やみの言葉が「あなたの損失に同情します」を意味する「アイム・ソーリー・フォー・ユア・ロス」である点には、人間関係にまつわるこうした所有の概念が如実にとらえられている。だがたとえ近しい関係にある相手であれ、人間に対して所有の究極の行為に及ぶ権利はなんぴとにもない。自分の財産は好きに扱ってよく、破壊することも自由だとする「処分権《ユス・アブテンディ》」の考え方は、人間に適用してはならないのである。

心の居場所こそわが家なり

海や川を見渡せる昔ながらの家に住むのが子どもの頃からの憧れだった看護師のスゼット・キロは、一九九七年、ようやくその夢を叶えた。コネチカット州ニューロンドンの、労働者が多く暮らす地区であるフォートトランブルに、テムズ川を見下ろす下見板張りのヴィクトリアン・ハウスを購入したのである。改修が必要な古い家だったが、スゼットはこの家に惚れこみ、せっせとリフォームに励んだ。外壁は淡いばら色に塗ることにした。選んだのは塗料会社ベンジャミンムーア・ペイントのヒストリック・カラーコレクションの中の一色、「オデッサ・ローズ」である。さびれた街区にはあったが、自慢の家だった。

だが一年も経たないうちに、スゼットの世界は大混乱に陥った。水辺の絶景の土地を探していたのはスゼットだけではなかったのである。地区を再生し、投資を呼びこんで新たな雇用を生み出すため、ニューロンドン市開発公社（ＮＬＤＣ）がフォートトランブルの再開発計画を策定したのだ。多国籍製薬企業の大手ファイザーが先ごろ研究開発施設を現地に建設したのに合わせ、フォートトランブルを高級ウォーターサイド地区へと変貌させようとの目論見だった。

フォートトランブルに越してきた七か月後、スゼットはＮＬＤＣからの通知を受け取った。スゼットの家と近隣の九〇軒ほどの土地が、「土地収用」と呼ばれる法的手段の行使によって、強制収用されることになったという通知である。だが一部の住民は立ち退きを渋った。数世代に渡って同じ家に居住してきた住民もいる。スゼットの隣人のウィルヘルミナ・デリーは居住中の家で生まれ、残された人生をその家で全うしたいと思っていた。その願いは、いくら補償金を積まれても諦めることはできない。その後、市を相手取った集団訴訟の原告代表となったスゼット・キロにとっては、これは金銭の問題ではなく、主義の問題だった。

激しい法廷闘争が一〇年近く続いた末、キロ対ニューロンドン市裁判の決着は、二〇〇五年のアメリカ合衆国最高裁判所での審理にまでもつれこんだ。貧困地域に経済発展をもたらす計画であることから、この再開発は公共事業に当たるというのが市の主張だった。ダビデとゴリアテの戦いにも似た、このつつましい住宅所有者と「製薬大手」との全面対決は、全米で多くの市民の怒りを呼んだが、最高裁は五対四でニューロンドン市勝訴の判決を下した。原告団が所有するフォートトランブルの土地は、強制収用されたのちにブルドーザーで整地され、ファイザーが望む、職住近接の新たなアーバンビレッジへと作り変えられることになったのである。

キロ対ニューロンドン市裁判の判決に世間は騒然となり、全国規模での議論がくり広げられた。判決への一般市民の不支持率は約八〇ないし九〇%に上り、他の物議を醸したアメリカ最高裁判例の多くを上回った。なかには、実用主義的な見方をする向きもあった。ワシントン・ポスト紙とニューヨーク・タイムズ紙はともに、判決を良識的であり、より大きな公共の利益にかなうものとして歓迎した。一方、自由至上主義者《リバタリアン》たちは激昂した。アメリカは、私有地を守るためであれば、致死性のものも含む相当な武力を行使する権利を土地所有者に与える国だ。にもかかわらず、この判決は、商業的利益のために私有地が強制収用される場合があることを意味していたからである。

なぜ人々はそれほど激怒したのだろうか。再開発で地元が経済的に潤うかもしれないときに、なぜスゼットと隣人は立ち退きを頑強に拒んだのだろう。再開発で創出される雇用を多くの人が熱望しているにもかかわらず、スゼットたちが譲歩を拒むのは、利己的な行為ではないのだろうか。ジェレミー・ベンサムの説によれば、人間は功利主義によって、最大多数の最大幸福をもたらす意思決定を余儀なくされるはずだ。あるいは、『スタートレックII　カーンの逆襲』（一九八二年）で多くの人が絶賛した死のシーンでスポックが語ったように、「多数の利益は少数の利益に勝る」はずである。

土地所有者に十分な補償金が提示されたにもかかわらず、なぜあれほどの不満が噴出したのだろう？　キロ対ニューロンドン市裁判の背後に潜む心理を探るため、シカゴのノースウェスタン大学の法学者二人が、仮想の所有地に対していくらの補償金を提示されれば立ち退きを決心できるか、また新所有者が何者かは補償額に影響するのかを調べる研究を行った。[33] 研究では成人に対するオンライン調査を実施し、土地を二年間所有している場合と、代々一〇〇年間住んでいる場合など、異なる土地収用のシナリオを提示した。収用地の利用目的も三種類用意し、（a）小児科病院建設、（b）ショッピングモール建設、（c）未定とした。また、問題の土地が第三者の不動産鑑定士により二〇万ドルと鑑定されたこと、移転費用は全額負担してもらえることを回答者に知らせておく。さて、成人回答者は補償金がいくらなら喜んで立ち退きを了承するだろうか。

調査の結果、収用地の利用目的によって土地所有者の決定が大きく左右されることはなく、最も重要な要素は所有期間であることがわかった。交渉時に二〇万ドルが提示されると、回答者の約二〇％はそれでよいと了承したが、八〇％はより多額の補償金を望んだ。三分の一以上がさらに一〇万ドルの上乗せを要求し、全回答者の約一〇％はいくら補償金を積まれても売却は拒否すると答えた。一族が代々一〇〇年間住んできた家を売るのは、道徳的に正しくないと感じたからである。だがこうしたノスタルジックな感じ方は、異文化でも通用するとは限らない。一九九〇年代に入った頃、九七年の香港返還を前に香港のビジネスマンがカナダのバンクーバーに移住し、歴史的な家を次々と買い占めるようになった。彼らは建物の来歴を尊重することなく取り壊しを進め、敷地いっぱいに「モンスターハウス」と呼ばれる巨大な家を建造しては、地域住民の度肝を抜いた。[34] 土地を最大限に利用しようとの実利的な意図がある一方で、そこには文化的差異も反映されていた。中国人は一戸建てを買うとき、新築を好む人が多い。アメリカで家を探している中国人の不動産購入希望者を対象とした調査で、中国人は新築物件を好むだけでなく、家の個性や独自性を最も重要度の低い要素とみなすことがわかった。魅力ある古い家を優先的に探す欧米人とは対照的である。[35] 解体された家のアンティーク建材を廃材市で大枚をはたいて買い求め、自宅に再利用する人々は、アジア人の目にはさぞ奇妙に映っているに違いない。

ニューロンドンの市役所職員たちも、そんな感傷は持ち合わせていなかった。スゼット・キロはやむなく自宅を売却し、コネチカット州の新たな町へ引っ越していった。いまもスゼットは苦い思いを抱え、自宅が奪われたと感じている。最高裁では敗訴したものの、隣人のデリー夫人は余生を自宅で送ることができた。判決から八か月が経った二〇〇六年三月、デリー夫人は強制退去を執行されることなく亡くなった。第一次世界大戦終結の年に産声を上げた部屋から、わずか数フィート離れた場所で永眠したのである。

リトルピンクハウスと名付けられたキロの家は、結局、解体業者の鉄球に粉砕されることはなかった。地元の建築業者であるアヴナー・グレゴリーが再開発業者から一ドルで家を買い取り、一度分解したのち、ニューロンドンのダウンタウンに建て直したのである。アヴナーは借家人にならないかとスゼットに持ちかけたが、スゼットは断った。過去は忘れて前に進みたかったのである。皮肉にもリトルピンクハウスはいまや観光名所となり、コネチカット州の歴史的建造物の一つとして、フランクリン通り三六番地に鎮座している。

ＮＬＤＣの計画が約束した富の流入と再開発はどうなったかというと、その後ファイザーが移転したことで一四〇〇人が職を失い、計画も結局立ち消えとなった。市は再開発予定地の建物解体と整地に七八〇〇万ドルをかけたが、いまだに現地は更地のままである。移住を決めこんだ野良猫のコロニーができているだけだ。センチメンタルな愛着は金によって踏みにじられたが、最後は別の意味で金がものを言ったのである。

足元から瓦解する

自宅の所有は、豊かさの表明というだけでなく、アイデンティティーを肯定する心理的行為でもある。自然災害によって自宅を壊された生存者が、仮設住宅という形をとってでも、元の居住地に戻ることは珍しくない。二〇一六年、イタリアのアペニン山脈に抱かれた歴史ある町アマトリーチェを大地震が襲い、町はほぼ一面の瓦礫と化した。震央を写した航空写真を見ると、中世に遡る建物がことごとく瓦礫の山となったなかで、現代的な建物が一軒だけぽつんと建っているのがわかる。約一〇〇年前には、一九一五年に起きた地震により、近隣のラクイラで約三万人の死者が出た。ラクイラでは二〇〇九年にも地震が起き、三〇〇人が亡くなっている。さすがに住みたくなくなるだろうと思うかもしれないが、いまもこれらの町は健在である。山脈はどこもそうだが、アペニン山脈も、地表のプレート同士が絶えず衝突することで、地殻が隆起して形成された。この地域はアフリカプレートとユーラシアプレートがぶつかる境界に位置している。これまでもこれからも、イタリアは大地震や噴火といった「地質災害《ジオハザード》」に見舞われる運命にあるが、イタリア人は地震多発地帯から引っ越したり、耐震構造を持つ現代的な建物を建てて、被害に遭った村を再建することには消極的だ。その姿勢は、一見無謀にも思える。

　年間一八〇〇万ドル規模を誇るイタリアの観光事業の中核をなす歴史的建造物を保存することは、明らかな経済的インセンティブではあるのだが、そこにはまたイタリア人気質と関わりのある、より深い所有の問題もからんでいる。地震被害が専門のイタリア人構造工学者、マルコ・クッソはこう指摘する。「イタリア人は、安全でないものを撤去しようとは考えません。つねに修理や補強によって古いものを保存しようと試みます。なぜなら、古いものの大部分は私たちのアイデンティティーの一部だからです。正しいか間違っているかはわかりませんが、そういうものなのです[36]」何世代にもわたって一つ所に住み、生き死にを重ねるうちに、人は自分たちのアイデンティティーがその土地に染みこんでいくように感じる。先祖伝来の土地を簡単に手放したり売却したりするのは、神聖な価値を侵すことであり、タブーとみなされる。もっと肥沃で資源豊富な利用価値のある他の土地を提示されても、そこに移住するよりはむしろ命をなげうってでも故郷に骨を埋めるほうを選ぶのだ。多くの部外者には不毛の砂漠としか見えないイスラエルの国土をめぐってこれほどの紛争が生じているわけも、この観点を考慮に入れなくては理解できない。

心理学者のポール・ロジンは、イスラエルのユダヤ人大学生を対象に、土地交換に関する考え方について研究した[37]。「イスラエルの国土のうち、どのような状況下であっても絶対に交換に応じたくない場所はありますか？」という質問に、五九％が「エルサレム」と答えた。エルサレムにあるイスラエルの国立共同墓地ヘルツルの丘には、著名な歴史上の人物が何人も埋葬されている。このヘルツルの丘を交換に差し出したらという仮定に対しては、イスラエル人学生の八三％が「どのような土地や代償を提示されても絶対に交換に応じない」と答えている。

エルサレムは古代世界の中心に位置する、魅力あふれる聖地だ。市内を歩けば、いたるところで聖蹟や古代の遺跡に出くわす。一方でここは、世界でも有数の激しい紛争の火種となっている場所でもある。つねに所有権、領土、管理権をめぐる緊張状態に置かれており、いつ紛争が勃発してもおかしくない。エルサレム旧市街は、異なる宗教ごとに四つの区画に分けられている。アルメニア人地区、ユダヤ教徒地区、キリスト教徒地区、ムスリム地区である。キリストの墓とされる場所に建つ聖墳墓教会でさえ、キリスト教の教派に応じて分割され、共同管理されている。特定の教派の信者であるかどうかで、立ち入りできる場所とできない場所があるのだ。

異なる宗教や教派が複雑に対立しあう火薬庫とも言える中東では、永続的な協調や共存は不可能にも思える。七〇〇〇年以上前、農耕の発達に伴って現代文明が始まったのが、ここ「肥沃な三日月地帯」だった。人々が定住生活に移行し、農耕や関連する交易で富を蓄えるにつれ、所有をめぐる不和という避けがたい問題が生じた。以来この地では、歴史的正当性を主張する異なる宗教や教派間の衝突が連綿と続いている。パレスチナ問題は、長らく続く激しい紛争の歴史の一ページにすぎない。第二次世界大戦後の一九四八年、ヨーロッパで生き残ったユダヤ人の安住の地としてイスラエルが建国されたが、国土の一部はそれまでパレスチナのアラブ人が居住してきた領土を占領して得たものだった。パレスチナ側から見れば、これは領土の強奪にほかならない。

「振り払う」を意味するアラビア語に由来する言葉「インティファーダ」は、現在ではイスラエルの占領に対するパレスチナ人の抵抗運動を指す用語として用いられている。一九八七年にはイスラエルによるヨルダン川西岸地区とガザ地区の占領に対し、第一次インティファーダが起きた。争点となった地域の大部分は痩せた土地だが、値段の付けられないほどの象徴的価値があるのだ。二〇〇〇年には、イスラエルの政治家アリエル・シャロンが、イスラム教で最も神聖な聖地の一つであるエルサレム市内の神殿の丘を訪問したことから、第二次インティファーダが勃発した。ユダヤ人のシャロンがイスラム教の聖地に足を踏み入れたことが挑発的な行為とみなされ、暴動が起きたのである。だが意外にも、エルサレムの多くの場所がそうであるように、神殿の丘はユダヤ人とキリスト教徒にとっても神聖な場所だ。古都エルサレムの聖地の多くは複数の宗教の歴史的な出来事や人物と関係があり、くり返された侵略や紛争によって、数百年のあいだに何度も管理者が変わっている。そのため、各宗教が正当な所有権を主張して譲らないのである。

　中東の戦争は宗教の違いが原因のように見えるかもしれないが、じつはそれは管理権をめぐる問題でもある。だが宗教や聖なる価値という枠組みで紛争が語られるために、どちらの側もより深い所有者意識を刺激されてしまうのだ。自らのアイデンティティーを受け渡すことはだれにもできない。和平交渉をする際は、紛争地の聖なる価値を考慮に入れる必要があるだろう。安易に金銭的な補償や代替地への移住を提唱するのは考えものだ。人々が土地に対して抱く情緒的な結びつきをないがしろにしているからである。それどころか、補償の額にかかわらず、かけがえのないものに値段を付ける行為は神への冒涜とみなされるだろう。こうして、どちらの側も戦い続けるよりほかなくなるのである。

人は所有で幸せになれるのか

　人間は所有の力を通して自己を世界に拡張し、所有物を通してアイデンティティーとステータスのシグナルを他者に送る。所有物を失うとつらいのは、それが価値あるものだからではなく、自分が何者かを如実に表すものだからだ。所有物とのつながりは人によっても文化によっても異なるが、人間は程度の差こそあれ、みな所有を通じて自己意識を構築する。だからこそもっと所有したいという動機づけが生じ、所有物を手放すことを躊躇するのである。節度なき物質主義や消費主義の問題はもちろん、領土をめぐる紛争の解決を目指す場合にも、人間とモノとのこの独特な結びつきを理解しておく必要がある。

人間が非合理的な行動をとるのは、所有物とみなすものをほぼ自己と同一視してしまうためだ。だがそこには、避けがたい矛盾が内在している。人は自らの所有物を過大評価し、自己の表れである所有物を手放すまいとする。だが同時に、人は大半の所有物にすぐに慣れてしまい、さらに多くのモノの獲得に乗り出していく。それは自己をよく見せようとする終わりなき、そして最終的には満たされない探求の旅である。成功者であるという実感は得られるかもしれないが、そこにはモノを蓄えるほどに満足感が減っていくというパラドックスが生じる。

物質主義を突き詰めても満足感が得られないという主張は、きっと多くの読者にとっては受け入れがたいものだろう。本書の根底にある警告のメッセージを読み取っても、自分には無関係な話だと思うかもしれない。必要以上に多くのものを所有すれば満足感が得られるはずだと、多くの人は確信している。生きる上での意欲そのものが、この確信を前提としているのだ。所有は人間の道徳規範や政策、世界観の中核をなしているが、人は所有で幸せになれるのかという議論に決着をつける唯一の方法は、データに目を向けることだ。一部のＷＥＩＲＤ《ウィアード》な学生から得られたデータではなく、物質主義と幸福度の関係を探った、なるべく多くの研究者による、なるべく多くの研究からのデータである。

入手可能なすべての研究を網羅するこうした解析手法は、メタアナリシスとして知られ、科学における最も信頼できる判断基準となっている。特定の研究や研究チーム、個人の研究者に比重を置くことなく（彼らには特定の実験結果を見出したいというバイアスがかかっているかもしれない）、多くの研究を対象とすることで結果が平均化され、その分野に関する、よりバランスのとれた正確な評価が可能となるからである。そして、すでに判決は下っている。エセックス大学のヘルガ・ディットマーと同僚は、二五〇以上の別個の研究で扱われた七五〇以上の指標を統合した、これまでのところ最も新しく包括的なメタアナリシスを行ったが、それによれば以下のような結論が立証されている。すなわち、「人生において物質主義を追求すべきだと信じ、優先させる態度と、さまざまなタイプの個人の幸福度とのあいだには、一貫して明らかな負の相関がある」[38]。これは文化や年齢、性別に関わらず、すべての人に当てはまる事実だ。研究チームによると、負の相関が弱まる要素はいくつかあるが、正の相関を示す例は一例たりとも見つけられなかったという。

所有物に満足していれば、さらなるモノを獲得しようとはしないはずだと思うかもしれない。だが追い求めることで得られるスリルや、ステータスへの渇望、損失の見通しによって被る深刻な心理的ダメージを見る限り、所有は最も強力な人間の衝動の一つであり、理性の声に従わせるのは容易でないことがわかる。もちろん、自分だけは別だとほとんどの人が考えている。だが、だからこそこう言えるのだ――「私たちは、所有という悪魔に取り憑かれている」と。

おわりに

人生というレース

私たちの社会では、立派な家、新車、いい家具、最新の家電を所有する人が、人としての承認テストに合格した者として周りから認められる。[1]

ミハイ・チクセントミハイ

多くの人にとって、社会における自分の価値を証してくれるのが所有物だ。多く持てる者ほど社会的価値が高いとされる。この考えはさまざまな理由から間違っているが、その誤りに気づくには、所有は社会に負担を強いることで成立するという単純な事実だけでも十分だろう。単に所有物を蓄積したいがために所有を重んじれば、それは最終的には他者を害する行動を正当化していることになる。所有すればするほど、不平等は大きくなる。道徳的に好ましくないというだけでなく、環境を破壊し、政治を分断させる。さらに、所有の飽くなき追求では心は満たされず、長期的に見れば所有物の増加でかえって惨めな思いを味わう人もいるということが、科学的に立証されている。私たちはもっとシンプルで、モノに取り巻かれておらず、他人と競い合わない人生を送るべきなのだ。残念ながら私たちの大半は、人生の終末を迎えるときまでこのことに気づけない。

とはいえ、所有が人間社会を支える基盤である以上、所有と無縁の生活を送ることもまた不可能だ。所有はインセンティブである。人はみな少しでも運命を好転させようと努力する。人間は成功を喜び、所有物という報酬があることを励みに努力を重ねる。イノベーションと進歩の大部分は、競争の賜物だ。ライバルに勝つためという目標があるからこそ、レベルアップを図り、成功という戦利品を期待する。また、世界で最も成功を収めた人々の全員が闇雲に富を蓄積し、大金の上にあぐらをかいているわけではない。ビル・ゲイツとメリンダ・ゲイツは二〇一〇年、ウォーレン・バフェットとともに寄付啓蒙活動ギビング・プレッジを開始し、これまでに一八七人の億万長者が資産の半分以上を慈善活動に寄付すると表明している。人間には生来の所有欲を変えることはできないとするシニカルな見方を覆す活動だ。こうした活動を行う人々の多くが、相続財産は不公平なだけでなく、自分の子どもたちにとっても有害になりうると考えている。相続財産があることで、自己実現と目標達成への意欲が奪われるからだ。

個人と集団どちらにとっても、所有は人類の発展に欠かせないメカニズムをもたらすが、それと同時に潜在的な破滅の種をも宿している。私たちは、あたかも憑依されているかのように——自分を支配する外部の影響力が存在しているかのようにふるまう。この支配的影響力の根源には、生物学的要因が潜んでいる。本書では、地球上のあらゆる生物に生まれながらに備わっている競争心から、いかにして所有が生じるかを考察してきた。動物はみな競い合うが、社会集団を形成する動物は資源を守り、分かち合うための戦略を生み出してきた。協力と分かち合いは他の動物でも見られるものの、所有は人間だけに特有の社会契約である。所有には、心の理論、意思疎通のための詳細なコミュニケーション、未来の予測、過去の記憶、互恵性・慣習・相続・法・正義などの概念を理解する力といった、さまざまな能力を備えた脳が必要になるからだ。こうしたスキルのうちいくつかを原始的な形で示すヒト以外の動物はいるかもしれないが、所有概念の確立に必要な構成要素をすべて備えているのは、人間だけである。

ベンサムが推論したように、所有は人間が生み出した単なる概念にすぎないかもしれない。だが所有は、そこから安定した社会が生み出されたほどの強力な観念である。社会集団を形成するヒト以外の種は多々あるが、こうした動物でも、財産を次世代に伝えられるような所有の基本原理までは備えていない。ヒト以外の社会では、世代交代ごとに優位性をめぐる争いが起きるため、集団の中での順位はつねに流動的である。だが人間社会では、所有によって、限られた資源を世代から世代へと比較的継続的に分配するメカニズムが生まれた。それにより社会が安定し、遊動生活を送る狩猟採集民が定住型共同体へと変容したことで、農業やテクノロジー、教育が花開く素地が作られた。端的に言えば、人類の文明が秩序ある社会体制へと変わりえたのは、所有のおかげなのである。だがそこに問題が潜んでいる。確立された秩序は変化を嫌うため、所有で生じた不平等がそのまま固定化されやすいのだ。

二〇一七年、「一〇〇ドル札争奪レース」と呼ばれる動画が広く拡散され、ソーシャルメディア上で五〇〇〇万回以上視聴された。(2) 動画は、相続された富と特権が人生においてどれほど不公平な優位を生み出しているかを、ドラマチックに描き出している。大勢のアメリカ人ティーンエイジャーが一列に並べられ、いまから行う徒競走の勝者は一〇〇ドル札を獲得できると告げられる。ただしレースの前に、審判役の男性がランナーたちにいくつかの条件を提示する。条件に当てはまる者は二歩前に出られるが、当てはまらない者はいまの場所から動けない。次々に条件が告げられる。両親が離婚していない人は二歩前に出てください。私立学校に通った人は二歩前に出てください。お金の心配をしなくてよかった人は二歩前に出てください、などなど。一〇回ほどの条件が出された段階で(ちなみにまだレース開始前である)、大きく前進できたランナーの大部分が白人男性なのに対し、後方のスタートラインにとどまっている者の大半は有色人種だ。彼らにとっては、どれほど懸命に努力したところで、レースは実質的に始まる前にもう終わっているのである。先頭に立つランナーたちの優位性はどれも、本人たちの資質や能力、個人的な選択や意思決定とはまったく無関係に与えられたものだ。優位性の大部分は相続財産と、相続財産がもたらす機会や恩恵に関わっている。こうした特権に恵まれなかった人は、圧倒的に不利な条件下で、どうやって人としての承認テストに合格できるというのだろうか。このようにして所有は不公平な社会を永続させるのである。

文明の揺籃期より、人間は所有に関する倫理について熟考し、所有のもたらす代償に悩んできた。だが本書を読まれたみなさんには、なぜ自分が所有という悪魔に取り憑かれているのか、その個人的な理由を悟っていただけたのではないかと思う。所有は、単に道徳や政治で解決できる問題ではない。所有の心理学を知ると、私たちの心の奥底でどんな動機づけがなされているのかが明らかになる。所有物は、成功を周囲に告げ知らせる手段だ。他の動物と同じように、人間も自分の遺伝子を複製し、次世代に伝える機会を増やすためにシグナルを送る。だが人間の所有物は、身内以外の他者にも評価されたいという、もっと強い欲求をも満足させてくれる。肉親に対する情緒的愛着は動物界でも珍しくないが、社会全体から心の支えを得ようとするのは、人間特有の行為である。私たちは赤の他人にも気づいてもらいたがる。アダム・スミスが指摘したように、金持ちが所有物を自慢するのは、そのおかげで世間の関心が自分に集まるからだ。だがだれもが裕福になれるわけではない。そのために、すでに生物としては必須ではないにもかかわらず互いに競争するという、歪んだ状況が生み出されている。

自己価値感は、他者と比較したときに自分をどう評価するかでほぼ完全に決まってくる。本書で見たように、そうした相対比較は、人間の脳が作用する上での基本要素だ。人間の脳は、相対的な位置関係を、人生における最も意義深い評価指標とみなして動いているのである。ニューロンの電位が一気に上がる発火は、そのニューロンの過去の発火や、それと連結している他のニューロンの発火と比較して初めて意味を持つ。神経細胞の基本的な感覚処理から、他者との比較や日々の情動といった脳の高次元の機能に至るまで、この原則は神経系のあらゆるレベルに適用される。だれでも他人に褒められれば嬉しくなるし、他人に無視されると絶望感を感じるのだ。

こうした社会的比較は愚かしい。人は他人の意見の重要性を過大評価しがちだからである。他者に下す評価に関しても、人間は非常に不正確だ。他人は私たちが思っているほどこちらに興味がないし、他人の意見はしばしば表面的で、偏見にとらわれ、間違いが多い。哲学者アルトゥール・ショーペンハウアーは一八五一年に、「他人の意見をありがたがる人はみな、他者に敬意を払いすぎている」と警告している。(3) だがそうは言っても、他人の意見にまったく影響されない人などいようか。

フェイスブックやインスタグラムといった現代のソーシャルメディアが絶大な人気と影響力を集めたことで、私たちの承認への依存はさらに深まった。自分の成功を他人の成功と比べる社会的比較を行うと、自己不全感が刺激されやすい。作家ゴア・ヴィダルの警句を引けば、「友人が成功するたびに私は少し死ぬ」のである。他人は自分よりうまくやり、自分よりずっと充実した人生を送っているように見え、私たちはそのことを絶えず思い知らされる。私たちは他人の投稿の価値を「いいね」で承認する。他人の意見をリツイートする。FOMO、すなわち「取り残される恐怖(fear of missing out)」を味わい、ほかのみんなは最高のパーティーに招待されているのに、自分だけ無視されていると考える。偽預言者が信奉者《フォロワー》を必要とするように、私たちも自尊心を正当化したいがために必死にフォロワーを増やそうとする。まるでミーアキャット人間だ。つねに辺りをキョロキョロ見回しているが、集団を守るために潜在的な脅威を見つけようとしているのではなく、認められようとする努力の一環として、社会的な見せびらかし《ソーシャル・ピーコッキング》行為を行っているにすぎない。承認欲求を満たすための必死の行動である。だが社会的比較をし続ける快楽のランニングマシンは、止まることのない永久運動機関だ。(4) いくらお世辞を聞いても心満たされることはない。

だれもが称賛されたい世界では、社会的流動性は頂点に到達する道を開いてくれる一方で、だれでも勝者になれるという非現実的な期待をも生み出す。個人主義と能力主義《メリトクラシー》を称揚する階級社会でよく見られる現象だ。成功者は獲得した優位を保とうと躍起になり、下位の者は成功者に取って代わろうと苦闘し続ける。メリトクラシーによって、だれもが均等な出世のチャンスを手にするどころか、かえって問題が長続きしてしまうのである。理由は、社会に生じた不平等を私たちが正当化しているからだ。私たちは成功者を称え、自分もそうなりたいと熱望し、たいていの場合、これだけ努力したのだから、成功した暁には自分もいい思いをするのが当然だと考える。

だがいま、この地球上に生きる時間の過ごし方を、私たちはもう一度よく考え直さねばならない。「ラットレース」という言葉がある。初期の心理学実験で、迷路をせわしなく走り回るラットの様子から生まれた言葉だが、いまでは目標に向かって無意味な努力を絶え間なく続けるさまを表すようになった。現在慣行となっている働き方によって、私たちはラットレースに駆り立てられ、非物質的な夢や理想を追求することに意義を見出せずにいる。本書で考察したように、快適に暮らせるだけの基本的な必需品を揃えたあとは、いくら所有物を増やしてもそれ以上幸福にはならない。自分の成功により自信を持ち、富の蓄積をしてよいのだという確信が強まるだけである。私たちは相続制度に従って子どもたちに財産を残し、これで子どもたちがレースを勝ち抜くのに有利な条件を揃えてやれたと考える。だが、考えてみてほしい。親の財力でヘッドスタートを切らせてもらった子どもたちが、いったいどれほどの満足感をつかみとれるというのだろうか。

所有物は期待する幸せをもたらしてはくれないが、そればかりではない。いまや幸福の問題そのものが再考を迫られている。現代では、幸福は基本的人権とみなされるようになった。アメリカ独立宣言は「幸福の追求」の権利を高々と掲げ、所有の文化の基盤となっている個人主義は、自らの幸福には自ら責任を持てと私たちに告げる。不幸は本人の責任であり、本人がどうにかしなければならない問題だというわけだ。本書の冒頭で言及し、その後も何度も指摘してきたことだが、私たちは所有物で幸福になれると思いこむ。だからこそ不幸せを感じたときには、「リテール・セラピー」と称して買い物で幸福感を得ようとする。所有物で快感が味わえる瞬間があるのは事実だが、このような快感はいずれ薄れる。所有で永続的な幸福が得られないのは、そのためだ。だが永続的に幸福な状態などというものはうさんくさいほどに奇妙で、不自然でもある。どんな体験にも慣れが生じるため、いい時と悪い時を区別するためには、日々の生活に浮き沈みがなくてはならない。すべてがつねに同じレベルに保たれていては、しまいには何にも心動かされなくなるだろう。

ずっと幸福でいなければならないという考え方にも、どこか根本的に間違っているところがある。今日、マーケティング業界と自己啓発業界のせいで、私たちは幸せでないことに罪悪感を覚えるようになった。不満を募らせた結果、買い物によって自分をよりよく見せる方法を探そうともしている。だがトマス・ホッブズの有名な言葉にあるように、人生が「つらく、残忍で短い」ものであった昔は、不幸は人生の正常な状態とみなされていた。現に清教徒《ピューリタン》などの一部の宗派は、「今泣いている人々は、幸いである／あなたがたは笑うようになる」というイエスの言葉を、死後に確実に幸福になるためには現世では憂鬱な人生を送れという命令だと文字通りに解釈し、幸福感をもたらしそうな世俗的な喜びに面と向かって異を唱えていた。こうした極端に禁欲的な考え方は現在では一般的でないが、つねに幸福であるべきだという現代の理想主義も、同じようにばかげている。そのような期待を抱いていては、私たちは絶えず不完全であるという気にさせられ、完全を求めてあがき続けることになってしまう。

成功を求めてあがき続けるラットレースが正解のように見えるのは、目に見える報酬が提示されるからだ。こうした報酬を手に入れれば他者から注目され、憧れの対象になれるかもしれないが、同時に負の感情も向けられやすい。自他を比較する人々の心に、醜い嫉妬心が首をもたげてくるのである。見せびらかすなら所有物以上に注目を集めるものはないが、所有物の誇示はときに反感を呼ぶ。器物損壊は、所有物を妬んでの犯行であることが多い。負の感情は、ほかのだれかのようになりたいと思う穏やかな模倣願望（良性の羨望）から、競争相手の破滅を見たがる悪意のある生け贄探し（悪性の羨望）まで、さまざまである。だが良性腫瘍や悪性腫瘍の場合と同じく、どのような負の感情もないに越したことはない。[5]

つねに幸福でいたいといった非現実的な期待に、自分は正しく評価されることがないという思いこみが加わると、本当の意味で心が満たされることはなくなる。交通事故や重病で生死の境をさまよい、悟りを開いたというのでもないかぎり、「実力に見合った評価をすでに十二分にしてもらっていると思う」あるいは「自分はとても幸運だ」と言える人は非常に少ないだろう。大半の人はむしろ、成功してもそれを当然の結果とみなし、次の目標に向かって邁進し始める。それによって、私たちが求めてやまない「真の実力の証明」が手に入るだろうと考えるからだ。感謝の念を覚えることはあっても、そうした思いは際限なく続く比較競争にすぐに飲みこまれてしまう。明らかに問題は、どうしたらもっと獲得できるかではなく、どうしたらいま手にしているもので幸せになれるかなのである。観想や瞑想、マインドフルネスなどを行う、あるいは単に内省するだけでも、いっとき幸福感が得られるのはそのためだ。ふたたび競争心に火がつくまでのひとときを、ゆったりと楽しむことができるからである。

必要なのはもっと多くのモノではなく、いま手にしているものの価値に気づけるだけの十分な時間だ。その意味では、テクノロジーの発達によって、ひたすらモノを追い求める消費主義からいずれ解放される日が来るかもしれない。だが考慮すべき将来的なリスクもある。ノースウェスタン大学ケロッグ経営大学院イノベーション学科教授のロバート・ウォルコットは、人類史を通じ、圧倒的多数の人間は働かざるを得なかったため働いてきたと指摘する。[6] だが産業革命以降、さまざまな職種が急速に消滅している。ことに情報化時代の現代では、テクノロジーと人工知能（AI）によって、働き方の未来図が大きく変わりつつある。今日、アメリカの労働人口の約一〇％は運送業に従事している。[7] だが今後三〇年間で、この職種はオートメーションによって廃れる可能性が高い。先進工業国において、多数の農家が姿を消したのと同様である。

科学の進歩は、テクノロジー失業を生み出すおそれがある。将来、全員に行き渡るだけの仕事がなくなった場合、私たちはどうやって時を過ごせばいいのだろうか。この疑問をMITの社会学者シェリー・タークルにぶつけたところ、テクノロジー失業は神話にすぎないという答えが返ってきた。人間の仕事を代行できる機械を作ったとしても、年老いて衰弱した人は、依然として人とのふれあいや人間の援助を必要とするからだ。ロボット工学やAIの分野でどれほどすばらしいイノベーションが起きようと、本物の人間に取って代われるほどの人造人間を作ることはまず無理だ。仮に人間と識別不能なほどそっくりなレプリカントを作れたとしても、人々は相手が本物の人間かどうかをつねにチェックしようとするだろう。人間の本質を備えた正真正銘の人間だけが、ほかの「人」とつながりたいという私たちの基本的な感情的欲求を満たせるのである。

とはいえ、テクノロジーのおかげで、ゆくゆくはだれもがもっと多くの時間を手にするはずだ。そして程度の差こそあれ、人が持つもののうちで最も大切なものが時間であることを思えば、所有物の追求に明け暮れることなく賢く時間を使うことは、私たちに課せられた務めであると言える。テクノロジーが進歩し、平均余命が延びれば、人間同士が互いを見守り合う時間も、そして望むらくは、ともに分かち合うこの惑星を見守る時間も長くなるはずである。個人的な所有物ばかり追い求めるのはやめねばならない。できるだけ多くのモノを必要以上に獲得しようと愚かな探求を続ければ、人々は分断され、諍いが引き起こされる。所有は人間の本性に根ざすかもしれないが、人間にとっての最善策ではない。私たちは所有という悪魔を祓う必要があるのだ。

謝辞

数年前から児童期の所有と分かち合いの発達に関する実験を行ってきたこともあって、当初私は本書の執筆は容易だろうと高をくくっていた。だが実際には、思っていたよりもはるかにてこずる結果となった。いったんこのテーマを掘り下げてみると、人間存在のほとんどありとあらゆる面に所有が関わっているのがわかってきたからである。本書では、あえて幅広い題材を取り上げることとした。専門外の領域にまで踏みこんでいることは重々承知しているが、どのトピックもみな互いに関連し合っているため、致し方なかった。各トピックを所有という共通項で結びつけると、ある思考の枠組《フレームワーク》みが見えてくる。読者のみなさんには、本書からそのフレームワークを読み取っていただき、私と同じ興奮を味わっていただけることを願うばかりだ。

私が本書の着想を得、執筆を進めたのは、二〇一六年に始まる政治的混乱のさなかだった。そのため、当初の構想にはなかったが、ヨーロッパとアメリカの現状に所有がどう関わっているかという問題に図らずも取り組む格好となった。これを書いている二〇一九年現在、ドナルド・トランプ大統領は批判の集中砲火を浴びており、本書刊行時にはたして在任中かどうかも不透明な状態だ。長期的な視野に立ったとき、トランプの世界観は人類繁栄の道を示してはいないことを私は確信している。

本書の刊行にあたっては、アレン・レーン社の編集者ローラ・スティックニーと、オックスフォード大学出版局の編集者ジョーン・ボサートのお二方にお世話になった。お二人には、ややもするとまとまりがなくなり、メッセージがぼやけそうな危険と隣合わせの本書を、膨大な専門知識と見識で見事に舵取りしていただいた。すばらしい仕事をしてくれたコピーエディターのシャーロット・ライディングスにも謝意を表したい。そもそもの着想の段階からサポートしてくれた、エージェントのカティンカ・マトソンにも感謝申し上げる。

考えの方向性を定めてくれた同僚と学生のみなさんにも厚く御礼申し上げる。ここでは、とくにお世話になった方々数名のお名前を挙げさせていただきたい。ポール・ブルームは親しい友人というだけでなく、つねにインスピレーションの源でもある。ニューオーリンズのミーティングで初めて本書のプランを明かした際、ポールはあふれんばかりの熱量で励ましてくれた（それを言うなら、つねに熱意あふれる男ではあるのだが）。本書にはポールのアイディアが各所に散りばめられている。同様に、ロバート・フランク、オリ・フリードマン、ラッセル・ベルク、ダニエル・カーネマン諸氏の研究には示唆されるところが多かった。幸福感を得る過程を理解するにあたっては、とくにローリー・サントスのアイディアやインスピレーションに助けていただいた。ほかにも多くの方々にお世話になったが、なかでもパトリシア・カンギーサー、アナ・カーシュ、スーザン・クセラ、ガーウィン・バントル、アシュリー・リー各氏には温かなサポートに加え、すばらしいアイディアやフィードバックを寄せていただいた。ここに御礼申し上げる。本書の基盤となった考えは、パトリシアのオリジナルで貴重なアイディアに多くを負っている。最後になるが、子どもに関する研究の多くを引き受けてくれただけでなく、つねに優秀な院生であり、すばらしい友人でいてくれたサンドラ・ウェルツィエンには深く感謝している。ヤンテの掟やヒュッゲについて教えてくれたのはサンドラである。そしてもちろん、こんな私に長年耐え忍び、ずっと寛容でいてくれる家族にも、心からの感謝を捧げたいと思う。

訳者あとがき

競売で買った燻製用のスモーカーグリルに、なんと人間の足が入っていた。すわ殺人事件かと大騒ぎとなるが、じつは足の本体である男性は生きていた。事故で切断された自分の足を記念にもらったはいいが、グリルに入れっぱなしにしたまま、家財を手放していたのである。だがここで問題が生じる。見物料でのひと儲けをたくらんだグリルの購入者が、足の所有者は自分だと主張したのだ。はたして足の真の所有者は、切断された本人とグリル購入者のどちらだろうか。

こんな猟奇的だが面白い逸話で幕を開ける本書は、「所有」をテーマに人間心理や現代社会の問題に切り込んだ、あまりこれまでに類例のない新しい視点の本である。著者ブルース・フッドは発達心理学や認知神経科学が専門の実験心理学者だが、本書で論じられる内容は、通常心理学が取り扱う心の領域にとどまらない。「所有とは何か」という問いを起点に、著者は「所有はどのように始まり、どのように人間の社会を形作ってきたのか」、さらには「人はなぜこれほどまでに所有欲に駆られるのか」という切実な問いの答えを貪欲に探っていく。所有権一つとってみても、その起源や実相が、心理学のみならず、法学、歴史学、社会学、行動経済学、進化生物学、文化人類学、哲学など、幅広い分野を横断して検討される。多岐にわたる領域を自在に行き来しながら、容易にはとらえがたい所有の本質に迫ろうとする著者の姿勢は、どこかルネサンス的教養人の視点を彷彿とさせる。学問の細分化が進んだ現代においては、それだけでも刺激的だ。

だが分野の垣根を越えて所有の概念を探った本などと聞くと、読むほうはつい身構えてしまいそうになるが、そういった敷居の高さは本書にはない。代わりにページを埋め尽くすのは、思わず雑学として人に言いたくなるような、驚くべき事実の数々だ。十七世紀のアメリカには、反抗的な息子を親が死刑にできる法律があった。南米には腹を空かせた仲間に吸った血を分け与える、利他的な吸血コウモリがいる――。バンクシーの絵は落書きかアートかが論じられたかと思うと、なぜ集団主義的な日本人のなかで、北海道民だけが例外的に個人主義的なのかが分析される。興味深い史実や自然の驚異、意外な実験結果などがこれでもかと繰り出される本書には、ページを繰るたびに時間や空間を飛び回り、多彩な驚きに出合えるという、博物誌を読むような楽しさがある。それでいて、ジョン・ロックやウィリアム・ジェームズ、ジャン゠ポール・サルトルらの思想が語られるなど、読む者の知的好奇心を充たす奥行きも備わっている。アカデミックな議論とエンターテインメント性とを絶妙のさじ加減で融合してみせたところが、本書の最大の魅力だろう。

これほど多方面の題材を扱いながら、本書が単なる雑多な知識のごった煮にならず、終始一貫したまとまりを見せているのは、その行間から、フッドが現代社会に抱く強い懸念が感じとれるからだ。どの事例や実験が紹介される際にも、その言及の裏には、消費主義が蔓延し、格差が広がり、地球温暖化に歯止めがかからない現状への著者の切迫した危機感がある。二〇一六年に起きた、イギリスのEU離脱《ブレグジット》決定やドナルド・トランプの大統領選勝利、そしてその後の政治の分断が何度となく取り上げられていることからも、それは明らかだ。ロシアによるウクライナ侵攻がいまだ終結せず、核兵器使用の可能性すら取り沙汰される現在、「紛争の根本原因は所有である」と説く著者の言葉は重い。

だが肝心なのは、フッドが見据えているのが現状批判のその先だという点である。所有欲は私たちの自己意識や社会の根底を支える、極めて強力な欲求だ。ではなぜその欲求を自覚し、ときに抗うことが必要なのか。一番の理由は、所有の追求が幸福に結びつかないからだと著者は断言する（フッドは関心のある研究テーマの第一に、「幸福を科学すること」を挙げている）。そして「どうしたら幸福になれるのか」という疑問を突き詰めていくにつれ、所有の研究はいつしか「人間とは何か」を考えるという、思想哲学の中心的課題をめぐる旅へと姿を変える。所有を考えることはおのれを知ることであり、それは自分を含めた人間が幸福になるにはどうしたらいいかを考えることにほかならないのだ。

あるいは本書を読まれた方のなかには、所有欲をどうしたら克服できるのか、その具体的な解法にまで著者が踏みこんでいないことを不思議に思う方もあるかもしれない。だが言うなれば、単純明快な答えはなくて当然なのだ。なぜなら著者のねらいは（おそらく優れた教育者がみなそうであるように）問いを突きつけることそのものにあるからである。どうしたら幸福になれるのか。その難問の答えは、高度消費社会の行き詰まりを感じながらも新たな価値をなかなか見出だせずにいる、いまの時代に生きる私たち一人一人が考え、探っていかなくてはならないのだろう。

原書『*Possessed: Why We Want More Than We Need*』は二〇一九年に刊行された。原題の「Possessed には、「所有する」を意味する動詞「possess」の受動態であるという以外に、「（悪魔や悪霊などに）取り憑かれた」という意味もある。ダブルミーニングを活かして訳せば、「所有という悪魔——なぜ人は必要以上に欲しがるのか」というところだろうか。だれもが身に覚えのある所有欲を悪魔憑きというおどろおどろしいイメージに絡めた、思わずぎょっとするようなタイトルだが、そこには現代人の行き過ぎた所有欲に警鐘を鳴らす意図とともに、私たち一人ひとりが認識を改め、行動を変えることで、所有の追求がもたらす破滅的結末は回避できるのだという著者の強い信念が込められている。所有欲は抗いがたいほどに強力な、人間の根源的な欲求だが、著者の言葉にもあるように、「この悪魔は祓うことができる」のである。

著者ブルース・フッドは、スコットランド人の父とオーストラリア人の母の次男として、カナダのトロントに生まれた。スコットランドのダンディー大学で心理学を専攻後、同大で修士号、ケンブリッジ大学で博士号を取得。その後渡米し、マサチューセッツ工科大学（ＭＩＴ）で客員教授、ハーバード大学で准教授を務めた。現在はイギリスのブリストル大学で心理科学部の教授職にある。家族は奥さんと娘さん二人。バース近郊の田園地帯で、築数百年の納屋を改築した家に住んでいるという。

ご本人による面白い略歴があったので、一部紹介する。

私が八歳のときに、私たち一家はようやくスコットランドのダンディーに腰を落ち着けたが、それまでにオーストラリア、ニュージーランド、カナダと各地を転々としていた。いぶかる向きにはお教えするが、私がラグビーワールドカップで応援するのはスコットランドである。私にはやはりトロント生まれの兄が一人いる。だが兄には私のような、アメリカともイギリスともつかない中途半端な訛りはない。兄にはちゃんと分別が備わっている。なにせ弁護士だ。その軽妙な人柄は、本書と同じく所有をテーマにしたTEDxトークの講演などからも伺い知れる。興味のある方はぜひ視聴してみていただきたい。

最後になるが、白揚社編集部の阿部明子氏にはひとかたならぬお世話になった。ここに厚く御礼申し上げる。

二〇二二年十一月

小浜　杳

the extended self', *Journal of Consumer Research*, 15, 139–68.

2 https://www.facebook.com/WokeFolks/videos/1014990085308007/

3 Schopenhauer, A. (1851), *Parerga und Paralipomena*. Berlin.［『ショーペンハウアー全集』（10 ～ 14 巻「哲学小品集」）、有田潤ほか訳、白水社］（本文の引用は訳者による翻訳）

4 Ackerman, D., MacInnis, D. and Folkes, F. (2000), 'Social comparisons of possessions: when it feels good and when it feels bad', *Advances in Consumer Research*, 27, 173–8.

5 Belk, R. (2011), 'Benign envy', *Academy of Marketing Sciences Review*, 1, 117–34.

6 Wolcott, R. C. (2018), 'How automation will change work, purpose and meaning', *Harvard Business Review*, January, https://hbr.org/2018/01/how-automation-will-change-work-purpose-and-meaning

7 https://web.archive.org/web/20170627195224/https://www.rita.dot.gov/bts/sites/rita.dot.gov.bts/files/publications/transportation_economic_trends/ch4/index.html

Safety/Home-Fire-Safety/Hoarding-a-lethal-fire-risk.html
25 Samuels, J. F., et al. (2007), 'Hoarding in obsessive-compulsive disorder: results from the OCD collaborative genetics study', *Behaviour Research and Therapy*, 45, 673–86.
26 Cooke, J. (2017), *Understanding Hoarding*. London: Sheldon Press.
27 Tolin, D. F., et al. (2012), 'Neural mechanisms of decision making in hoarding disorder', *Archives of General Psychiatry*, 69, 832–41.
28 Christopoulos, G. I., et al. (2009), 'Neural correlates of value, risk, and risk aversion contributing to decision making under risk', *Journal of Neuroscience*, 29, 12574–83.
29 Votinov, M., et al. (2010), 'The neural correlates of endowment effect without economic transaction', *Neuroscience Research*, 68, 59–65.
30 https://investinganswers.com/articles/8-insane-ways-people-destroyed-their-foreclosed-homes
31 Garcia-Moreno, C., et al. (2005), *WHO Multicountry Study on Women's Health and Domestic Violence Against Women: Initial Results on Prevalence, Health Outcomes and Women's Responses*. Geneva: World Health Organization.
32 Yardley, E., Wilson, D. and Lynes, A. (2013), 'A taxonomy of male British family annihilators, 1980–2012', *The Howard Journal of Crime and Justice*, 53, 117–40.
33 Nadler, J. and Diamond, S. S. (2008), 'Eminent domain and the psychology of property rights: proposed use, subjective attachment, and taker identity', *Journal of Empirical Legal Studies*, 5, 713–49.
34 https://www.theglobeandmail.com/real-estate/vancouver/meet-the-wealthy-immigrants-at-the-centre-of-vancouvers-housingdebate/article31212036/
35 https://www.onlinemarketplaces.com/juwai-com-survey-finds-chinese-buyers-prefer-new-homes/［リンク切れ］
36 Quote in Revkin, Andrew C. (2016), 'In Italy's earthquake zone, love of place trumps safety', *New York Times*, 25 August, https://dotearth.blogs.nytimes.com/2016/08/25/in-italys-earthquake-zone-love-of-place-trumps-safety
37 Rozin, P. and Wolf, S. (2008), 'Attachment to land: the case of the land of Israel for American and Israeli Jews and the role of contagion', *Judgment and Decision Making*, 3, 325–34.
38 Dittmar, H., et al. (2014), 'The relationship between materialism and personal well-being: a meta-analysis', *Journal of Personality and Social Psychology*, 107, 879–924.

おわりに

1 Csikszentmihalyi, M. (1982), 'The Symbolic Function of Possessions: Towards a Psychology of Materialism'. Paper presented at the 90th Annual Convention of the American Psychological Association, Washington, DC., quoted in Belk, R. (1988), 'Possessions and

tural differences in the endowment effect', *Psychological Science*, 21, 1910–17.

7 Harbaugh, W. T., Krause, K. and Vesterlund, L. (2001), 'Are adults better behaved than children? Age, experience, and the endowment effect', *Economics Letters*, 70, 175–81.

8 Hood, B., et al. (2016), 'Picture yourself: self-focus and the endowment effect in preschool children', *Cognition*, 152, 70–77.

9 Hartley, C. and Fisher, S. (2017), 'Mine is better than yours: investigating the ownership effect in children with autism spectrum disorder and typically developing children', *Cognition*, 172, 26–36.

10 Lee, A., Hobson, R. P. and Chiat, S. (1994), 'I, you, me, and autism: an experimental study', *Journal of Autism and Developmental Disorders*, 24, 155–76.

11 Lind, S. E. (2010), 'Memory and the self in autism: a review and theoretical framework', *Autism*, 14, 430–56.

12 Apicella, C. L., et al. (2014), 'Evolutionary origins of the endowment effect: evidence from hunter-gatherers', *American Economic Review*, 104, 1793–805.

13 List, J. A. (2011), 'Does market experience eliminate market anomalies? The case of exogenous market experience', *American Economic Review*, 101, 313–17.

14 Tong, L. C. P., et al. (2016), 'Trading experience modulates anterior insula to reduce the endowment effect', *Proceedings of the National Academy of Sciences*, 113, 9238–43.

15 http://edition.cnn.com/2008/US/11/28/black.friday.violence/index.html

16 Seymour, B., et al. (2007), 'Differential encoding of losses and gains in the human striatum', *Journal of Neuroscience*, 27, 4826–31.

17 Knutson, B. and Cooper, J. C. (2009), 'The lure of the unknown', *Neuron*, 51, 280–81.

18 Olds, J. and Milner, P. (1954), 'Positive reinforcement produced by electrical stimulation of septal area and other regions of rat brain', *Journal of Comparative Physiological Psychology*, 47, 419–27.

19 Blum, K., et al. (2012), 'Sex, drugs, and rock'n'roll: hypothesizing common mesolimbic activation as a function of reward gene polymorphisms', *Journal of Psychoactive Drugs*, 44, 38–55.

20 Moore, T. J., Glenmullen, J. and Mattison, D. R. (2014), 'Reports of pathological gambling, hypersexuality, and compulsive shopping associated with dopamine receptor agonist drugs', *Journal of the American Medical Association*, 174, 1930–33.

21 Knutson, B., et al. (2006), 'Neural predictors of purchases', *Neuron*, 53, 147–56.

22 Cath, D. C., et al. (2017), 'Age-specific prevalence of hoarding and obsessive-compulsive disorder: a population-based study', *American Journal of Geriatric Psychiatry*, 25, 245–55.

23 http://time.com/2880968/connecticut-hoarder-beverly-mitchell/

24 https://web.archive.org/web/20170823014119/http://www.mfb.vic.gov.au/Community-

Personality and Social Psychology, 8 (4, Pt.1), 319–323.
61 Langer, E. (1975), 'The illusion of control', *Journal of Personality and Social Psychology*, 32, 311–28.
62 van de Ven, N. and Zeelenberg, M. (2011), 'Regret aversion and the reluctance to exchange lottery tickets', *Journal of Economic Psychology*, 32, 194–200.
63 Gilovich, T., Medvec, V. H. and Chen, S. (1995), 'Commission, omission, and dissonance reduction: coping with regret in the "Monty Hall" problem', *Personality and Social Psychology Bulletin*, 21, 185–90.
64 Hintze, A., et al. (2015), 'Risk sensitivity as an evolutionary adaptation', *Science Reports*, 5, 8242, doi:10.1038/srep08242.
65 Dunbar, R. (1993), 'Coevolution of neocortical size, group size and language in humans', *Behavorial and Brain Sciences*, 16, 681–735.
66 Cronqvist, H. and Siegel, S. (2014), 'The genetics of investment biases', *Journal of Financial Economics*, 113, 215–34.
67 Rangel, A., Camerer, C. and Montague, P. R. (2008), 'A framework for studying the neurobiology of value-based decision making', *Nature Review Neuroscience*, 9, 545–56.
68 Knutson, B. and Greer, S. M. (2008), 'Anticipatory affect: neural correlates and consequences for choice', *Philosophical Transactions of the Royal Society B: Biological Sciences*, 363, 3771–86.
69 DeWall, C. N., Chester, D. S. and White, D. S. (2015), 'Can acetaminophen reduce the pain of decision-making?' *Journal of Experimental Social Psychology*, 56, 117–20.
70 Knutson, B., et al. (2008), 'Neural antecedents of the endowment effect', *Neuron*, 58, 814–22.

第7章　手放すということ

1 Kahneman, D. and Tversky, A. (1979), 'Prospect theory: an analysis of decision under risk', *Econometrica*, 47, 263–92.
2 Novemsky, N. and Kahneman, D. (2005), 'The boundaries of loss aversion', *Journal of Marketing Research*, 42, 119–28.
3 Kahneman, D., Knetsch, J. L. and Thaler, R. H. (1991), 'The endowment effect, loss aversion and status quo bias', *Journal of Economic Perspectives*, 5, 193–206.
4 Bramsen, J.-M. (2008), 'A Pseudo-Endowment Effect in Internet Auctions', MPRA Paper, University Library of Munich, Germany.
5 Wolf, J. R., Arkes, H. R. and Muhanna, W. (2008), 'The power of touch: an examination of the effect of duration of physical contact on the valuation of objects', *Judgment and Decision Making*, 3, 476–82.
6 Maddux, W. M., et al. (2010), 'For whom is parting with possessions more painful? Cul-

44 Grossmann, I. and Varnum, M. E. W. (2015), 'Social structure, infectious diseases, disasters, secularism, and cultural change in America', *Psychological Science*, 26, 311–24.

45 Piaget, J. and Inhelder, B. (1969), *The Psychology of the Child*. New York: Basic Books.

46 Rodriguez, F. A., Carlsson, F. and Johansson-Stenman, O. (2008), 'Anonymity, reciprocity, and conformity: evidence from voluntary contributions to a national park in Costa Rica', *Journal of Public Economics*, 92, 1047–60.

47 Gächter, S. and Herrmann, B. (2009), 'Reciprocity, culture, and human cooperation: previous insights and a new cross-cultural experiment', *Philosophical Transactions of the Royal Society B: Biological Sciences*, 364, 791–80.

48 Cunningham, S., et al. (2008), 'Yours or mine? Ownership and memory', *Consciousness and Cognition*, 17, 312–18.

49 Cunningham, S., et al. (2013), 'Exploring early self-referential memory effects through ownership', *British Journal of Developmental Psychology*, 31, 289–301.

50 Rogers, T. B., Kuiper, N. A. and Kirker, W. S. (1977), 'Self-reference and the encoding of personal information', *Journal of Personality and Social Psychology*, 35, 677–88.

51 Turk, D. J., et al. (2011), 'Mine and me: exploring the neural basis of object ownership', *Journal of Cognitive Neuroscience*, 11, 3657–68.

52 Zhu, Y., et al. (2007), 'Neural basis of cultural influence on self-representation', *NeuroImage*, 34, 1310–16.

53 Shavitt, S. and Cho, H. (2016), 'Culture and consumer behavior: the role of horizontal and vertical cultural factors', *Current Opinion in Psychology*, 8, 149–54.

54 Shavitt, S., Johnson, T. P. and Zhang, J. (2011), 'Horizontal and vertical cultural differences in the content of advertising appeals', *Journal of International Consumer Marketing*, 23, 297–310.

55 https://www.theguardian.com/books/2016/dec/11/undoing-project-michael-lewis-review-amos-tversky-daniel-kahneman-behavioural-psychology

56 Kahneman, D. and Tversky, A. (1984), 'Choices, values, and frames', *American Psychologist*, 39, 341–50.

57 Kahneman, D. (2012), *Thinking, Fast and Slow*. London: Penguin. [ダニエル・カーネマン『ファスト&スロー』村井章子訳、早川書房]

58 Brickman, P., Coates, D. and Janoff-Bulman, R. (1978), 'Lottery winners and accident victims: is happiness relative?' *Journal of Personality and Social Psychology*, 36, 917–27.

59 Lindqvist, E., Östling, R. and Cecarini, D. (2018), *Long-run Effects of Lottery Wealth on Psychological Well-being*. Working Paper Series 1220, Research Institute of Industrial Economics.

60 Knox, R. E., and Inkster, J. A. (1968), 'Postdecision dissonance at post time', *Journal of*

27 Masuda, T. and Nisbett, R. E. (2001), 'Attending holistically vs analytically: comparing the context sensitivity of Japanese and Americans', *Journal of Personality & Social Psychology*, 81, 922–34.

28 Kitayama, S., et al. (2003), 'Perceiving an object and its context in different cultures', *Psychological Science*, 14, 201–6.

29 Gutchess, A. H., et al. (2006), 'Cultural differences in neural function associated with object processing', *Cognitive Affective Behavioral Neuroscience*, 6, 102–9.

30 Hedden, T., et al. (2008), 'Cultural influences on neural substrates of attentional control', *Psychological Science*, 19, 12–17.

31 Tang, Y., et al. (2006), 'Arithmetic processing in the brain shaped by cultures', *Proceedings of the National Academy of Sciences*, 103, 10775–80.

32 Zhu, Y., et al. (2007), 'Neural basis of cultural influence on self representation', *NeuroImage*, 34, 1310–17.

33 Kobayashi, C., Glover, G. H. and Temple, E. (2006), 'Cultural and linguistic influence on neural bases of theory of mind: an fMRI study with Japanese bilinguals', *Brain & Language*, 98, 210–20.

34 Gardner, W. L., Gabriel, S. and Lee, A. Y. (1999), '"I" value freedom, but "we" value relationships: self-construal priming mirrors cultural differences in judgment', *Psychological Science*, 10, 321–26.

35 Kiuchi, A. (2006), 'Independent and interdependent self-construals: ramifications for a multicultural society', *Japanese Psychological Research*, 48, 1–16.

36 Han, S. and Humphreys, G. (2016), 'Self-construal: a cultural framework for brain function', *Current Opinion in Psychology*, 8, 10–14.

37 Bruner, J. S. (1951), 'Personality dynamics and the process of perceiving'. In R. R. Blake and G. V. Ramsey, eds., *Perception: An Approach to Personality*. New York: Ronald Press.

38 Mumford, L. (1938), *The Culture of Cities*. New York: Harcourt, Brace and Company.

39 Turner, F. J. (1920), *The Frontier in American History*. New York: Henry Holt & Co.

40 Vandello, J. A. and Cohen, D. (1999), 'Patterns of individualism and collectivism across the United States', *Journal of Personality and Social Psychology*, 77, 279–92.

41 Kitayama, S., et al. (2006), 'Voluntary settlement and the spirit of independence: evidence from Japan's "northern frontier"', *Journal of Personality and Social Psychology*, 91, 369–84.

42 Santos, H. C., Varnum, M. E. W. and Grossmann, I. (2017), 'Global increases in individualism', *Psychological Science*, 28, 1228–39.

43 Yu, F., et al. (2016), 'Cultural value shifting in pronoun use', *Journal of Cross-Cultural Psychology*, 47, 310–16.

and-outstrips-streaming

11 Marx, K. (1990), *Capital*. London: Penguin Classics. ［カール・マルクス『資本論』中山元訳、日経ＢＰ社ほか］

12 Nemeroff, C. J. and Rozin, P. (1994), 'The contagion concept in adult thinking in the United States: transmission of germs and of interpersonal influence', *Ethos: Journal of the Society for Psychological Anthropology*, 22, 158–86.

13 Lee, C., et al. (2011), 'Putting like a pro: the role of positive contagion in golf performance and perception', *PLoS ONE*, 6 (10), e26016.

14 Damisch, L., Stoberock, B. and Mussweiler, T. (2010), 'Keep your fingers crossed! How superstition improves performance', *Psychological Science*, 21, 1014–20.

15 Vohs, K. (2015), 'Money priming can change people's thoughts, feelings, motivations, and behaviors: an update on 10 years of experiments', *Journal of Experimental Psychology: General*, 144, 8693.

16 Belk, R. (1988), 'Possessions and the extended self', *Journal of Consumer Research*, 15, 139–68.

17 Belk, R. W. (2013), 'Extended self in a digital world', *Journal of Consumer Research*, 40, 477–500.

18 Vogel, E. A., et al. (2015), 'Who compares and despairs? The effect of social comparison orientation on social media use and its outcomes', *Personality and Individual Differences*, 86, 249–56.

19 Hood, B. (2012), *The Self Illusion*. New York: Oxford University Press.

20 Evans, C. (2018), '1.7 million U.S Facebook users will pass away in 2018', The Digital Beyond, https://www.thedigitalbeyond.com/2018/01/1-7-million-u-s-facebook-users-will-pass-away-in-2018/

21 Öhman, C. and Floridi, L. (2018), 'An ethical framework for the digital afterlife industry', *Nature Human Behavior*, 2, 318–20.

22 Henrich, J., Heine, S. J. and Norenzayan, A. (2010), 'The weirdest people in the world?' *Behavioral and Brain Sciences*, 33, 61–135.

23 Nisbett, R. E. (2003), *The Geography of Thought*. New York: Free Press. ［リチャード・E・ニスベット『木を見る西洋人　森を見る東洋人：思考の違いはいかにして生まれるか』村本由紀子訳、ダイヤモンド社］

24 Rochat, P., et al. (2009), 'Fairness in distributive justice by 3- and 5-year-olds across 7 cultures', *Journal of Cross-Cultural Psychology*, 40, 416–42.

25 Weltzien, S., et al. (forthcoming), 'Considering self or others across two cultural contexts: how children's prosocial behaviour is affected by self-construal manipulations', *Journal of Experimental Child Psychology*.

26 Best, E. (1924), *The Maori, Vol. 1*. Wellington, New Zealand: H. H. Tombs, p. 397.

61 Matlin, M. W. and Stang, D. J (1978), *The Pollyanna Principle: Selectivity in Language, Memory, and Thought*. Cambridge, MA: Schenkman Publishing Co.

62 Oerlemans, W. G. M. and Bakker, A. B. (2014), 'Why extraverts are happier: a day reconstruction study', *Journal of Research in Personality*, 50, 11–22.

63 Matz, S. C., Gladston, J. J. and Stillwell, D. (2016), 'Money buys happiness when spending fits our personality', *Psychological Science*, 27, 715–25.

64 Lee, J. C., Hall, D. L. and Wood, W. (2018), 'Experiential or material purchases? Social class determines purchase happiness', *Psychological Science*, https://doi.org/10.1177/0956797617736386

65 https://www.ons.gov.uk/peoplepopulationandcommunity/leisureandtourism/articles/traveltrends/2015#travel-trends-2015-main-findings

66 https://www.forbes.com/sites/deborahweinswig/2016/09/07/millennials-go-minimal-the-decluttering-lifestyle-trend-that-is-taking-over/#1d955a583755［リンク切れ］

67 https://www.mews.com/en/blog/why-hotels-are-so-wasteful-and-how-they-can-stop

68 Lenzen, M., et al. (2018), 'The carbon footprint of global tourism', *Nature Climate Change,* 8, 522–8.

第6章　私のものとは私である

1 https://www.caba.org.uk/help-and-guides/information/coping-emotional-impact-burglary

2 https://www.huffpost.com/entry/self-storage-mcdonalds_n_7107822

3 James, W. (1890), *Principles of Psychology*. New York: Henry Holt & Co.［ウィリアム・ジェームズ『心理学』今田寛訳、岩波書店］（本文の引用は訳者による翻訳）

4 Sartre, J.-P. (1943/1969), *Being and Nothingness: A Phenomenological Essay on Ontology*. New York: Philosophical Library/London: Methuen.［ジャン゠ポール・サルトル『存在と無』松浪信三郎訳、筑摩書房］

5 McCracken, G. (1990), *Culture and Consumption*. Bloomington, Ind.: Indiana University Press.［グラント・マクラッケン『文化と消費とシンボルと』小池和子訳、勁草書房］

6 Shoumatoff, A. (2014), 'The Devil and the art dealer', *Vanity Fair*, April, https://www.vanityfair.com/news/2014/04/degenerate-art-cornelius-gurlitt-munich-apartment

7 Prelinger, E. (1959), 'Extension and structure of the self', *Journal of Psychology*, 47, 13–23.

8 Dixon, S. C. and Street, J. W. (1975), 'The distinction between self and non-self in children and adolescents', *Journal of Genetic Psychology*, 127, 157–62.

9 Belk, R. (1988), 'Possessions and the extended self', *Journal of Consumer Research*, 15, 139–68.

10 https://www.theguardian.com/music/2017/jan/03/record-sales-vinyl-hits-25-year-high-

nomics Letters, 81, 263–6.
43 Joseph, J. E., et al. (2008), 'The functional neuroanatomy of envy'. In R. H. Smith, ed., *Envy: Theory and Research*. Oxford: Oxford University Press, pp. 290–314.
44 van de Ven, N., et al. (2015), 'When envy leads to schadenfreude', *Cognition and Emotion*, 29, 1007–25.
45 van de Ven, N., Zeelenberg, M. and Pieters, R. (2015), 'Leveling up and down: the experiences of benign and malicious envy', *Emotion*, 9, 419–29.
46 van de Ven, N., Zeelenberg, M. and Pieters, R. (2015), 'The envy premium in product evaluation', *Journal of Consumer Research*, 37, 984–98.
47 Taute, H. A. and Sierra, J. (2014), 'Brand tribalism: an anthropological perspective', *Journal of Product & Brand Management*, 23, 2–15.
48 https://www.independent.co.uk/news/business/news/brexit-latest-news-fat-cat-pay-rethink-cipd-report-a7584391.html
49 https://www.statista.com/statistics/424159/pay-gap-between-ceos-and-average-workers-in-world-by-country/
50 https://www.usatoday.com/story/money/2017/05/23/ceo-pay-highest-paid-chief-executive-officers-2016/339079001/
51 https://www.theguardian.com/media/greenslade/2016/aug/08/why-newspaper-editors-like-fat-cats-they-help-to-sell-newspapers
52 http://www.dailymail.co.uk/tvshowbiz/article-4209686/Ruby-Rose-hints-tall-poppy-syndrome-Australia.html
53 Nishi, C. L., et al. (2015), 'Inequality and visibility of wealth in experimental social networks', *Nature*, 526, 426–29.
54 Easterlin, R. A. (1974), 'Does economic growth improve the human lot?' In Paul A. David and Melvin W. Reder, eds., *Nations and Households in Economic Growth: Essays in Honor of Moses Abramovitz*. New York: Academic Press.
55 https://www.ft.com/content/dd6853a4-8853-11da-a25e-0000779e2340
56 Diener, E. (2006), 'Guidelines for national indicators of subjective well-being and ill-being', *Journal of Happiness Studies*, 7, 397–404.
57 Kahneman, D. and Deaton, A. (2010), 'High income improves evaluation of life but not emotional well-being', *Proceedings of the National Academy of Sciences*, 107, 16489–93.
58 Gilovich, T. and Kumar, A. (2015), 'We'll always have Paris: the hedonic payoff from experiential and material investments', *Advances in Experimental Social Psychology*, 51, 147–87.
59 Nawijn, J., et al. (2010), 'Vacationers happier, but most not happier after a holiday', *Applied Research in Quality of Life*, 5, 35–47.
60 Loftus, E. (1979), 'The malleability of human memory', *American Scientist*, 67, 312–20.

27 Hershfield, H. E., Mogilner, C. and Barnea, U. (2016), 'People who choose time over money are happier', *Social Psychological and Personality Science*, 7, 697–706.
28 Nickerson, C., et al. (2003), 'Zeroing in on the dark side of the American Dream: a closer look at the negative consequences of the goal for financial success', *Psychological Science*, 14, 531–6.
29 Quartz, S. and Asp, A. (2015), *Cool: How the Brain's Hidden Quest for Cool Drives Our Economy and Shapes Our World*. New York: Farrar, Straus and Giroux. ［スティーヴン・クウォーツ、アネット・アスプ共著『クール：脳はなぜ「かっこいい」を買ってしまうのか』渡会圭子訳、日本経済新聞出版社］
30 Frank, R. H. (1985), *Choosing the Right Pond: Human Behavior and the Quest for Status*. New York: Oxford University Press.
31 Solnicka, S. J. and Hemenway, D. (1998), 'Is more always better? A survey on positional concerns', *Journal of Economic Behavior & Organization*, 37, 373–83.
32 Medvec, V. H., Madey, S. F. and Gilovich, T. (1995), 'When less is more: co unterfactual thinking and satisfaction among Olympic medalists', *Journal of Personality and Social Psychology*, 69, 603–10.
33 de Castro, J. M. (1994), 'Family and friends produce greater social facilitation of food intake than other companions', *Physiology & Behavior*, 56, 445–55.
34 Doob, A. N. and Gross, A. E. (1968), 'Status of frustrator as an inhibitor of horn-honking responses', *Journal of Social Psychology*, 76, 213–18.
35 Holt-Lunstad, J., et al. (2015), 'Loneliness and social isolation as risk factors for mortality: a meta-analytic review', *Perspectives on Psychological Science*, 10, 227–37.
36 Festinger, L. (1954), 'A theory of social comparison processes', *Human Relations*, 7, 117–40.
37 Charles, K. K., Hurst, E. and Roussanov, N. (2009), 'Conspicuous consumption and race', *Quarterly Journal of Economics*, 124 (2), 425–67.
38 Jaikumar, S., Singh, R. and Sarin, A. (2017), '"I show off, so I am well off": subjective economic well-being and conspicuous consumption in an emerging economy', *Journal of Business Research*, DOI: 10.1016/j.jbusres.2017.05.027.
39 Charles, K. K., Hurst, E. and Roussanov, N. (2009), 'Conspicuous consumption and race', *Quarterly Journal of Economics*, 124 (2), 425–67.
40 Kaus, W. (2010), 'Conspicuous Consumption and Race: Evidence from South Africa', Papers on Economics and Evolution, No. 1003, Max-Planck-Institute für Ökonomik, Jena.
41 https://www.epi.org/publication/black-white-wage-gaps-expand-with-rising-wage-inequality/
42 Zizzo, D. J. (2003), 'Money burning and rank egalitarianism with random dictators', *Eco-*

11 Loyau, A., et al. (2005), 'Multiple sexual advertisements honestly reflect health status in peacocks (*Pavo cristatus*)', *Behavioral Ecology and Sociobiology*, 58, 552–7.

12 Petrie, M. and Halliday, T. (1994), 'Experimental and natural changes in the peacock's (Pavo cristatus) train can affect mating success', *Behavioral Ecology and Sociobiology*, 35, 213–17.

13 Nave, G., et al. (2018), 'Single-dose testosterone administration increases men's preference for status goods', *Nature Communications*, 9, 2433, DOI: 10.1038/s41467-018-04923-0.

14 https://www.bain.com/insights/luxury-goods-worldwide-market-study-fall-winter-2016/

15 Nelissen, R. M. A. and Meijers, M. H. C. (2011), 'Social benefits of luxury brands as costly signals of wealth and status', *Evolution and Human Behavior*, 32, 343–55.

16 Gjersoe, N. L., et al. (2014), 'Individualism and the extended-self: cross-cultural differences in the valuation of authentic objects', *PLoS ONE*, 9 (3), e90787, doi:10.1371/journal.pone.0090787.

17 https://nypost.com/2016/06/21/trump-has-been-giving-out-fake-diamond-cuff-links-for-years/

18 Schmidt, L., et al. (2017), 'How context alters value: the brain's valuation and affective regulation systems link price cues to experienced taste pleasantness', *Scientific Reports*, 7, 8098.

19 Gino, F., Norton, M. I. and Ariely, D. A. (2010), 'The counterfeit self: the deceptive costs of faking it', *Psychological Science*, 21, 712–20.

20 Bellezza, S., Gino, F. and Keinan, A. (2014), 'The red sneakers effect: inferring status and competence from signals of nonconformity', *Journal of Consumer Research*, 41, 35–54.

21 Ward, M. K. and Dahl, D. W. (2014), 'Should the Devil sell Prada? Retail rejection increases aspiring consumers' desire for the brand', *Journal of Consumer Research*, 41, 590–609.

22 http://www.dailymail.co.uk/femail/article-2822546/As-Romeo-Beckham-stars-new-ad-Burberry-went-chic-chav-chic-again.html

23 Eckhardt, G., Belk, R. and Wilson, J. (2015), 'The rise of inconspicuous consumption', *Journal of Marketing Management*, 31, 807–26.

24 Smith, E. A., Bliege Bird, R. L. and Bird. D. W. (2003), 'The benefits of costly signaling: Meriam turtle hunters', *Behavioral Ecology*, 14, 116–26.

25 Frank. R. H. (1999), *Luxury Fever: Why Money Fails to Satisfy in an Era of Excess. Princeton*, NJ: Princeton University Press.

26 Whillans, A. V., Weidman, A. C. and Dunn, E. W. (2016), 'Valuing time over money is associated with greater happiness', *Social Psychological and Personality Science*, 7, 213–22.

manchester-attack

42 Li, Y., et al. (2013), 'Experiencing a natural disaster alters children's altruistic giving', *Psychological Science*, 24, 1686–95.

43 Andreoni, J. (1990), 'Impure altruism and donations to public goods: a theory of warm-glow giving', *The Economic Journal*, 100, 464–77.

44 Crumpler, H. and Grossman, P. J. (2008), 'An experimental test of warm glow giving', *Journal of Public Economics*, 92, 1011–21.

45 Titmuss, R. M. (1970), *The Gift Relationship*. London: Allen and Unwin.

46 Mellström, C. and Johannesson, M. (2008), 'Crowding out in blood donation. Was Titmuss right?' *Journal of the Economic Association*, 6, 845–63.

47 Ferguson, E., et al. (2012), 'Blood donors' helping behavior is driven by warm glow: more evidence for the blood donor benevolence hypothesis', *Transfusion*, 52, 2189–200.

48 Smith, A. (1759), 'Of Sympathy', in *The Theory of Moral Sentiments*. London: A Millar, pt 1, sec. 1, ch. 1. ［アダム・スミス『道徳感情論』村井章子・北川知子共訳、日経ＢＰ社）］

49 Xu, X., et al. (2009), 'Do you feel my pain? Racial group membership modulates empathic neural responses', *Journal of Neuroscience*, 29, 8525–9.

第５章　所有と富と幸福

1 Smith, A. (1759), *The Theory of Moral Sentiments*. London: A Millar, pt 1, sec. 3, ch. 2. ［アダム・スミス『道徳感情論』村井章子・北川知子共訳、日経ＢＰ社）］

2 http://www.nytimes.com/2010/03/19/world/asia/19india.html

3 Jaikumar, S. and Sarin, A. (2015), 'Conspicuous consumption and income inequality in an emerging economy: evidence from India', *Marketing Letters*, 26, 279–92.

4 https://www.independent.co.uk/news/world/americas/donald-trump-bill-gates-hiv-hpv-daughter-jennifer-looks-helicopter-a8357141.html

5 Wallman, J. (2015), *Stuffocation: Living More with Less*. London: Penguin.

6 Trentmann, F. (2017), *Empire of Things: How We Became a World of Consumers, from the Fifteenth Century to the Twenty-First*. London: Penguin.

7 Beder, S. (2004), 'Consumerism: an historical perspective', *Pacific Ecologist*, 9, 42–8.

8 Zevin, D. and Edy, C. (1997), 'Boom time for Gen X', *US News and World Report*, 20 October.

9 Turner, C. (2105), 'Homes Through the Decades', NHBC Foundation, https://www.nhbcfoundation.org/wp-content/uploads/2016/05/NF62-Homes-through-the-decades.pdf

10 Veblen, T. (1899), *The Theory of the Leisure Class: An Economic Study of Institutions*. New York: Macmillan. ［ソースタイン・ヴェブレン『有閑階級の理論』村井章子訳、筑摩書房］

Psychology, 27, 100–108.

25 Shariff, A. F., et al. (2016), 'Religious priming: a meta-analysis with a focus on prosociality', *Personality and Social Psychology Review*, 20 (1), 27–48.

26 Duhaime, E. P. (2015), 'Is the call to prayer a call to cooperate? A field experiment on the impact of religious salience on prosocial behaviour', *Judgement and Decision Making*, 10, 593–6.

27 Shariff, A. F. and Norenzayan, A. (2007), 'God is watching you: priming God concept increases prosocial behavior in an anonymous economic game', *Psychological Science*, 18, 803–9.

28 Merritt, A. C., Effron, D. A. and Monin, B. (2010), 'Moral self-licensing: when being good frees us to be bad', *Social and Personality Psychology Compass*, 4, 344–57.

29 Sachdeva, S., Iliev, R. and Medin, D. L. (2009), 'Sinning saints and saintly sinners: the paradox of moral self-regulation', *Psychological Science*, 20, 523–8.

30 Henrich, J., et al. (2005), '"Economic man" in cross-cultural perspective: behavioral experiments in 15 small-scale societies', *Behavioral and Brain Sciences*, 28, 795–815.

31 Sanfey, A. G., et al. (2003), 'The neural basis of economic decisionmaking in the ultimatum game', *Science*, 300, 1755–8.

32 Blount, S. (1995), 'When social outcomes aren't fair: the effect of causal attributions on preferences', *Organizational Behavior & Human Decision Processes*, 63, 131–44.

33 Jensen, K., Call, J. and Tomasello, M. (2007), 'Chimpanzees are vengeful but not spiteful', *Proceedings of the National Academy of Sciences*, 104, 13046–50.

34 Nowak, M. (2012), *Supercooperators: Altruism, Evolution, and Why We Need Each Other to Succeed*. New York: Free Press.

35 https://www.theguardian.com/science/head-quarters/2016/jul/05/deal-or-no-deal-brexit-and-the-allure-of-self-expression

36 Yamagishi, Y., et al. (2012), 'Rejection of unfair offers in the ultimatum game is no evidence of strong reciprocity', *Proceedings of the National Academy of Sciences*, 109, 20364–8.

37 Yamagishi, Y., et al. (2009), 'The private rejection of unfair offers and emotional commitment', *Proceedings of the National Academy of Sciences*, 106, 11520–23.

38 Xiao, E. and Houser, D. (2005), 'Emotion expression in human punishment behavior', *Proceedings of the National Academy of Sciences*, 102, 7398–401.

39 Ong, Q., et al. (2013), 'The self-image signaling roles of voice in decision-making', https://econpapers.repec.org/paper/nanwpaper/1303.htm

40 Hamann, K., et al. (2012), 'Collaboration encourages equal sharing in children but not in chimpanzees', *Nature*, 476, 328–31.

41 https://www.theguardian.com/commentisfree/2017/may/24/blood-donor-service-

7 Shaw, A. and Olson, K. R. (2012), 'Children discard a resource to avoid inequity', *Journal of Experimental Psychology: General*, 141, 383–95.

8 Shaw, A., DeScioli, P. and Olson, K. R. (2012), 'Fairness versus favoritism in children', *Evolution and Human Behavior*, 33, 736–45.

9 Starmans, C., Sheskin, M. and Bloom, P. (2017), 'Why people prefer unequal societies', *Nature Human Behaviour*, 1, 82, DOI: 10.1038/s41562-017-0082.

10 Baumard, N., Mascaro, O. and Chevallier, C. (2012), 'Preschoolers are able to take merit into account when distributing goods', *Developmental Psychology*, 48, 492–8.

11 Norton, M. I. and Ariely, D. (2011), 'Building a better America - one wealth quintile at a time', *Perspectives on Psychological Science*, 6, 1–9.

12 Norton, M. I. (2014), 'Unequality: who gets what and why it matters', *Policy Insights from the Behavioral and Brain Sciences*, 1, 151–5.

13 Savani, K. and Rattam, A. (2012), 'A choice mind-set increases the acceptance and maintenance of wealth inequality', *Psychological Science*, 23, 796–804.

14 *Giving USA 2015: The Annual Report on Philanthropy for the Year 2014*. Chicago: Giving USA Foundation, p. 26; https://www.civilsociety.co.uk/

15 Persky, J. (1995), 'Retrospectives: the ethology of Homo Economicus', *Journal of Economic Perspectives*, 9, 221–3.

16 Carter, G. G. and Wilkinson, G. S. (2015), 'Social benefits of non-kin food sharing by female vampire bats', *Philosophical Transactions of the Royal Society B: Biological Sciences*, 282, https://doi.org/10.1098/rspb.2015.2524

17 Tomasello, M. (2009), *Why We Cooperate*. Cambridge, MA: MIT Press.［マイケル・トマセロ『ヒトはなぜ協力するのか』橋彌和秀訳、勁草書房］

18 Carter, G. and Leffer, L. (2015), 'Social grooming in bats: are vampire bats exceptional?' *PLoS ONE*, 10 (10): e0138430, doi:10.1371/journal.pone.0138430.

19 Hemelrijk, C. K. and Ek, A. (1991), 'Reciprocity and interchange of grooming and support in captive chimpanzees', *Animal Behaviour*, 41, 923–35.

20 Batson, C. D., et al. (1997), 'In a very different voice: unmasking moral hypocrisy', *Journal of Personality and Social Psychology*, 72, 1335–48.

21 Diener, E. and Wallbom, M. (1976), 'Effects of self-awareness on antinormative behavior', *Journal of Research in Personality*, 10, 107–11.

22 Beaman, A. L., Diener, E. and Klentz, B. (1979), 'Self-awareness and transgression in children: two field studies', *Journal of Personality and Social Psychology*, 37, 1835–46.

23 Bering, J. M. (2006), 'The folk psychology of souls', *Behavioral and Brain Sciences*, 29, 453–98.

24 Darley, J. M. and Batson, C. D. (1973), 'From Jerusalem to Jericho: a study of situational and dispositional variables in helping behavior', *Journal of Personality and Social*

42 Malcolm, S., Defeyter, M. A. and Friedman, O. (2014), 'Children and adults use gender and age stereotypes in ownership judgments', *Journal of Cognition and Development*, 15, 123–35.

43 Winnicott, D. W. (1953), 'Transitional objects and transitional phenomena', *International Journal of Psychoanalysis*, 34, 89–97.

44 Lehman, E. B., Arnold, B. E. and Reeves, S. L. (1995), 'Attachment to blankets, teddy bears and other non-social objects: a child's perspective', *Journal of Genetic Psychology: Research and Theory on Human Development*, 156, 443–59.

45 Hong, K. M. and Townes, B. D. (1976), 'Infants' attachment to inanimate objects. A cross-cultural study', *Journal of the American Academy of Child Psychiatry*, 15, 49–61.

46 Passman, R. H. (1987), 'Attachments to inanimate objects: are children who have security blankets insecure?' *Journal of Consulting and Clinical Psychology*, 55, 825–30.

47 Hood, B. M. and Bloom, P. (2008), 'Children prefer certain individuals to perfect duplicates', *Cognition*, 106, 455–62.

48 Fortuna, K., et al. (2014), 'Attachment to inanimate objects and early childcare: a twin study', *Frontiers in Psychology*, 5, 486.

49 Gjersoe, N. L, Hall, E. L. and Hood, B. (2015), 'Children attribute mental lives to toys only when they are emotionally attached to them', *Cognitive Development*, 34, 28–38.

50 Hood, B., et al. (2010), 'Implicit voodoo: electrodermal activity reveals a susceptibility to sympathetic magic', *Journal of Culture & Cognition*, 10, 391–9.

51 Harlow, H. F., Dodsworth, R. O. and Harlow, M. K. (1965), 'Total social isolation in monkeys', *Proceedings of the National Academy of Sciences*, 54, 90–97.

第4章　それが公平というものだ

1 Shorrocks, A., Davies, J. and Lluberas, R. (2015), 'Credit Suisse Global Wealth Report', Credit Suisse.

2 Mishel, L. and Sabadish, N. (2013), 'CEO Pay in 2012 was Extraordinarily High Relative to Typical Workers and Other High Earners', Economic Policy Institute.

3 Norton, M. I. and Ariely, D. (2011), 'Building a better America - one wealth quintile at a time', Perspectives on Psychological *Science*, 6, 1–9.

4 Bechtel, M. M., Liesch, R. and Scheve, K. F. (2018), 'Inequality and redistribution behavior in a give-or-take game', *Proceedings of the National Academy of Sciences*, 115, 3611–16.

5 Somerville, J., et al. (2013), 'The development of fairness expectations and prosocial behavior in the second year of life', *Infancy*, 18, 40–66.

6 Olson, K. R. and Spelke, E. S. (2008), 'Foundations of cooperation in young children', *Cognition*, 108, 222–31.

26 Friedman, O. and Neary, K. R. (2008), 'Determining who owns what: do children infer ownership from first possession?' *Cognition*, 107, 829–49.

27 Hay, D. F. (2006), 'Yours and mine: toddlers' talk about possessions with familiar peers', *British Journal of Developmental Psychology*, 24, 39–52.

28 Nelson, K. (1976), 'Some attributes of adjectives used by young children', *Cognition*, 4, 13–30.

29 Rodgon, M. M. and Rashman, S. E. (1976), 'Expression of owner-owned relationships among holophrastic 14-and 32-month-old children', *Child Development*, 47, 1219–22.

30 Friedman, O., et al. (2011), 'Ownership and object history'. In H. Ross & O. Friedman, eds., *Origins of Ownership of Property*. New Directions for Child and Adolescent Development, 132. San Francisco: Jossey-Bass, pp. 79–89.

31 Preissler, M. A. and Bloom, P. (2008), 'Two-year-olds use artist intention to understand drawings', *Cognition*, 106, 512–18.

32 Kanngiesser, P., Gjersoe, N. L and Hood, B. (2010), 'The effect of creative labor on property-ownership transfer by preschool children and adults', *Psychological Science*, 21, 1236–41.

33 Kanngiesser, P., Itakura, S. and Hood, B. (2014), 'The effect of labour across cultures: developmental evidence from Japan and the UK', *British Journal of Developmental Psychology*, 32, 320–29.

34 Kanngiesser, P. and Hood, B. (2014), 'Not by labor alone: considerations for value influences use of the labor rule in ownership judgments', *Cognitive Science*, 38, 353–66.

35 https://www.bloomberg.com/opinion/articles/2014-11-14/why-pay-15-million-for-a-white-canvas

36 https://www.telegraph.co.uk/news/worldnews/northamerica/usa/7835931/Florida-heiress-leaves-3m-and-Miami-mansion-to-chihuahua.html

37 Noles, N. S., et al. (2012), 'Children's and adults' intuitions about who can own things', *Journal of Cognition and Culture*, 12, 265–86.

38 同上。

39 Martin, C. L. and Ruble, D. (2004), 'Children's search for gender cues: cognitive perspectives on gender development', *Current Directions in Psychological Science*, 13, 67–70.

40 Kahlenberg, S. M. and Wrangham, R. W. (2010), 'Sex differences in chimpanzees' use of sticks as play objects resemble those of children', *Current Biology*, 20, 1067–8.

41 Miller, C. F., et al. (2013), 'Bringing the cognitive and social together: how gender detectives and gender enforcers shape children's gender development'. In M. R. Banaji and S. A. Gelman, eds., *Navigating the Social World: What Infants, Children, and Other Species Can Teach Us*. New York: Oxford University Press.

fants play with voices, faces and expressions'. In K. McDonald, ed., *Parent–Child Play: Descriptions and Implications*. Albany, NY: State University of New York Press.

10 Seligman, M. E. P. (1975), *Helplessness*. San Francisco: Freeman. ［M・E・P・セリグマン『うつ病の行動学　学習性絶望感とは何か』平井久・木村駿共監訳、誠信書房］（本文の引用は訳者による翻訳）

11 Goldstein, K. (1908), 'Zur lehre von de motorischen', *Journal für Psychologie und Neurologie*, 11, 169–87.

12 Finkelstein, N. W., et al. (1978), 'Social behavior of infants and toddlers in a day-care environment', *Developmental Psychology*, 14, 257–62.

13 同上。

14 Hay, D. F. and Ross, H. S. (1982), 'The social nature of early conflict', *Child Development*, 53, 105–13.

15 Dunn, J. and Munn, P. (1985), 'Becoming a family member: family conflict and the development of social understanding in the second year', *Child Development*, 56, 480–92.

16 Mueller, E. and Brenner, J. (1977), 'The origins of social skills and interaction among playgroup toddlers', *Child Development*, 48, 854–61.

17 Krebs, K. (1975), 'Children and their pecking order', *New Society*, 17, 127–8.

18 Vandell, D. (1976), 'Boy toddlers' social interaction with mothers, fathers, and peers'. Unpublished doctoral dissertation, Boston University.

19 Hay, D. F. and Ross, H. S. (1982), 'The social nature of early conflict', *Child Development*, 53, 105–13.

20 Burford, H. C., et al. (1996), 'Gender differences in preschoolers' sharing behavior', Journal *of Social Behavior and Personality*, 11, 17–25.

21 Whitehouse, A. J. O., et al. (2012), 'Sex-specific associations between umbilical cord blood testosterone levels and language delay in early childhood', *Journal of Child Psychology and Psychiatry*, 53, 726–34.

22 1994年、テキサス州ダラスの民家の裏口をノックしたスコットランド、アバディーン在住のアンドリュー・デブリーズ（28歳）が銃で撃たれて死亡した。スコットランド人の同僚と乗るタクシーを呼ぶために電話を借りようとしたところ、民家の所有者にドア越しに銃撃されたと見られる。https://www.nytimes.com/1994/01/08/us/homeowner-shoots-tourist-by-mistake-in-texas-police-say.html

23 https://www.inverse.com/article/18683-pokemon-go-not-license-trespass-get-off-my-lawn

24 https://www.nps.gov/yell/planyourvisit/rules.htm

25 Blake, P. R. and Harris, P. L. (2011), 'Early representations of ownership'. In H. Ross & O. Friedman, eds., *Origins of Ownership of Property*. New Directions for Child and Adolescent Development, 132. San Francisco: Jossey-Bass, pp. 39–51.

Australian Psychologist, 50, 169–72.

34 Guala, F. (2012), 'Reciprocity: weak or strong? What punishment experiments do (and do not) demonstrate', *Behavioral and Brain Sciences*, 35, 1–15.

35 Lewis, H. M., et al. (2014), 'High mobility explains demand sharing and enforced cooperation in egalitarian hunter-gatherers', *Nature Communications*, 5, 5789.

36 https://www.youtube.com/watch?v=UGttmR2DTY8

37 Tilley, N., et al. (2015), 'Do burglar alarms increase burglary risk? A counter-intuitive finding and possible explanations', *Crime Prevention and Community Safety*, 17, 1–19.

38 Fischer, P., et al. (2011), 'The bystander-effect: a meta-analytic review on bystander intervention in dangerous and non-dangerous emergencies', *Psychological Bulletin*, 137, 517–37.

39 Hardin, G. (1968), 'The tragedy of the commons', *Science*, 162, 1243–8.

40 Lloyd, W. F. (1833/1968), *Two Lectures on the Checks to Population*. New York: Augustus M. Kelley.

41 Crowther, T. W., et al. (2015), 'Mapping tree density at a global scale', *Nature*, 525, 201-5.

42 Gowdy, J. (2011), 'Hunter-gatherers and the mythology of the market', https://libcom.org/history/hunter-gatherers-mythology-market-john-gowdy

43 Sahlins, M. (1972), *Stone Age Economics*. Chicago: Aldine Publishing. ［マーシャル・サーリンズ『石器時代の経済学』山内昶訳、法政大学出版局］

44 https://rewild.com/in-depth/leisure.html

第3章　所有の起源

1 http://www.usatoday.com/story/news/nation-now/2015/10/01/banksy-mural-detroit-michigan-auction/73135144/

2 https://www.corby.gov.uk/home/environmental-services/street-scene/enviro-crime/graffiti

3 https://www.bristolpost.co.uk/news/bristol-news/what-happened-last-time-banksy-2693694

4 http://news.bbc.co.uk/1/hi/uk/6575345.stm

5 http://www.tate.org.uk/art/artworks/duchamp-fountain-t07573/text-summary

6 Naumann, Francis M. (2003), 'Marcel Duchamp: money is no object. The art of defying the art market', *Art in America*, April.

7 Furby, L. (1980), 'The origins and early development of possessive behavior', *Political Psychology*, 2, 30–42.

8 White, R. W. (1959), 'Motivation reconsidered: the concept of competence', *Psychological Review*, 66, 297–333.

9 Fernald, A. and O'Neill, D. K. (1993), 'Peekaboo across cultures: how mothers and in-

previnovartis.com.br/documentos/HSBC_Lifeafterwork.pdf
18 https://web.archive.org/web/20170101235948/https://www.pru.co.uk/press-centre/inheritance-plans/
19 https://www.legalandgeneralgroup.com/media/2483/bomad-report-2018-v15.pdf［リンク切れ］
20 Trivers, R. L. and Willard, D. E. (1973), 'Natural selection of parental ability to vary the sex ratio of offspring', *Science*, 179, 90–92.
21 Smith, M. S., Kish, B. J. and Crawford, C. B. (1987), 'Inheritance of wealth as human kin investment', *Ethological Sociobiology*, 8, 171–82.
22 Song. S. (2018), 'Spending patterns of Chinese parents on children's backpacks support the Trivers–Willard hypothesis', *Evolution & Human Behavior*, 39, 339–42.
23 Judge, D. S. and Hrdy, S. B. (1992), 'Allocation of accumulated resources among close kin: inheritance in Sacramento, California, 1890–1984', *Ethological Sociobiology*, 13, 495–522.
24 https://www.bloomberg.com/news/articles/2013-07-02/cheating-wives-narrowed-infidelity-gap-over-two-decades
25 Walker, R. S., Flynn, M. V. and Hill, K. R. (2010), 'Evolutionary history of partible paternity in lowland South America', *Proceedings of the National Academy of Sciences*, 107, 19195–200.
26 Michalski, R. L. and Shackelford, T. K. (2005), 'Grandparental investment as a function of relational uncertainty and emotional closeness with parents', *Human Nature*, 16, 293–305.
27 Gray, P. B. and Brogdon, E. (2017), 'Do step-and biological grandparents show differences in investment and emotional closeness with their grandchildren?' *Evolutionary Psychology*, 15, 1–9.
28 Gaulin, S. J. C., McBurney, D. H. and Brakeman-Wartell, S. L. (1997), 'Matrilateral biases in the investment of aunts and uncles: a consequence and measure of paternity uncertainty', *Human Nature*, 8, 139–51.
29 Rousseau, J. J. (1754/1984), *A Discourse on Inequality*. Harmondsworth: Penguin.［ジャン＝ジャック・ルソー『人間不平等起源論』中山元訳、光文社］
30 Strassmann, J. E. and Queller, D. C. (2014), 'Privatization and property in biology', *Animal Behaviour*, 92, 305–11.
31 Riedl, K., Jensen, K., Call, J. and Tomasello, M. (2012), 'No third-party punishment in chimpanzees', *Proceedings of the National Academy of Sciences*, 109, 14824–9.
32 Rossano, F., Rakoczy, H. and Tomasello, M. (2011), 'Young children's understanding of violations of property rights', *Cognition*, 121, 219–27.
33 Slaughter, V. (2015), 'Theory of mind in infants and young children: a review',

第２章　動物は占有するが、所有するのは人間だけ

1 Triplett, N. (1898), 'The dynamogenic factors in pacemaking and competition', *American Journal of Psychology*, 9, 507–33.
2 Clark, A. E. and Oswald, A. J. (1996), 'Satisfaction and comparison income', *Journal of Public Economics*, 61, 359–81.
3 Smith, D. (2015), 'Most people have no idea whether they are paid fairly', *Harvard Business Review*, December issue, https://hbr.org/2015/10/most-people-have-no-idea-whether-theyre-paid-fairly
4 Mencken, H. L. (1949/1978), 'Masculum et Feminam Creavit Eos', in *A Mencken Chrestomathy*. New York: Knopf. pp. 619–20.
5 Neumark, D. and Postlewaite, A. (1998), 'Relative income concerns and the rise in married women's employment', *Journal of Public Economics*, 70, 157–83.
6 Hofmann, H. A. and Schildberger, K. (2001), 'Assessment of strength and willingness to fight during aggressive encounters in crickets', *Animal Behaviour*, 62, 337–48.
7 Davies, N. B. (1978), 'Territorial defence in the speckled wood butterfly (*Pararge aegeria*): the resident always wins', *Animal Behaviour*, 26, 138–47.
8 Lueck, D. (1995), 'The rule of first possession and the design of the law', *Journal of Law and Economics*, 38, 393–436.
9 Harmand, S., et al. (2015), '3.3-million-year-old stone tools from Lomekwi 3, West Turkana, Kenya', *Nature*, 521, 310–15.
10 Mann, J. and Patterson, E. M. (2013), 'Tool use by aquatic animals', *Philosophical Transactions of the Royal Society B: Biological Sciences*, 368 (1630), https://doi.org/10.1098/rstb.2012.0424
11 https://anthropology.net/2007/06/04/82000-year-old-jewellery-found/ ［リンク切れ］
12 Brosnan, S. F. and Beran, M. J. (2009), 'Trading behavior between conspecifics in chimpanzees, *Pan troglodytes*', *Journal of Comparative Psychology*, 123, 181–94.
13 Kanngiesser, P., et al. (2011), 'The limits of endowment effects in great apes (*Pan paniscus, Pan troglodytes, Gorilla gorilla, Pongo pygmaeus*)', *Journal of Comparative Psychology*, 125, 436–45.
14 Radovčić, D., et al. (2015), 'Evidence for Neandertal jewelry: modified white-tailed eagle claws at Krapina', *PLoS ONE*, 10 (3), e0119802, doi:10.1371/journal.
15 Lewis-Williams, D. (2004), *Mind in the Cave: Consciousness and the Origins of Art*. London: Thames & Hudson. ［デヴィッド・ルイス＝ウィリアムズ『洞窟のなかの心』港千尋訳、講談社］
16 Gomes, C. M. and Boesch, C. (2009), 'Wild chimpanzees exchange meat for sex on a long-term basis', *PLoS ONE*, 4 (4), e5116, doi:10.1371/journal.pone.0005116.
17 HSBC Report (2013), 'The Future of Retirement: Life after Work', https://www.

勁草書房］
37 Stenner, K. and Haidt, J. (2018), 'Authoritarianism is not a momentary madness'. In C. R. Sunstein, ed., *Can It Happen Here?* New York: HarperCollins.
38 https://yougov.co.uk/topics/politics/articles-reports/2012/02/07/britains-nostalgic-pessimism
39 https://yougov.co.uk/topics/politics/articles-reports/2016/01/08/fsafasf
40 Inglehart, R. F. and Norris, P. (2016), 'Trump, Brexit, and the rise of Populism: Economic have-nots and cultural backlash (July 29, 2016)'. Harvard Kennedy School Working Paper No. RWP16-026, https://ssrn.com/abstract=2818659
41 同上。
42 Olson, K. R. and Shaw, A. (2011), ' "No fair, copycat!" What children's response to plagiarism tells us about their understanding of ideas', *Developmental Science*, 14, 431–9.
43 Li, V., Shaw, A. and Olson, K. R. (2013), 'Ideas versus labor: what do children value in artistic creation?' *Cognition*, 127, 38–45.
44 Shaw, A., Li, V. and Olson, K. R. (2012), 'Children apply principles of physical ownership to ideas', *Cognitive Science*, 36, 1383–403.
45 https://www.forbes.com/sites/oliverchiang/2010/11/13/meet-the-man-who-just-made-a-cool-half-million-from-the-sale-of-virtual-property/?sh=44cfe5e521cd
46 Kramer, A. D. I., Guillory, J. E. and Hancock, J. T. (2014), 'Experimental evidence of massive scale emotional contagion through social networks', *Proceedings of the National Academy of Sciences*, 111, 8788–90.
47 https://www.inc.com/melanie-curtin/was-your-facebook-data-stolen-by-cambridge-analytica-heres-how-to-tell.html
48 Rokka, J. and Alrodi, M. (2018), https://theconversation.com/cambridge-analyticas-secret-psychographic-tool-is-a-ghost-from-the-past-94143?fbclid=IwARoyfeE02an4Bpogh8d1b8F2yabbsD9y_9ShQKLezCntUPD1S_kGrT1JlAA
49 Packard, V. (1957), *The Hidden Persuaders*. New York: Pocket Books.
50 Lilienfeld, S. O., et al. (2010), *50 Great Myths of Popular Psychology*. Oxford: Wiley-Blackwell.［スコット・O・リリエンフェルド他『本当は間違っている心理学の話：50の俗説の正体を暴く』八田武志・戸田山和久・唐沢穣共監訳、化学同人］
51 Bentham, Jeremy (1838–1843), *The Works of Jeremy Bentham, published under the Superintendence of his Executor, John Bowring*. Edinburgh: William Tait, 11 vols. Vol. 1, https://oll.libertyfund.org/titles/2009
52 Pierce, J. L., Kostova, T. and Dirks, K. T. (2003), 'The state of psychological ownership: integrating and extending a century of research', *Review of General Psychology*, 7, 84–107.

22 Jenkins, S. P. (2008), 'Marital splits and income changes over the longer term', Institute for Social and Economic Research, https://www.iser.essex.ac.uk/research/publications/working-papers/iser/2008-07.pdf

23 https://www.gov.uk/government/publications/the-royal-liverpool-childrens-inquiry-report

24 'Are our children now owned by the state?' Nigel Farage discusses why Alfie's life matters on *The Ingraham Angle*, http://video.foxnews.com/v/5777069250001/?#sp=show-clips

25 Health Care Retirement Corporation of America v. Pittas, https://caselaw.findlaw.com/pa-superior-court/1607095.html

26 '24,771 dowry deaths reported in last 3 years', *Indian Express*, https://indianexpress.com/article/india/india-others/24771-dowry-deaths-reported-in-last-3-years-govt/, retrieved 21 December 2016.

27 1646年マサチューセッツ州議会で成立した強情な息子法：「理解力のある十分な年齢すなわち16歳に達している強情なもしくは反抗的な息子が父や母の意見に従おうとせず、罰を与えても聞き入れない場合、父と母がともに実の親であって、息子を拘束し、州議会に集まった行政官のもとに引き立て、息子が強情で反抗的であり自分たちの意見や折檻に従わないと行政官の前で証言するならば……そのような息子は死刑に処せられる」。その後コネチカット州（1650年）、ロードアイランド州（1668年）、ニューハンプシャー州（1679年）も同様の法を制定した。

28 Norenzayan, A., et al. (2016), 'The cultural evolution of prosocial religions', *Behavioral and Brain Sciences*, 39, E1, doi:10.1017/S0140525X14001356.

29 Pape, R. A. (2003), 'The strategic logic of suicide terrorism', *American Political Science Review*, 97, 343–61.

30 https://web.archive.org/web/20190810043844/http://www.oxfordtoday.ox.ac.uk/interviews/trump-no-hitler-%E2%80%93-he%E2%80%99s-mussolini-says-oxford-historian

31 https://www.bbc.com/news/world-europe-36130006

32 Stenner, K. and Haidt, J. (2018), 'Authoritarianism is not a momentary madness'. In C. R. Sunstein, ed., *Can It Happen Here?* New York: HarperCollins.

33 Hetherington, M. and Suhay, E. (2011), 'Authoritarianism, threat, and Americans' support for the war on terror', *American Journal of Political Science*, 55, 546–60.

34 Adorno, T. W., et al. (1950), *The Authoritarian Personality*. New York: Harper & Row.

35 Kakkara, H. and Sivanathana, N. (2017), 'When the appeal of a dominant leader is greater than a prestige leader', *Proceedings of the National Academy of Sciences*, 114, 6734–9.

36 Inglehart, R. F. (2018), *Cultural Evolution: People's Motivations Are Changing, and Reshaping the World*. Cambridge: Cambridge University Press. ［ロナルド・イングルハート『文化的進化論：人びとの価値観と行動が世界をつくりかえる』山崎聖子訳、

『「レンブラント」でダーツ遊びとは：文化的遺産と公の権利』都留重人訳、岩波書店］
5 Howley, K. (2007), 'Who owns your body parts? Everyone's making money in the market for body tissue except the donors', https://reason.com/2007/02/07/who-owns-your-body-parts/
6 DeScioli, P. and Karpoff, R. (2015), 'People's judgments about classic property law cases', *Human Nature*, 26, 184–209.
7 Hobbes, T. (1651/2008), *Leviathan*. Oxford: Oxford University Press. ［トマス・ホッブズ『リヴァイアサン』角田安正訳、光文社ほか］
8 Locke, J. (1698/2010), *Two Treatises of Government*. Clark, NJ: The Lawbook Exchange. ［ジョン・ロック『市民政府論』角田安正訳、光文社］
9 Taken from transcripts for the Poomaksin case study, supra note 6. Knut-sum-atak circle discussion no. 2 (3 December 2003), Oldman River Cultural Centre, Brocket, Alberta. Cited in Noble, B. (2008), 'Owning as belonging/owning as property: the crisis of power and respect in First Nations heritage transactions with Canada'. In C. Bell and V. Napoleon, eds., *First Nations Cultural Heritage and Law, vol. 1: Case Studies, Voices, Perspectives*. Vancouver: University of British Columbia Press, pp. 465–88.
10 http://www.hedgehogcentral.com/illegal.shtml
11 Buettinger, C. (2005), 'Did slaves have free will? Luke, a Slave, v. Florida and crime at the command of the master', *The Florida Historical Quarterly*, 83, 241–57.
12 Morris, T. D. (1996), *Southern Slavery and the Law 1619–1860*. Chapel Hill, NC: North Carolina University Press.
13 http://www.ilo.org/global/topics/forced-labour/lang--en/index.htm
14 Global Slavery Index, https://www.globalslaveryindex.org/2018/findings/highlights/
15 https://www.theguardian.com/technology/2017/jun/18/foxconn-life-death-forbidden-city-longhua-suicide-apple-iphone-brian-merchant-one-device-extract
16 'Global Estimates of Modern Slavery: Forced Labour and Forced Marriage', International Labour Office (ILO), Geneva, 2017.
17 Coontz, S. (2006), *Marriage, a History: How Love Conquered Marriage*. London: Penguin.
18 http://wbl.worldbank.org/
19 Zajonc, R. B. (1968), 'Attitudinal effects of mere exposure', *Journal of Personality and Social Psychology*, 9, 1–27.
20 Marriage and Divorce Statistics: Statistics explained, https://ec.europa.eu/eurostat/statistics-explained/index.php?title=Marriage_and_divorce_statistics
21 Foreman, A. (2014), 'The heartbreaking history of divorce', *Smithsonian Magazine*, https://www.smithsonianmag.com/history/heartbreaking-history-of-divorce-180949439/

原註

はじめに

1 Gilbert, D. T. and Wilson, Timothy D. (2000), 'Miswanting: some problems in the forecasting of future affective states'. In J. P. Forgas, ed., *Feeling and Thinking: The Role of Affect in Social Cognition*. Cambridge: Cambridge University Press.

2 'Terrified grandad feared he would die while clinging to van as thief drove off', http://www.barrheadnews.com/news/trendingacrossscotland/14717683.Terrified_grandad_feared_he_would_die_while_clinging_to_van_as_thief_drove_off/

3 'Mother clung to her car bonnet for 100 yards before being flung off into a lamppost as thief drove off with it', http://www.dailymail.co.uk/news/article-2549471/Mother-clung-car-bonnet-100-yards-flung-lamppost-thief-drove-it.html

4 Stephenson, J., et al. (2013), 'Population, development and climate change: links and effects on human health', *The Lancet*, published online 11 July 2013.

5 http://www.worldwatch.org/sow11［リンク切れ］

6 https://yougov.co.uk/topics/politics/articles-reports/2016/01/08/fsafasf この2016年の世論調査では、世界がよくなっていると考えていたのは回答者の11%にすぎなかったのに対し，58%は悪くなっていると考えていた。

7 Pinker, S. (2018), *Enlightenment Now*. London: Allen Lane.［スティーブン・ピンカー『21世紀の啓蒙：理性、科学、ヒューマニズム、進歩』橘明美・坂田雪子共訳、草思社］

第1章 本当に所有していますか

1 *Finders Keepers* (2015), directed by Bryan Carberry and Clay Tweel. Firefly Theater and Films.

2 Van de Vondervoort, J. W. and Friedman, O. (2015), 'Parallels in preschoolers' and adults' judgments about ownership rights and bodily rights', *Cognitive Science*, 39, 184–98.

3 Bland, B. (2008), 'Singapore legalises compensation payments to kidney donors', *British Medical Journal*, 337:a2456, doi:10.1136/bmj.a2456.

4 Sax, J. L. (1999), *Playing Darts with a Rembrandt: Public and Private Rights in Cultural Treasures*. Ann Arbor, MI: University of Michigan Press.［ジョセフ・L・サックス

〈マ行〉

〈ヤ行〉

〈ラ行〉

〈ワ行〉

索引

ブルース・フッド（Bruce Hood）
カナダ生まれ。ブリストル大学心理科学部発達心理学教授。
認知発達に関する研究で数々の賞を受賞。アメリカ科学的心理学会、イギリス心理学会および王立研究所のフェロー。テレビやラジオにもたびたび登場している。
著書に『スーパーセンス』（インターシフト）がある。

小浜　杳（こはま　はるか）
翻訳家。東京大学英語英米文学科卒。書籍翻訳のほか、英語字幕翻訳も手がける。
訳書に『ライズ・オブ・eスポーツ』（白揚社）、『サーティーナイン・クルーズ』シリーズ（KADOKAWA）、『WILD RIDE（ワイルドライド）』（東洋館出版社）ほか多数。

ISBN 978-4-8269-0244-1

人《ひと》はなぜ物《もの》を欲《ほ》しがるのか
私《わたし》たちを支配《しはい》する「所有《しょゆう》」という概念《がいねん》

二〇二二年十二月三十日　第一版第一刷発行
二〇二四年　一　月三十日　第一版第四刷発行

著　者　ブルース・フッド
訳　者　小浜《こはま》　杳《はるか》
発行者　中村幸慈
発行所　株式会社　白揚社　©2022 in Japan by Hakuyosha
〒101-0062　東京都千代田区神田駿河台1-7
電話　03-5281-9772　振替　00130-1-25400
装　幀　大倉真一郎
印刷・製本　中央精版印刷株式会社